U0915453

城市居民交通出行

——行为建模与经济分析

肖玲玲　著

北京交通大学出版社
·北京·

内 容 简 介

本书以城市居民出行选择行为为研究对象，综合运用交通学、经济学和行为科学等方面知识，构建城市居民出行选择模型。通过模型刻画居民复杂的行为决策和交通需求的时空分布特征，剖析拥挤收费、匝道控制、道路网络结构和出行者属性对出行选择行为的影响机理，揭示在复杂条件下行为决策内在机理和交通流空间演化规律。本书提供从根源上缓解交通拥堵的方法，为城市交通规划制定、交通政策分析提供理论依据。

版权所有，侵权必究。

图书在版编目（CIP）数据

城市居民交通出行：行为建模与经济分析 / 肖玲玲著. —北京：北京交通大学出版社，2021.6

ISBN 978-7-5121-4464-4

Ⅰ. ① 城…　Ⅱ. ① 肖…　Ⅲ. ① 城市交通运输－交通运输管理－研究－中国　Ⅳ. ① F572

中国版本图书馆 CIP 数据核字（2021）第 101241 号

城市居民交通出行——行为建模与经济分析
CHENGSHI JUMIN JIAOTONG CHUXING——XINGWEI JIANMO YU JINGJI FENXI

责任编辑：黎　丹
出版发行：北京交通大学出版社　　电话：010-51686414　　http://www.bjtup.com.cn
地　　址：北京市海淀区高梁桥斜街 44 号　　邮编：100044
印 刷 者：北京虎彩文化传播有限公司
经　　销：全国新华书店
开　　本：170 mm×240 mm　　印张：12.25　　字数：254 千字
版 印 次：2021 年 6 月第 1 版　　2021 年 6 月第 1 次印刷
印　　数：1～500 册　　定价：69.00 元

本书如有质量问题，请向北京交通大学出版社质监组反映。
投诉电话：010-51686043，51686008；传真：010-62225406；E-mail：press@bjtu.edu.cn。

前 言

随着城市人口和机动车保有量的与日俱增，城市居民的出行行为向着复杂化、多样化的方向发展，导致城市交通供需矛盾日趋激烈。出行者行为决策主要受出行外部环境和内部因素的影响。本书是关于城市交通经济学的一部著作，包括交通建模篇和实证分析篇，深入探究了在不确定性条件下、弹性工作制、弹性需求、拥挤收费、道路网络结构、出行者属性等因素对交通出行行为选择的影响，形成了较为完备的交通出行决策理论体系。

交通建模篇主要讲述在不同情境下、不同影响因素下的高峰出行者的交通行为，即城市居民在高峰期间如何选择出发时间、出行方式、出行路径等问题。其中，第 2 章介绍交通拥堵基本模型，从简单的静态模型出发，到动态建模中经典的瓶颈模型。第 3 章，基于点排队理论，考虑城市道路通行能力的退化特性，构建在不确定性出行环境下的动态均衡模型，分析在不确定性条件下出行行为选择机理。第 4 章通过引入出行者弹性工作时间制度，研究不同背景下的用户均衡出行模型。第 5 章和第 6 章分别设计两种拥挤收费策略：动态收费和最优单阶段收费，对出行者的出发时间选择均衡问题进行了深入研究。第 7 章和第 8 章考虑两个起点和一个讫点的合流交通系统，首先假设合流区的通行能力存在随机退化，分析比较了优先合流策略和比率合流策略下，出行者出发时间的选择机理。然后，在合流网络中考虑家庭出行行为选择问题，探讨上班时间与上学时间不同间隔差异对出行者行为决策的影响。

实证分析篇主要通过调查数据，构建非集计模型分析城市居民交通出行行为。第 9 章在共享经济背景下，考虑网约车对城市居民交通出行的影响，基于前景理论，刻画出行者对交通出行决策的风险感知，进一步地，为网约车市场服务水平分类细化的机制设计奠定理论基础。

本书适合具有基本微积分和经济学理论知识，从事交通运输经济、规划和（或）工程、出行需求分析研究以及对相关领域感兴趣的学生学习之用，也可供城市交通经济方面的研究人员阅读。

著 者

2021年3月

目　录

实证分析篇

第1章
绪　论

1.1 背景

城市作为人类文明的象征，发挥着地域政治、经济、文化和交通中心的作用。同时，交通也是社会经济发展的“先行官”，交通运输促进了物资流通和人们交往，推动了现代化、城市化和机动化进程。随着社会经济的迅速发展，城市人口、资源、环境之间矛盾的萌发和加剧，导致交通拥堵、环境污染和能源短缺逐渐演变为形势严峻的“城市病”，影响了城市功能的正常发挥，造成了社会和经济的巨大损失，成为各国政府管理部门的一大难题。

由于城市交通顶层设计不完善，在我国大城市和特大城市，城市交通问题主要表现为城市空间结构布局失衡、人口总量超过城市规划规模、机动车增长速度过快、出行总量持续增长、道路承载力低下、出行需求复杂多样化、公共交通欠发达、交通管理水平亟待提高、交通规划战略局部化和短期化等现象。为切实解决民生领域关键问题，增强城市交通服务国家经济社会建设的能力，交通治理已成为我国经济“新常态”下治理体系和治理能力现代化的重要内容，解决城市交通问题是保持区域经济稳定增长的着力点。

城市交通建设是一项系统工程，关于城市交通问题的治理，实践证明受制于土地等不可再生因素的影响，单纯依靠增加交通供给或限制道路使用的方法，不能从根本上解决交通拥堵问题。许多专家学者提出，要让城市交通拥堵问题得到根本解决，一是要从宏观角度理清城市通勤交通拥堵形成机理，对现有道路通行能力进行挖潜和科学管理，二是要从微观角度对由路、车、人组成的复杂大型城市交通系统建立能够描述现实的数学模型，正确理解出行者的行为特征，挖掘行之有效的交通管理措施，为管理层提供科学决策支持。对以上两方面进行有效结合具有重要的现实指导意义。

近年来，许多不同领域的研究者投入到交通拥堵问题的研究之中，包括数学、物理学、经济学和地理学方面的专家。尽管他们从不同角度入手，建立了多种数学模型，但为了求解和分析方便，这些模型都通常假设交通系统是一个确定性系统，导致理论结果与现实情境存在较大差距，不能达到直接用于指导现实的预期目标。

事实上，城市交通系统是一个由道路系统、流量系统和管理系统组成的综合体，具有复杂性、随机性、反馈性、多行为主体、非线性等特征。交通网络属于载流网络，网络上的交通流状况可能受到许多主客观因素的影响，如出行环境的不确定性、道路结构的多样性、出行者特征的异质性等，这些因素的交互影响是导致交通拥堵的“罪魁祸首”。因此，基于出行影响因素及其交互关系，研究单中心城市居民的出行选择行为，理解交通拥堵的形成机理，不仅是提高城市交通出行效率的科学方法和从根源上解决交通拥堵的重要手段，而且能够为社会经济平稳增长奠定基础，具有极强的社会背景和应用价值。

1.2 交通出行研究综述

1.2.1 国内外研究概况

1. 交通出行动态均衡模型概述

1969 年，Vickrey（1996 年诺贝尔经济学奖得主）应用确定性排队理论，首次提出能使所有出行者具有相同出行成本的内生出发时间选择模型，即著名的瓶颈模型（bottleneck model）[1]。该模型考虑一条公路连接生活区 H 和工作区 W，且公路上有一处瓶颈（如桥梁、隧道或收费站等），瓶颈处的通行能力有限，为每单位时间内通过 s 辆车。假设每天早晨有 N 个同质的出行者（homogeneous commuters）采取一人一车方式，经由该单一瓶颈道路在 H 和 W 之间通勤。由于瓶颈能力有限，若 H 处的车辆出发率超过瓶颈通行能力，就会形成排队，必然有一部分人早到或迟到，早到的人会有早到成本（如不充足的睡眠），迟到的人会有迟到成本（如减薪、延误工作），早到和迟到的成本统称为计划延误成本。出行者的出行成本由走行时间成本和计划延误成本构成，每个出行者应对出发时间进行决策以最小化其出行成本。当任何一个人无法通过单方面改变自己的出发时间选择来降低其出行成本时，系统达到均衡。在高峰期通勤问题中，瓶颈模型简单、直接地透析了出行者的出发时间选择机理。

此后，基于瓶颈模型引发了一系列扩展工作，其中以Arnott，De Palma和Lindsey三人小组做的工作最多。Smith[2]和Daganzo[3]从理论上证明了瓶颈模型均衡解的存在性和唯一性。Vickrey[4]，Cohen[5]，Newell[6]，Arnott等[7-8]分别从最优到达时间、时间成本、延误费用率、拥挤成本等方面对出行者进行了差异化。Glazer[9]，Arnott等[10]，Lindsey[11]和Ramadurai等[12]基于单一瓶颈路段考虑出行者的异质性，对拥挤收费的福利效果进行了分析。Arnott等[13]考虑了弹性需求下的瓶颈模型，分析了出行者的福利得失，并确定了最优道路通行能力（capacity）。基于两条平行的瓶颈路段，Braid[14]在弹性需求瓶颈模型中，对比分析了均匀收费与时变收费之间的差别，并考虑了两条路中只有一条路收费的情形，提出了第二最优收费。Verhoef[15-16]做了类似工作，考虑次优收费问题及分析均衡时的福利变化。De Palma和Jeiel[17]发现在某些情况下，瓶颈网络中要允许存在一定的排队等待，才能达到社会最优。黎晴和张小宁[18]提出了一种基于交通行为的动态交通分配方法，实时模拟交通走廊在一天内的动态交通变化；考虑出行者通过权衡工作时间表、交通拥挤耗时等因素，选择最佳的离家时间和返家时间以最大化一天内的净效用，研究发现引入弹性工作制可以减少交通拥挤，提高工作效率。此外，Arnott等[19-20]，De Palma和Fosgerau[21]针对瓶颈模型的相关扩展工作进行了详细综述。

上述基于瓶颈模型的扩展工作，大多假设瓶颈通行能力和出行需求是确定的[1,11,22-23]，或采用了事先定义的弹性需求函数[13,24]。但是在实际中，出行时间是随交通流量的变化而变化的，且出行者的行为和出行环境的微小变化也会对出行时间带来不确定性。此外，随着各种主客观因素，如恶劣天气、道路维修、车流变化与交通事故等的变化，瓶颈的通行能力也可能发生变化。Chen等[25]认为概率分布函数能很好地刻画交通网络中的不确定性因素及其对网络模型的影响。之后，学者们针对瓶颈通行能力的随机退化特性做了大量的研究工作。Mahmassani和Herman[26]通过对两条平行路段进行模拟，指出瓶颈的流量是关于路段上车流密度的函数，满足Greenshield拥挤模型。Herderson[27-28]和Chu[29]分别考虑路段速度与进入流量和流出流量相关的情形，并与Vickrey瓶颈模型下的最优时变收费进行了比较。Yang和Huang[24]研究了瓶颈的通行能力与瓶颈处时变排队长度之间的关系。Arnott等[30]假设路段通行能力和出行需求的比率随机变化，探讨了该随机特性对路网中出行总需求的影响。Fogerau[31-32]考虑随机性，引入线性计划延误成本，推导出期望出行成本封闭解的表达形式。此外，

Lindsey[33-34]，Lo 和 Tung[35]，Lo 等[36]，Li 等[37]在讨论路段通行能力的随机退化特性方面也做了相关工作。

2. 静态拥挤收费策略下的交通行为研究概述

1961 年，Walters[38]首次将经济学原理应用到交通路网拥挤收费领域。他基于经济学中的边际成本定价理论，提出拥挤定价的静态模型，评价了公路网络税收制度的效益，并从解析角度给出了道路税收水平，即各路段上的收费金额应为边际社会费用与边际私人费用之差。为了确定一般道路网络的费用，Dafermos 和 Sparrow[39]提出了一个静态拥挤收费模型，以及两种不同的拥挤收费模式，分别为基于路段的收费模式和基于行驶路径的收费模式。Dafermos[40]基于边际收费理论，阐述了路网上存在多类用户时的拥挤收费机制，并分别给出了基于路径和路段的拥挤收费模式。当路阻函数和需求函数满足特定平滑条件时，Smith[41]从理论角度证明了边际收费原则的最优性。此后，该结论被推广到不同路段之间的阻抗函数相互影响的情形，或不同 OD（origin and destination）间的需求函数有相互影响的情形。还有其他学者研究过道路拥挤收费，包括 Button[42]，Lewis[43]，Small[44]，Yang 和 Huang[24]，Sumalee 和 Xu[45]等。

尽管拥挤收费的理论研究十分丰富与深入，且在技术实现上也在不断提高，但如此好的措施却没有迅速推广起来，那么实践的难题是什么呢？来自新加坡、挪威、英国、瑞典、美国等众多国家的实践经验显示，公众对拥挤定价的态度是一个至关重要的因素。针对公众反对拥挤收费的原因，Winston 等[46]将其归结为两个方面：一是拥挤收费被公众认为是一种附加税，且相关管理部门没有说明缴纳该税能带来怎样的利益；二是由于现实中不存在其他可供选择的替代路径，所以公众对现有公路征收拥挤费的做法非常不满。同时，许多学者指出拥挤收费收入的再分配，也是拥挤收费政策能否获得支持的另一关键因素。因此，他们针对如何制定合理的拥挤收费收入再分配方案进行了大量研究（Liu 等[47]；Guo 和 Yang[48]；Nie 和 Liu[49]；Mirabel 和 Reymond[50]；Xiao 和 Zhang[51]）。

此外，拥挤收费引起出行者社会福利的变化一直是该理论研究的重要组成部分，许多学者曾开展相关研究。Kockelman 和 Kalmanje[52]研究了基于贷记的拥挤收费制度，即对所有合法驾驶者进行补贴，出行者决定是否使用补贴行驶拥挤道路。Small[44]分析了拥挤定价对旧金山和洛杉矶不同收入群体的影响，由于没有进行收费的再分配，在这两个案例中都分别存在受益群体和受害群体。

3. 动态拥挤收费策略下的交通行为研究概述

Arnott 等[19]在经典瓶颈模型基础上，提出了采用动态收费策略消除高峰期瓶颈处的排队。动态收费策略为：在高峰期时段内，各时刻的收费水平应与不收费均衡时刻出行者的排队等待时间费用相等。动态收费策略通过调节出行者的出发时间，使得车辆出发率等于瓶颈的通行能力，确保高峰期内瓶颈道路能够满负荷运行，且不产生排队现象。研究表明，高峰期时段不受动态收费策略影响，由于系统总计划延误成本不变，且没有排队等待时间成本，使得系统成本达到社会最优值。因此，希望在最理想时刻到达目的地的人，如果不想排队就只能多付钱；如果不愿多付钱也不想排队，就只能采取早出发或者晚出发的措施。

理论上，假设瓶颈通行能力为常数，则存在一种动态收费体制可消除瓶颈处的排队。现实中，收费站可能根据车辆的排队长度来增减收费通道的数量，可理解为瓶颈通行能力依据系统状态的变化而变化。正常情况下，排队长度越长，瓶颈的通行能力越大；在超拥挤（hypercongestion）情形下，瓶颈通行能力反而随拥挤的加剧而下降。Yang 和 Huang[24]采用最优控制理论严格证明：当瓶颈的通行能力为常数时，确实存在消除所有排队的动态收费体制；否则，在“正常关系”下，适当的排队有利于交通系统的总体最优化。

由于连续的动态收费在实践中比较难实施，有学者提出了阶梯收费制度。Arnott 等[19]提出的单阶段收费，就是只在高峰期的某个时间区间内收取常数值的费用。根据通勤者的出发时间与收费时间区间的关系，通勤者被划分为三类：在收费之前出发、收费区间内出发和收费之后出发。首先，选择收费之前出发的通勤者以均衡的出发率从生活区出发，由于出发率大于瓶颈通行能力，从而在瓶颈处形成排队。然后，在第一个付费出行的通勤者出发之前，会存在一段时间没有通勤者出发，排队以瓶颈通行能力的速率开始消散直至第一个付费者离开。同时，该最优单阶段收费策略的特点是在收费开始时刻和收费终止时刻没有排队。最后，通勤者在收费终止时刻同时集聚出发，由于假定该类通勤者的出发时间十分紧凑，且通勤者在队列中的顺序随机，从而通过考虑该类出行者具有相同的期望出行成本达到均衡。

Laih[53−54]的单阶段收费模式与 Arnott 等[19]的相比，区别在于：在收费终止后，出行者没有集聚出发的现象，而是假设增加一条额外的辅路，出行者虽然在收费区间内出发，但是在辅路上形成的排队不会影响付费通过瓶颈的出行者；一旦收费终止，辅路上的出行者开始通过瓶颈道路，排队逐渐消散。此外，针对不同阶段收费产生的排队时间减少量，Laih 还对其进行了量化。指出最优的 n 阶收费方式最多可以减少总排队时间的 $n/(n+1)$。Lindsey[55]认为，如果出行者在瓶颈中排队等待的时间成本大于通过瓶颈时的收费值，将会诱使出行者在瓶颈内一直排队而不消散，直到收费终止。如是，Lindsey 基于瓶颈模型提出了一种新的单步收费策略，称为刹车模型（braking model），并基于该模型探讨最优单阶段收费均衡。Lindsey 指出，第二类出行者在收费时间区间内全部通过瓶颈抵达工作区，第三类出行者在第二类出行者全部付费通过瓶颈后开始排队，但不通过瓶颈，直到收费终止时刻，第三类出行者以瓶颈通行能力为到达率到达工作区。Arnott 等[19]在弹性需求下讨论了统一收费（uniform toll），即通勤者缴纳相同的费用。对于确定性需求，该收费方案不影响通勤者的均衡选择模式，但在弹性需求下，因为成本是关于出行需求的减函数，故通勤人数将会减少。Arnott 还从经济福利角度，对动态最优收费、最优单步收费和统一收费进行了对比分析。Mohring 和 Harwitz[56]考虑了瓶颈收费与扩大瓶颈通行能力成本之间的平衡问题。

拥挤收费这一经济手段能够实现交通流量的合理分布，从而降低社会总成本。那么，创造一种拥挤衍生品（如拥挤看涨期权和远期合同）[57]，赋予持有者在特定时间或特定路径上的出行权利，是否可以达到缓解拥堵、降低成本的目的呢？Friesz 和 Yao 对这一问题给予了回答。Friesz 等[58]引入拥挤看涨期权的概念，假定出行者是遵循古诺–纳什均衡的微观个体，他们在有限的通行能力约束下，通过选择合适的出发时间和出行路径来最小化自身的出行成本。与传统研究结果比较发现，引入拥挤看涨期权可以降低系统拥挤成本。Yao 等[59–60]借助经典瓶颈模型，假定所有出行者在出行时都面临外生的不确定性收费，应用拥挤衍生品具有改变出行者出行行为的潜力，能够降低出行者的出行风险，从而使整个系统的出行成本下降。关于拥挤衍生品在交通领域的应用研究刚处于起步阶段，非常有必要借鉴其他领域，特别是金融领域，对衍生品研究的丰硕成果。

4. 合流网络下的交通行为研究概述

大多数关于高峰期通勤问题的研究都是基于单起点单讫点的单个瓶颈模型。事实上，出行者在通勤过程中，可能通过两个或多个瓶颈，也可能与其他道路流合并通过同一瓶颈。Kuwahara[61]假设一条道路上依次有两个瓶颈，分析了高峰期通勤者的均衡行为。在 Kuwahara 工作的基础上加入第三个瓶颈，构成一个具有两个起点和单个讫点的合流网络，Arnott 等[19]研究了分别对上下游瓶颈进行扩容的福利问题。Lago 和 Danganzo[62]假定合流区通行能力固定，基于物理排队理论，研究了交通流的 spillback 现象。Daniel 等[63]通过实证数据分析，证实了 Arnott 等[19]的研究结论。

由于合流区的通行能力不同于基本路段的通行能力，受匝道汇入车辆的严重干扰，导致车速下降，通行能力降低。换句话说，在合流模型中，合流区的通行能力可以理解为是随机变化的。近年来，越来越多的学者关注该类问题的研究[64]，很多模型提到合流区通行能力下降的情况。例如，Evans 等[65]、Kerner[66]采用随机模型的方法；Leclercq 等[67]应用 Newell−Daganzo 模型[68−69]分析合流区通行能力退化现象；Wang 等[70]，Huang 和 Sun[71]采用微观模型研究出行者的合流行为。此外，在汇流网络中，出行者可能具有不同的出行目的和多个出行任务，如通勤和通学。Jia 等[72]，在早高峰通勤过程中，加入家庭成员的通学行为，构建了基于家庭成员的早高峰出行模型，探讨拥挤收费对出行者的行为选择影响。然而，现实生活中，出行者可能会遇到一个、两个甚至多个瓶颈，尤其在学校出入口处经常出现排队现象，形成多个瓶颈。因此，考虑多个出行任务与合流网络结构的互动关系，具有现实研究意义。

5. 不确定性出行环境下的交通行为研究概述

事实上，交通网络具有内生和外生的不确定性，且不确定性源于多种因素：出行需求的日常波动、道路通行能力的随机退化、反常天气的影响、交通事故和临时交通管制等，这些因素都会直接影响出行者的出行选择行为。近年来，越来越多的学者意识到出行环境的不确定性对出行决策的重要性，并以此作为研究对象，开展相关研究工作[73]。虽然不确定性条件下的交通行为建模更接近现实，但考虑到出行行为的分析较为复杂，因此基于数据调查的实证分析方法多被采用[74]。Abdel−Aty 等[75]通过实证研究表明，出行者在出行决策时会同时考虑出行时间的长短和出行时间不确定性的大小。Lam 和 Small[76]基于美国加利福尼亚州的实证调查数据，对出行时间价值（value of time）和可靠性价值（value of reliability）进行了估算。研究发现，出行时间的可靠性是衡量随机路网性能的重要指标，也是出行者路径选择的重要依据。另外，Bates[77]和 Small 等[78]采用 SP 调查、Brwonstone 和 Small[79]采用 RP 调查，以及 Liu 等[64]采用实时循环数据，分别对出行者的可靠性价值进行了估算。

出行环境的不确定性，使得出行时间呈现随机性，进而导致出行者会改变出发时间或路径选择来规避可能的惩罚成本（早到或晚到成本）。基于调度模型（scheduling model），Gaver[80]和 Knight[81]分别提出了“head−start”和“safety margin”的概念，表示出行者的时间预算，用以预防因时间不确定性带来的损失。Abkowitz[82]采用“期望损失”（expected loss）刻画出行时间的不确定性。针对服从均匀分布和指数分布的随机延误，Noland 和 Small[83]在 Gaver[80]和 Polak[84]工作的基础上，研究了出行时间的不确定性对出发时间选择和出行成本的影响。Noland 等[85]通过 BPR 函数描述路径走行时间，在不确定性条件下模拟出行者如何在出行时间、出行风险和拥挤之间进行权衡。考虑出行时间的随机波动与迟到概率之间的关系，Walting[86]在用户均衡模型中引入迟到惩罚项，给出了基于迟到惩罚的用户均衡模型（LAPUE），并详细分析了模型均衡解的存在性和唯一性。还有很多学者研究过不确定性条件下瓶颈道路的动态均衡，Daniel[87]利用马尔科夫链研究了期望最优拥挤收费。Lam[88]对具有两条平行瓶颈道路的简单网络研究了拥挤的不确定性。Siu 和 Lo[89-90]假定异质出行者具有不同的早到和迟到单位惩罚成本，对异质出行者如何进行出行时间安排进行了研究。

传统研究通常将出行者看作是完全理性的，其出行决策遵循期望效用理论（expected utility theory）。当前，一些研究者尝试将有限理性决策理论应用于交通领域，针对出行行为进行分析和建模，并取得了一定进展。Bell 和 Cassir[91]利用博弈论方法提出了基于风险规避的用户均衡配流模型。Chorus 等[92]在可靠性配流问题研究中，提出采用运筹学中的“随机后悔值最小化”原则进行路径选择的理论模型。Connors 和 Sumalee[93]考虑出行者对“获得”和“损失”具有不对称的风险态度，基于前景理论研究出行者的出行选择行为。

关于交通出行行为的研究经历了由简单到复杂、由定性到定量的发展过程。目前，针对不确定性出行环境下的交通行为研究，国内外均有大批学者对此开展了相关研究，并取得了一定成果。在理论研究方面，国内学者邵虎[94-95]、李志纯[96]、许良[97]、朱纪双[98]等人都做了一定的研究工作。

6. 共享出行行为研究概述

共享出行是指人们无须拥有车辆所有权，以共享和合乘方式与其他人共享车辆，按照自己的出行要求付出相应的使用费的一种新兴交通方式。共享出行通过有效整合运力资源来减少行驶车辆数量，对缓解交通拥堵、降低出行费用、减轻环境污染、破解停车位供需失衡都有重要意义[99-100]。据研究，在美国只需4%的司机选择合乘，即可解决美国 68 个主要城市次年车辆增长造成的交通问题[101]。共享出行以上下班通勤和长途旅行为主，甚至传统的公交车、地铁在某种程度上都可视为广义的共享出行系统[102-103]。随着互联网技术的进步，共享出行进入全新时代，新的技术为利用共享出行解决气候变暖、降低石油进口和解决交通拥堵等问题提供了更有力的保证。欧洲国家和日本、新加坡等国也都开始共享出行尝试。大数据背景下，实时地理感知、海量数据处理等技术的成熟，为共享出行的大规模发展提供了平台支撑（如 DiDi，Uber，Carpooling，Blablacar），基于终端设备的出行方式正被人们逐步接受，这为共享出行的大规模发展提供了用户支撑，共享出行迎来全新发展机遇。

在理论研究方面，学者们围绕共享出行选择行为的影响因素，从何种用户、何种方式及何种理由三个方面，展开了一系列实证研究[104-107]。基于调查数据，Teal[108]指出共享出行在相对低收入、长距离上班和车辆购置受限的通勤人群中比较普遍，尤其是当自驾出行成本非常高、目的地停车位有限的时候，拼车成为一种优选的出行方案。Menendez 和 Daganzo[109]、Lou 等[110]研究发现，HOV 车道通过缩短通勤时间、降低通勤延误，在高峰期通勤中吸引了更多交通流量，从而导致交通拥堵。Yang 和 Huang [24]对有或无高承载专用车道情况下的多线路高速公路合乘行为和最优拥挤定价政策进行了分析。Qian 和 Zhang[111]在单走廊交通网络中，研究了各种因素如何影响方式分担和整个交通系统的效率。Xiao 等[112]考虑拼车障碍成本、多乘员专用车道的通行能力和目的地停车位数量三个外部参数的联合影响，剖析通勤者在高峰期内出行方式和出发时刻的选择机理。田丽君等[113]基于前景理论，在一个存在 HOV 车道的交通系统中，针对单独驾车和合乘出行两种出行方式，给出了出行者的出行费用函数，分析比较了各类用户的出行选择。Ma 和 Zhang[114]在瓶颈拥挤下，考虑动态的共享出行行为，解析给出了通勤者高峰期非线性的出发率和出发时刻选择。

1.2.2 现有研究的不足

目前，交通领域中关于不确定性条件下瓶颈道路通勤者出行行为选择的研究不多。现有研究的不足具体如下。

① 关于交通出行者出发时间选择的研究，多数都假设出行环境是确定的。事实上，出行者面对的是具有不确定性的交通环境，这种不确定性源于多种因素：出行需求的日常波动、道路通行能力的随机退化、反常天气的影响、交通事故和临时交通管制等，这些因素都会直接影响出行者的出行行为。因此，模拟出行者对不确定性因素做出的反应，在分析高峰期出行行为选择时非常有必要。

② 关于出行者通勤问题，通常假设工作地上班时间为某一确定时刻。自20世纪60年代，德国经济学家提出弹性工作制后，它被广泛应用于世界各国。现实生活中，弹性工作制可以对交通需求进行分散，已成为缓解交通压力的有效手段。那么，在出行环境不确定的情形下，考虑通勤者具有弹性上班时间，研究高峰期通勤者的出发时间选择问题更加符合现实需要。

③ 借助拥挤收费策略来缓解交通拥堵已变得越来越普遍，但现有关于拥挤收费的研究，通常假设交通出行环境是完全确定的，在出行环境不确定情形下分析拥挤收费策略有效性的研究还很少。事实上，交通网络具有固有的不确定性，如

果忽略这一特性，就不可能准确判断收费策略在缓解交通拥堵中的价值。

④ 现有的研究通常假定出行者在出行过程中只使用一种交通方式，很少涉及不确定性因素对出行者多模式的出行选择所产生的影响。随着现代交通运输的快速发展和都市生活节奏的加快，现实生活中通常存在多种出行模式。一般来说，存在不确定性因素的大多是公路模式，而对于地铁模式，其出行时间比较稳定，且出行费用较低。为了规避公路模式中的不确定性，出行者往往会转向选择地铁模式。显然，单一模式的交通模型不能完全刻画这一特征。

⑤ 现有高峰期通勤问题通常基于单一瓶颈交通网络进行。事实上，出行者在高峰期的整个通勤过程中，可能经过一个或两个，甚至多个瓶颈，且每个瓶颈的通行能力不尽相同。此外，道路合流区可能因为合流行为的相互影响或其他外部原因，导致其通行能力下降。换句话说，在合流模型中，合流区的通行能力具有随机变化的特点。因此，在具有合流行为的高峰期通勤问题中，考虑通行能力随机退化，研究不同合流策略对通勤者出行行为选择的影响具有重要的现实意义。

1.3 本书主要内容

本书对城市交通出行行为进行了研究，对国内外研究现状、基础理论模型进行了梳理，并深入探究了不确定性条件下、弹性工作制、弹性需求、拥挤收费、道路网络结构、出行者属性等因素对交通出行行为选择的影响，形成了较为完备的交通出行决策理论体系。

本书共 10 章，可分为以下 4 个部分。

第一部分：由第 1 章组成，阐述了交通出行研究的背景、国内外研究进展及现有研究的不足。

第二部分：交通建模篇，由第 2～8 章组成。首先，基于瓶颈排队理论，考虑瓶颈道路通行能力的退化特性，构建了不确定性出行环境下的动态均衡模型，进而研究高峰期出行者的出行行为。然后，通过引入出行者弹性工作时间制度，研究不同背景下的用户均衡出行模型。同时，针对不确定性条件下的单一瓶颈道路，设计了两种拥挤收费策略——动态收费策略和最优单阶段收费策略，对出行者的出发时间选择均衡问题进行了深入研究。此外，考虑两个起点和一个终点的合流交通系统，假设合流区的通行能力存在随机退化，分析比较了优先合流策略和比率合流策略下，出行者出发时间的选择机理。最后，在合流网络中考虑家庭出行行为选择问题，探讨上班时间与上学时间不同间隔差异对出行者行为决策的影响。

第三部分：实证分析篇，由第 9 章组成。首先，回顾了前景理论，基于风险感知构建了出行方式选择 Logit 模型。通过实证数据和理论分析，探讨了网约车多元化服务对交通出行行为的影响。

第四部分：由第 10 章组成，总结本书的主要研究成果，并对进一步研究做出展望。

本书的结构如图 1–1 所示。

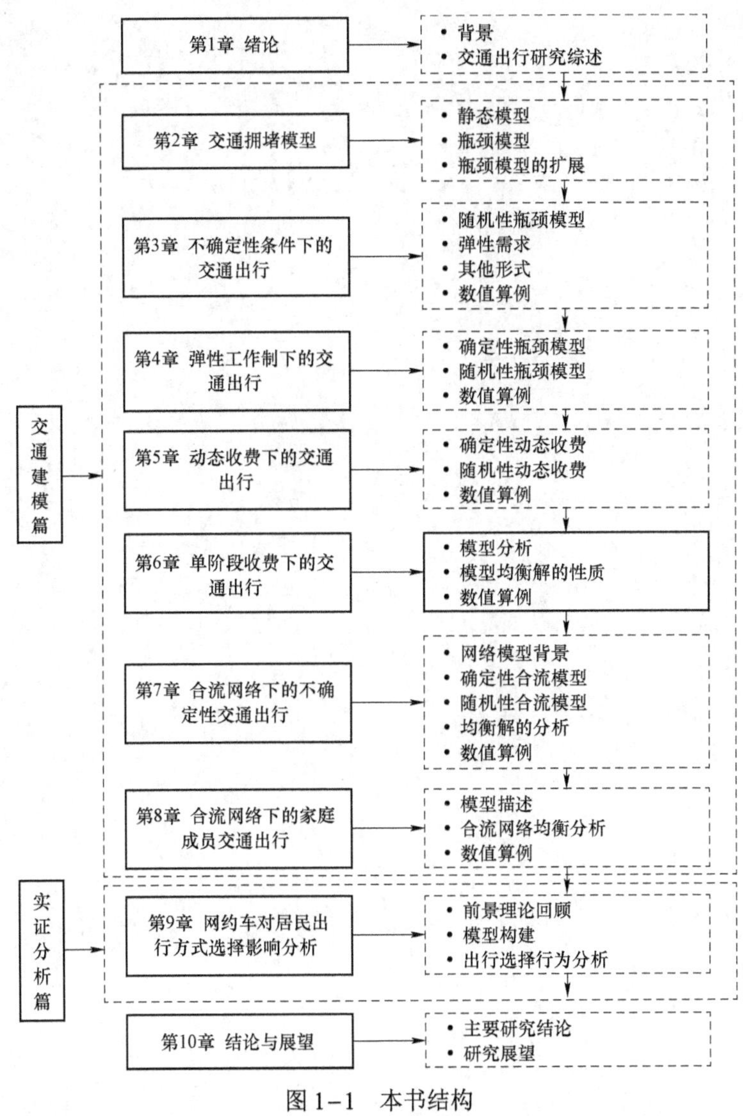

图 1–1　本书结构

交通建模篇

随着城市化进程的不断加快，城市规模日益扩大，不断影响着城市发展的形态和交通结构，伴随而来的是城市人口和机动车保有量的与日俱增，城市居民的出行行为向着复杂化、多样化的方向发展，导致了各大中型城市交通出行供需矛盾日趋激烈。城市居民的交通出行决策主要受出行外部环境和出行内部因素的影响。那么，深入研究居民出行行为特征和出行规律，如何诱导人们的出行选择行为，促使人们合理出行来缓解城市拥堵的矛盾，开展交通网络的综合规划与管理，成为我国城市交通规划与综合运输组织面临的新问题。

本篇主要针对城市居民的高峰期出行行为，考虑出行中诸多因素（如出行环境的不确定性、弹性工作机制、道路网络结构、出行者属性差异等）的影响，分别构建了各影响因素下的动态交通均衡模型，分析出行者的行为选择，探讨交通系统的优化机制。

第2章

交通拥堵模型

1969年，Vickrey首次提出能使所有出行者具有相同出行成本的内生出发时间选择模型，即著名的瓶颈模型（bottleneck model）[1]，该模型随即成为研究交通动态拥挤的主要经济分析模型。对“动态”一词的理解，包含交通系统的发展方式和用户每天学习的方式与时间有关。而在瓶颈模型中，动态是指用户行为选择与每天的时间有关，即在给定的一天内，不同时间的交通拥挤之间的相互依赖性。相比之下，“静态”是指交通拥堵在给定的时间段内恒定不变，且给定出行时间与流量之间的函数关系。静态模型没有显式地涉及时间维度，即所有的交通流量都作为特定于某个时间段的单个数字计算。本章首先引入基本的静态模型，然后基于瓶颈模型，对交通动态拥堵的形成与发展进行简要介绍。

基本的静态模型考虑由节点和链条组成的网络。这些节点表示区域的中心，将区域内的出行终点与网络中的节点相关联，链条用于连接节点，表示区域内的路段。成本函数与出行需求有关，随着路段用户的增加，出行成本也随之增加。需求由起讫点（OD）矩阵给出，表示节点对之间的出行人数。交通出行方案涉及为每个OD对选择网络内的路径、每个路段的流量、使用每个路段的出行成本，以及所有用户的总出行成本都取决于网络中的路径选择决策。假设每个OD对的每个用户在网络中选择一条路径，使总出行成本最小。但由于用户对同一空间的竞争，一个OD对中用户的路径选择影响了其他用户通过拥堵路段所经历的成本，用户通过不断修改自己的路径选择，以响应其他用户的路径选择。我们寻求一种均衡，即没有用户可以通过选择不同的路径来降低其出行成本，这种平衡即是Wardrop[115]提出的用户均衡准则。Beckmann等[116]首先给出了一般网络的数学公式和解。静态模型是对拥挤网络进行数学描述的基本工具。然而，静态模型忽略了拥堵的重要特性。静态模型忽略的主要特征是：

交通拥堵在一天中会发生变化，在大多数城市中，拥堵高峰出现在上午和下午。为了设计和评估解决拥堵的政策，有必要认识到这些变化。

第一，出行者不仅要选择出行路线，还要根据一天中交通拥堵的变化来选择出发时间。当一项政策被实施时，为防止高峰拥堵，用户的反应是改变出发时间。例如，出行者进入大城市 CBD，每小时到达工作地点的交通数量是根据上午高峰时段的运力比率确定的。因此，如果 CBD 的工作场所数量增加，早晨高峰的持续时间也必须增加。同样，如果容量增加，峰值持续时间将缩短。因此，高峰持续时间既取决于需求，也取决于交通通行能力。这些观察结果表明，出行时间是内生的，且倾向于动态模型。

第二，当用户出行时，除了金钱成本和出行时间成本外，用户对出行的时间有自己的偏好，如果偏离了偏好的时间，代价会很高。这样的计划延误成本在规模上与占用户总成本的一小部分的拥挤–延迟成本相当。这些计划延误成本在静态模型中本质上被忽略了。这意味着静态模型不能揭示影响计划延误成本的策略的影响。

第三，许多相关的策略只能在动态模型中描述。交通拥堵费或停车费随时间的变化而变化就是一个明显的例子。

基本的动态模型：瓶颈模型，刻画每日内动态交通行为，因此它非常适合分析依赖于这些动态的政策。Arnott 等[19]对瓶颈模型进行了研究扩展。该模型中考虑一个 OD 对（比如住所和工作场所）由一条路连接，且路上有一处瓶颈，瓶颈处只允许车辆以一定的速度流通过。假设用户是同质的，且具有相同的理想时间 t^* 到达目的地。由于瓶颈通行能力的限制，必然导致用户在 t^* 之前或之后到达。模型中考虑偏离 t^* 的用户成本为计划延误成本，此外还考虑了走行时间成本，包括自由流动的走行时间和瓶颈中的排队延迟。最后，用户基于最小化行程延误和走行时间成本来选择出发时间。在均衡状态下，出行者产生相同的一般出行成本。早出发的人，在瓶颈处只经历了短暂的延误，但却早早地到达了工作岗位。为了避免排队延误，选择晚出发的出行者，则会上班迟到。而那些接近理想到达时间的出行者，出行排队时间也最长。出行者通过权衡计划延误时间成本和排队时间成本最后确定出发时间，瓶颈模型正好描述了出行者拥挤排队从建立到消散的一个过程。

关于交通拥堵的文献从瓶颈模型的研究中丰富起来，探索基于瓶颈模型的一些问题，例如均衡、社会最优、最优定价、次优定价（包括分步收费）、弹性需求、异质性、随机通行能力和需求、道路网络。此外，经典瓶颈模型也被扩展到包括交通模式选择、停车拥堵、晚高峰通勤和非通勤出行的建模等。

本章首先回顾了拥堵的简单静态模型，其中没有明确考虑时间因素；然后，介绍基本的瓶颈模型，并阐述瓶颈模型的若干扩展。

2.1 静态模型

2.1.1 静态网络

本节首先由一个简单的例子开始。考虑固定数量的交通出行者 N，面临两条出行路径选择。出行者选择第 1 条路径的人数为 n_1，选择第 2 条路径的人数为 n_2，且满足 $n_1+n_2=N$。假设每条路径的出行成本是关于需求的线性函数，所以对于第 i 条路径，平均出行成本为 $C_i(n_i)=a_i+b_in_i$。该出行成本将出行时间成本转换为货币成本，故称为广义出行成本。在均衡状态下，当没有人可以单方面改变自己的出行路径而使自己变得更好时，得 $C_1(n_1)=C_2(n_2)$。由该等式，可得均衡结论如下：

$$n_1^e=\frac{a_2-a_1}{b_1+b_2}+\frac{b_2}{b_1+b_2}N,\quad n_2^e=N-n_1^e \tag{2.1}$$

其中，n_1^e 表示均衡状态下的第一条路径上的人数，n_2^e 表示均衡状态下的第二条路径上的人数。

该纳什均衡为所有出行者最小化其出行成本得到的。接下来，考虑系统最优，即所有出行者的总出行成本达到最小。一般来说，系统最优不是纳什均衡，可表示为最小化系统总成本：

$$\min_{n_1,n_2} W(n_1,n_2)=n_1C_1(n_1)+n_2C_2(n_2) \tag{2.2}$$

其中，$n_iC_i(n_i)$ 为第 i 条路径的总出行成本，那么附加给每条路径的边际成本为

$$\frac{\mathrm{d}[n_iC_i(n_i)]}{\mathrm{d}n_i}=C_i(n_i)+b_in_i \tag{2.3}$$

在式（2.3）中，$C_i(n_i)$ 是边际用户所支付的出行成本，b_in_i 为边际外部成本，它是总成本增加中不由用户额外承担的部分。社会最优的一阶条件要求满足

$$C_1(n_1)+b_1n_1=C_2(n_2)+b_2n_2 \tag{2.4}$$

式（2.4）与纳什均衡的一阶条件相比，增加了外部性成本。即，式（2.4）中等式两端分别增加的成本 b_1n_1，b_2n_2。如果增加一个额外的用户不会导致平

均出行成本增加，则外部性为零，即 $b_i=0\ (i=1,2)$。在该情形下，系统最优就是纳什均衡。

在系统最优状态下，得

$$n_1^o=\frac{a_2-a_1}{2b_1+2b_2}+\frac{2b_2}{2b_1+2b_2}N\text{，}\ n_2^o=N-n_1^o \tag{2.5}$$

其中，n_1^o 表示最优状态下的第一条路径上的人数，n_2^o 表示最优状态下的第二条路径上的人数。

比较式（2.1）与式（2.5）可知。最优结果与均衡结果之间的唯一区别在于边际成本，b_i 变为 $2b_i$。这说明，第 i 条路径的交通收费设置为 n_ib_i，可达到最优均衡的结果。

2.1.2 弹性需求

2.1.1 节一直考虑固定需求 N，接下来将允许需求具有弹性。我们将注意力限制在一条路线上，且在这条路线上出行者的支付意愿不同。图 2–1 显示了向下倾斜的逆需求曲线 D，以反映需求随着成本的增加而减少。曲线 C 是平均成本曲线，表示每个出行者的成本。曲线 MC 是边际成本曲线，表示随着出行者数量的边际增加，总成本的边际变化，即

$$\text{MC}(N)=C(N)+N\bullet C'(N) \tag{2.6}$$

由式（2.6）可知，当成本曲线为增函数时，边际成本曲线将位于成本曲线之上。

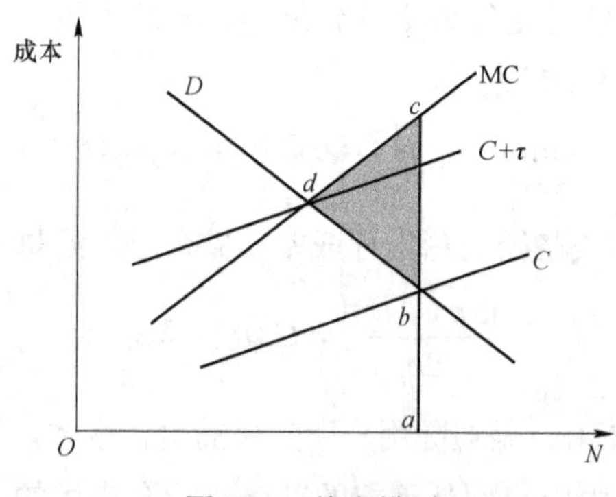

图 2–1　静态模型

由图 2–1 中可知，均衡发生在需求曲线和平均成本曲线的交点 b 处。在这一点上，因用户面临的成本与线段 ab 相对应，收益大小相同，故边际出行者在

这点上是否出行是无差异的。然而，对于总出行者说，增加边际出行者所产生的成本由 MC 曲线给出。那么，对于 *b* 点的边际出行者，这个成本对应于线段 *ac*。因此，最后一个出行者对所有出行者造成了与线段 *bc* 相对应的净损失。如果使用量减少到 MC 曲线与需求曲线相交的点，那么出行者在 *d* 点的相应损失为零。然后，在市场均衡中的总损失由图 2–1 中的阴影三角形 *bcd* 表示。

图 2–1 中的最优收费值为 τ，在 *d* 点实现最优，此时私人收益等于边际成本。之所以要征收通行费，是因为出行者忽略了他们的出行给其他出行者增加的成本。通行费在社会最优条件下表示为边际成本和平均成本之间的差额，即外部性。

2.2 瓶颈模型

交通拥堵研究主要分静态和动态两种。静态理论的基础是边际成本定价理论，即行驶在拥挤路段上的车辆应支付一定的费用，以此来抵消其产生的外部不经济，从而使系统达到社会净收益的最大化。该支付费用应等于边际社会成本减去边际个人成本。但静态理论以此为基础建立的模型存在明显的缺陷，其不能研究排队拥挤，也不能分析出行者关于出行时间的决策行为。Vickrey 应用确定性排队理论，首次提出了令所有出行者具有相同出行成本的内生出发时间选择模型，这就是经典瓶颈模型（bottleneck model）。在均衡状态下，所有出行者的总出行成本相等，没有人能够通过单方面改变出发时间而使自己变得更好。瓶颈模型以简单、直接的方式刻画了早高峰通勤行为。随后 Arnott，De Palma 和 Lindsey 等学者扩展了瓶颈模型并引出了一些重要见解。

2.2.1 模型假设

经典瓶颈模型中，考虑一条高速公路连接生活区 H 和工作区 W，公路上有一处瓶颈（如桥梁、隧道或收费站等），瓶颈处的通行能力有限。每天早晨有 *N* 个通勤者，一人一车单独驾驶私家车从 H 去往 W 上班。该瓶颈模型所描述的单一瓶颈道路如图 2–2 所示。

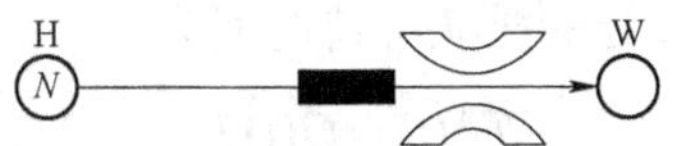

图 2–2 单一瓶颈道路通勤出行图

为了抓住问题本质，从而更方便地分析通勤者的出行时间选择，该模型做如下假设。

假设 1 高峰期工作地的上班时间为t^*，准时到达将不会有延误时间成本（schedule delay cost），而早到或者迟到都会产生延误时间成本。

假设 2 所有通勤者同质，即具有相同的单位早到或者迟到时间成本。

经典瓶颈模型是动态模型，基于确定性排队理论，假定道路交通拥挤表现为瓶颈处的排队，通勤者受瓶颈通行能力限制，导致一部分人早到、一部分人迟到。不管通勤者是早到还是迟到，都会承担惩罚成本（即延误时间成本）。不收费时，行驶时间成本和延误时间成本构成通勤者的总出行成本，为最小化出行成本，每个出行者对出发时间进行决策。在均衡状态下，所有人的出行成本相等。

2.2.2 模型推导与分析

假设模型中，有N个相同的出行者每天早晨从生活区 H 出发去往工作区 W，这里定义从 H 到 W 的行驶时间为

$$T(t)=T^f+T^w(t) \tag{2.7}$$

其中，T^f为自由流行驶时间，T^w为瓶颈处的排队等待时间。为了简单，假定$T^f=0$，则走行时间$T(t)=T^w(t)$。换句话说，通勤者从生活区 H 出发，可立刻到达瓶颈处；离开瓶颈后，可立刻到达工作区 W。定义t时刻到达瓶颈处的累计人数为

$$R(t)=\int_{t_0}^{t} r(x)\mathrm{d}x \tag{2.8}$$

其中，$r(x)$为x时刻通勤者从生活区出发的出发率，t_0是最早出发时刻。在经典瓶颈模型中，假设高峰期内高速公路满负荷运行，即从最早的出发时刻t_0开始，道路服务率始终为瓶颈通行能力s。如果通勤者从生活区的出发率超过瓶颈通行能力s，则会在瓶颈处产生排队。排队长度$Q(t)$为队中等待通过瓶颈的车辆数（即人数），且表示为

$$Q(t)=\max\{R(t)-s(t-t_0),0\} \tag{2.9}$$

因此，t时刻出行者在瓶颈处的排队等待时间为

$$T^w(t)=Q(t)/s \tag{2.10}$$

除了走行时间成本外，出行者还会产生延误时间成本，也就是早到或迟到

惩罚。假设t^*为工作地上班时间，t_t为能在t^*时刻到达工作地的出发时刻，那么有

$$t_t = t^* - T(t_t) \tag{2.11}$$

如果出行者早于该时刻出发，即$t < t_t$，就会早到$t^* - t - T(t)$单位时间；如果晚于该时刻出发，即$t > t_t$，就会迟到$t + T(t) - t^*$单位时间。

在经典瓶颈模型中，假设出行成本由走行时间成本和延误时间成本（上班早到时间或者迟到时间）组成。为了简单，模型假定出行成本函数是线性的且可表示为

$$C(t) = \alpha T(t) + \begin{cases} \beta(t^* - t - T(t)), t^* \geqslant t + T(t) \\ \gamma(t + T(t) - t^*), t^* < t + T(t) \end{cases} \tag{2.12}$$

其中，α为单位走行时间成本，β为单位早到时间成本，γ为单位迟到时间成本。根据Small[132]的结论，参数之间满足关系式：$\gamma > \alpha > \beta > 0$。值得注意的是，$\beta < \alpha$是确定性瓶颈模型存在均衡解的必要条件。

在经典瓶颈模型中，均衡状态可表述为：当没有人可以通过单方面改变自己的出发时间来降低其出行成本时，系统达到均衡。该结论表明，在均衡状态下，所有出行者具有相同的出行成本，也就是任何出发时刻所对应的出行成本都是常数，即当$r(t) > 0$，$\mathrm{d}C(t)/\mathrm{d}t = 0$。通过该条件，可得高峰期内出行者的出发率的表达式为

$$r(t) = \begin{cases} \alpha s/(\alpha - \beta), \ t_0 \leqslant t \leqslant t_t \\ \alpha s/(\alpha + \gamma), \ t_t < t \leqslant t_e \end{cases} \tag{2.13}$$

其中，t_0和t_e分别表示通勤者的最早出发时间和最晚出发时间。从经济角度分析，出发率表达式可以理解为：推迟单位时间出发的边际收益应该等价于其边际成本。对于选择t_t时刻之前出发的通勤者来说，如果推迟单位时间出发，其边际收益就是早到惩罚成本的减少值$\beta[1 + T'(t)]$；其边际成本就是排队时间成本的增加值$\alpha T'(t)$。类似地，对于选择在区间$[t_t, t_e]$内出发的出行者，其出发率的经济含义亦可推知。

下面求解各个关键时刻点t_0，t_t和t_e。首先，列出如下三个方程式：

$$(t_t - t_0)\left(s + \frac{\beta s}{\alpha - \beta}\right) + (t_e - t_t)\left(s - \frac{\gamma s}{\alpha + \gamma}\right) = N \tag{2.14}$$

$$(t_t - t_0)\frac{\beta s}{\alpha - \beta} = (t_e - t_t)\frac{\gamma s}{\alpha + \gamma} \tag{2.15}$$

$$t_t+\frac{\beta}{\alpha-\beta}(t_t-t_0)=t^* \tag{2.16}$$

方程（2.14）表示出行的总数人数为N；方程（2.15）表明t_t为排队的消散点，即在时间区间$[t_0,t_t]$内形成的排队，可在区间$[t_t,t_e]$内全部消散；方程（2.16）是对时刻t_t的定义。联立式（2.14）～（2.16），求解可得

$$t_0=t^*-\left(\frac{\gamma}{\beta+\gamma}\right)\left(\frac{N}{s}\right) \tag{2.17}$$

$$t_e=t^*+\left(\frac{\beta}{\beta+\gamma}\right)\left(\frac{N}{s}\right) \tag{2.18}$$

$$t_t=t^*-\left(\frac{\beta\gamma}{\alpha(\beta+\gamma)}\right)\left(\frac{N}{s}\right) \tag{2.19}$$

根据$\beta<\alpha<\gamma$，比较式（2.17）～（2.19），显然有$t_0<t_t<t_e$成立。此外，联立式（2.7）～（2.10）和式（2.13）。可得排队时间为

$$T(t)=\begin{cases}\left(\dfrac{\beta}{\alpha-\beta}\right)(t-t_0), & t_0\leqslant t\leqslant t_t\\ \left(\dfrac{\gamma}{\alpha+\gamma}\right)(t_e-t), & t_t<t\leqslant t_e\end{cases} \tag{2.20}$$

在高峰期内，由于早到出行者的出发率大于瓶颈通行能力，导致排队长度和行驶时间关于时间线性上升；而迟到的出发率小于通行能力，排队长度关于时间线性下降。换句话说，从时刻t_0到t_t，排队长度线性增加；而在t_t之后，排队开始逐渐消散，直到t_e排队全部消除。

由于t_0为最早出发时刻，该时刻出发的出行者没有排队，只有早到惩罚。那么，该时刻的出行成本为

$$C(t_0)=\beta(t^*-t_0) \tag{2.21}$$

然后，将式（2.17）代入式（2.21），可得均衡状态下的出行成本为

$$C=\left(\frac{\beta\gamma}{\beta+\gamma}\right)\left(\frac{N}{s}\right) \tag{2.22}$$

根据均衡条件，出行者具有相同的出行成本，故系统总成本为

$$\mathrm{TC}=\left(\frac{\beta\gamma}{\beta+\gamma}\right)\left(\frac{N^2}{s}\right) \tag{2.23}$$

最后，将式（2.13）代入式（2.8），可得生活区 H 的累计出发人数和工作区 W 的累计到达人数的图像，详见图 2–3。图 2–3 中，曲线 ABC 为生活区累计出发人数，曲线 AC 为工作区累计到达人数。两条曲线的斜率分别表示生活区的出发率 $r(t)$ 和工作区的到达率 s 。两条曲线之间的垂直距离表示某一个时刻的排队长度，而两曲线之间的水平距离表示出行者在该时刻的行驶时间 $T(t)$，即排队时间。

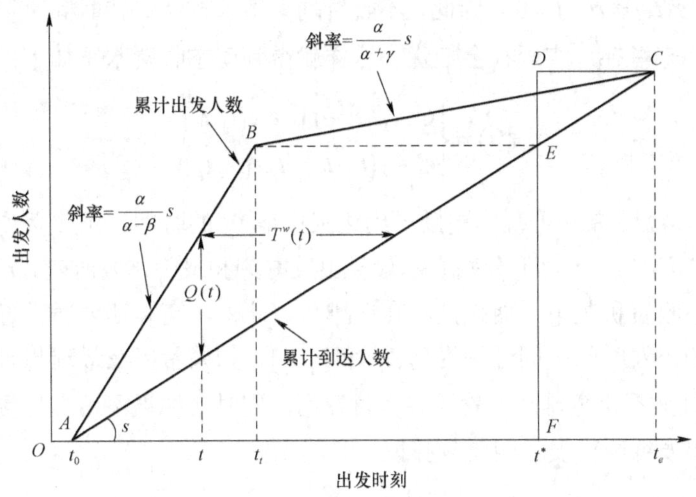

图 2–3　经典瓶颈模型中累计出发人数

高峰期内，系统总行驶时间（所有出行者的行驶时间之和）为 $\int_{t_0}^{t_e} T(t)\mathrm{d}t$ ，对应图 2–3 中累计出发人数曲线与累计到达人数曲线之间的区域 $ABCA$。出行者总计划早到时间为 $\int_{t_0}^{t^*} s(t^*-t)\mathrm{d}t$ ，在图 2–3 中表示为累计到达人数曲线以下从 t_0 到 t^* 的区域 $AEFA$，那么总迟到时间即为区域 $EDCE$。

2.3 瓶颈模型的扩展

2.3.1 最优动态收费

经典瓶颈模型清晰地论述了排队拥挤的产生与消散过程，以及出行者的出发时间决策。经济学家认为，模型中的排队等待时间成本作为一种纯损失可以转化为以缴纳道路使用费为表现形式的收益。Arnott 等[19]提出了一种动态收费策略调节车辆的出发时间，使高峰期$[t_0,t_e]$内的离开率（或是到达瓶颈的到达率）为瓶颈道路的原始设计通行能力（s），从而不产生排队。因此，所有的出行者（除了第一个和最后一个）都将从减少的排队时间中获益，同时到达目的地的时间与均衡时完全相同。

考虑$\tau(\cdot)\geqslant 0$为到达瓶颈处的出行者被收取的收费值，同时假设出行者通过优化收费值和出行成本之和来选择出发时间。假定在高峰期起讫时刻的收费值为0，即$\tau(t_0)=\tau(t_e)=0$。因此，不收费均衡下的排队等待时间可以通过缴纳费用的形式来替补，实现社会最优。这样就得到动态收费水平如下：

$$\tau(t)=\begin{cases}C-\beta[t^*-t],\ t\in[t_0,t^*]\\C-\gamma[t-t^*],\ t\in[t^*,t_e]\end{cases} \tag{2.24}$$

式（2.24）中的t可视为通勤者到达工作地W的时间，不收费均衡下的出行成本$C=\delta N/s$，t_0和t_e分别表示最早出发时刻和最晚出发时刻，t^*为上班时刻。在动态收费机制下，瓶颈处不存在排队。此外，高峰期内通勤者早到和迟到所对应的出发时间区间分别为$[t_0,t_t]$和$[t_t,t_e]$。如果希望在最理想时间到达工作地W，且又不愿意排队，就需要多付费用。同时，如果不愿多付费用，通勤者只要早出发或晚出发，也无须排队。

2.3.2 弹性需求

在瓶颈模型的讨论中，出行者需求假定是固定不变的，事实上均衡的出行成本依赖于出行者的数量，Arnott 等[13]考虑弹性需求，给出成本如下：

$$p=\tau(t)+c[t,t_0+R(t)/s] \tag{2.25}$$

其中，c为t时刻出发者的出行成本。式（2.25）表明总的收费值为$N(p-\overline{c})$，$\overline{c}$为平均计划延误成本。令$N(\cdot)>0$，$N'(\cdot)<0$为向下倾斜的需求函数，其中$N(p)$为实际需求。

这是扩展模型的一种非常方便的方法：在任何平衡态下，平衡态的性质与非弹性情况完全相同。因为需求作为出行者的均衡成本函数而减少，而出行者的均衡成本作为出行者数量的函数而增加，所以出行者的均衡数量是唯一确定的。然而，这种简单的形式是有代价的，因为它要求出行时间和参与之间具有可分离性。

出行时间与参与之间的可分离性表明，弹性需求下的最优行程与非弹性需求下的最优行程相同。为此，首先要注意，最优通行费能够消除排队，因此出

行者的平均成本保持为$\delta N/s$。考虑下面的社会福利函数

$$W(p)=\int_p^{\infty}N(s)\mathrm{d}s+N\bullet(p-\overline{c}) \tag{2.26}$$

这是消费者剩余和通行费总收入的总和。要找到社会福利优化的代价，请注意

$$\overline{c}=\frac{s}{N}\int_{t_0}^{t_e}c(t,t)\mathrm{d}t \tag{2.27}$$

其一阶导数为

$$\frac{\partial\overline{c}}{\partial p}=\frac{N'(p)}{N(p)}(\delta N/s-\overline{c}) \tag{2.28}$$

用此条件求$W(p)$的最大值，可得$p=\delta N/s$。也就是说，最优的定价等于均衡出行成本。然后，代入收费公式，可得最优收费$\tau(t)=\delta N/s-c(t,t)$，该收费值与非弹性需求情形下的结论一致。

2.3.3 最优通行能力与自融资

现在考虑一种情形，即在最优收费情况下，如果瓶颈通行能力(s)扩容，其成本为$K(s)\geqslant 0$，且$K'>0$，那么此时的社会福利函数为

$$W(p,s)=\int_p^{\infty}N(r)\mathrm{d}r+N\bullet(p-\overline{c})-K(s) \tag{2.29}$$

对任一给定的s，最优的收费值为$\tau(t)=\delta N/s-c(t,t)$，且注意

$$\frac{\partial\overline{c}}{\partial s}=\frac{1}{s}(\delta N/s-\overline{c}) \tag{2.30}$$

利用该条件，可知通行能力最优需满足条件$sK'(s)=N\bullet(p-\overline{c})$，也就是说，在最优收费下的税收为$sK'(s)$。

由此可得瓶颈模型的自融资定理：如果生产能力的收益是恒定的，即$K(s)=sK'(s)$，且$K'(s)$为常数，则最优收费恰好为最优通行能力$K(s)=N\bullet(p-\overline{c})$；如果收益是递增的，则$K(s)>sK'(s)$，此时最优通行费不能满足最优通行能力。

自融资定理也称为成本回收定理。上述分析是 Mohring 和 Harwitz[117]提出的一般自融资定理的一个实例，该定理假设出行成本在容量和使用上是零阶齐次的。Verhoef 和 Mohring[118]对自融资的研究进展进行了总结。

在无通行费、单步通行费和最优通行费三种情况下，可以计算出最优通行能力。可以证明，最优容量对于最优收费制度是最低的，对于阶段收费制度是中间的，对于无收费制度是较大的，且这些结果适用于非弹性需求和弹性需求。

2.4 本章小结

本章概述了拥堵的动态模型，重点介绍了 Vickrey 瓶颈模型的相关结论。该模型以一种紧凑的方式结合了动态拥堵的基本特征，可以用来研究各种不能用静态模型研究的机制与策略。这些措施包括随时间变化的道路收费、灵活的弹性工作时间、错峰工作时间、动态出入管制和匝道计量、容量分配等。

动态拥堵的研究仍然是一个非常活跃的领域，有许多重要的问题有待解决。使用动态拥堵模型进行经济分析时，通常假定用户处于纳什均衡状态。因此，给出纳什均衡存在的一般条件（对于一般网络）是很有意义的，它将进一步明确学习机制将导致纳什均衡。学习机制是一种规则，出行者可以根据过去的结果信息，更新他们对出发时间和路线的选择。导致纳什均衡的学习机制的存在将支持纳什均衡的概念作为实际拥堵现象的基准假设。

第3章

不确定性条件下的交通出行

Vickrey 应用确定性排队理论，首次提出了令所有出行者具有相同出行成本的内生出发时间选择模型，这就是经典瓶颈模型。在均衡状态下，所有出行者的总出行成本相等，没有人能够通过单方面改变出发时间而使自己变得更好。瓶颈模型以简单、直接的方式刻画了早高峰通勤行为。此后，学者们从不同角度对瓶颈模型进行了扩展[10,19,119–121]。传统的瓶颈模型研究确定性交通环境下的出行行为。事实上，受许多因素的影响，如雨雪天气、交通事故、道路维护等，出行环境的不确定性时有发生，从而导致路段通行能力退化和出行时间波动。近年来，越来越多的学者意识到了出行环境的不确定性在出行决策中的重要性[122–124]。

考虑到受各种主客观因素的影响，道路交通网络总处于不稳定状态，其通行能力也是随机退化的，从而导致出行时间不确定。本章对确定性的经典瓶颈模型进行简单的扩展，假设道路通行能力是随机退化的且服从均匀分布。高峰期通勤过程中，同质出行者在期望走行时间成本和期望延误时间成本之间进行权衡。在均衡态下，所有出行者的期望出行成本相等，没有人能够通过单方面改变其出发时间来减少其期望出行成本，这就是随机性瓶颈模型。

需要强调的是，随机性瓶颈模型假设每天的通行能力是随机变化的，但同一天内的通行能力是固定常数。本章的主要内容包括两个方面：一是在不确定性条件下建立均衡模型；二是随机性瓶颈模型均衡解的解析推导与分析。

3.1 随机性瓶颈模型

3.1.1 模型建立

考虑到在不确定性条件下出行行为选择的复杂性，对其进行建模及解析推导是一项非常具有挑战性的工作。为了抓住问题本质，更为了方便地分析通勤者的出行时间选择，本节做出如下假设。

假设 1 通勤者同质，即具有相同的单位早到成本和迟到时间成本，以及相同的上班时间。

假设 2 瓶颈处每天的通行能力是随机变化的，但同一天的通行能力固定不变。通行能力的随机性是外生的，且不因出行者人数的变化而变化。

假设 3 瓶颈处的通行能力是非负的，且基于某个确定的平均值随机变化。根据 Kuang 等[125]和 Li 等[126]的工作，假设通行能力随机变化，且在区间$[\theta\overline{s},\overline{s}]$内服从均匀分布，$\overline{s}$为道路原始设计的通行能力；$\theta(\theta\leqslant 1)$为非负变量，反映瓶颈通行能力的退化程度。

假设 4 通行能力的随机变化信息是开放的，出行者根据期望出行成本，基于用户均衡理论进行出发时间选择决策。

与经典瓶颈模型相比，虽然出行者的出发时间选择基于期望出行成本是确定的，但是假设单个瓶颈的通行能力是随机退化的。假设 2 表明同一天内的瓶颈通行能力是确定的常数，不随时间的变化而变化，那么该假设只适用于发生在高峰期之前的不确定性因素。而对于不确定性源发生在高峰期内的情况，Fosgerau[32]和 Peer 等[127]进行了详细的研究与分析。本章中，瓶颈通行能力的随机退化特性，导致出行者的走行时间和延误时间也随之发生变化。假设 4 中，进一步假定出行者已经知道不确定性条件下的期望走行时间，通过选择出发时间以最小化其期望出行成本。

但由于瓶颈通行能力的随机性，通勤者的出行成本函数不再是确定的。为了简便，假设上班时间为零，即$t^*=0$。在不确定性条件下，选择t时刻出发的通勤者，其期望出行成本函数如下所示。

$$\begin{aligned}E[C(t)]&=E\left[\alpha T(t)+\beta\overline{\mathrm{SDE}}(t)+\gamma\overline{\mathrm{SDL}}(t)\right]\\&=\alpha E[T(t)]+\beta E\left[\overline{\mathrm{SDE}}(t)\right]+\gamma E\left[\overline{\mathrm{SDL}}(t)\right]\end{aligned}\tag{3.1}$$

其中，$\overline{\mathrm{SDE}}(t)$和$\overline{\mathrm{SDL}}(t)$分别表示$t$时刻出发的通勤者所产生的早到时间和迟到时间，可以表示为

$$\overline{\mathrm{SDE}}(t)=\max\{0,-T(t)-t\},\quad\overline{\mathrm{SDL}}(t)=\max\{0,T(t)+t\}$$

3.1.2 模型推导

在高峰期内，出行者通过权衡行驶时间、计划延误成本，选择令自己的综

合出行成本最小的出发时间。当任何人都无法通过单方面改变自己的出行时间选择来降低其出行成本时，系统达到均衡。该均衡条件指出，在均衡状态下，任意时刻 t 的出行成本相等，且为一常数，即

$$\mathrm{d}E[C(t)]/\mathrm{d}t=0,\quad r(t)>0 \tag{3.2}$$

根据式（3.1）可知，期望出行成本函数包括期望走行时间成本和期望计划延误时间成本。由于瓶颈通行能力的随机性，每天选择同一时刻出发的出行者（如工作日坚持 7:00 从生活区出发），可能会承担早到惩罚或者迟到惩罚，可能产生排队延误也可能不需要排队。本节中讨论出行者因选择不同的出发时间而面临的 4 种情形，且该 4 种情形随时间的增长依次发生。4 种情形分别为：肯定早到；可能早到也可能迟到，具体取决于瓶颈通行能力的大小；肯定迟到；肯定迟到，但可能排队也可能不排队，具体取决于瓶颈通行能力的大小。此外，4 种情形分别对应 4 个不同的出发时间选择区间。首先定义 t_0 和 t_e 为高峰期最早出发时间和最晚出发时间，再定义 t_1，t_2 和 t_3 依次为该 4 个时间区间的边界点。

1. 在 $[t_0,t_1]$ 区间内出发肯定早到

选择在该时间区间内出发的通勤者，无论瓶颈通行能力如何变化，通勤者排队通过瓶颈道路后肯定早到，即满足关系式 $s(t-t_0)<R(t)<s(t^*-t_0)$。因此，式（3.1）在该时间区间内可以详细表示为

$$E[C(t)]=\alpha\int_{\theta\overline{s}}^{\overline{s}}\left[\frac{R(t)}{s}+t_0-t\right]f(s)\mathrm{d}s+\beta\int_{\theta\overline{s}}^{\overline{s}}-\left[\frac{R(t)}{s}+t_0\right]f(s)\mathrm{d}s \tag{3.3}$$

其中，$f(s)$ 为随机通行能力 s 的概率密度函数，且 $f(s)=1/(\overline{s}-\theta\overline{s})$。根据用户均衡理论，将式（3.3）代入式（3.2），可得均衡出发率为

$$r(t)=\frac{\alpha}{\alpha-\beta}\times\frac{\overline{s}(1-\theta)}{\ln\theta^{-1}},t_0\leqslant t\leqslant t_1 \tag{3.4}$$

根据以上分析，情形 1 的出行者不产生迟到惩罚，故有边界条件：当 $s=\theta\overline{s}$ 时，满足 $\overline{\mathrm{SDE}}(t_1)=0$，即 $R(t_1)=-t_0\theta\overline{s}$。

2. 在 $(t_1,t_2]$ 区间内出发可能早到也可能迟到，具体取决于瓶颈通行能力的大小

当瓶颈通行能力的退化程度为 θ 时，那么每天的通行能力 s 在 $[\theta\overline{s},\overline{s}]$ 区间内随机变化。选择在 $(t_1,t_2]$ 内出发的通勤者，在整个通勤过程中，受通行能力变化的影响，可能早到也可能迟到。那么，对于任意时刻出发的通勤者，如果

通勤过程中的随机通行能力满足 $s > -R(t)/t_0$，则肯定早到；反之亦然。故该情形下的期望成本函数为

$$E[C(t)]=\alpha\int_{\theta\bar{s}}^{\bar{s}}\left[\frac{R(t)}{s}+t_0-t\right]f(s)\mathrm{d}s+\beta\int_{-R(t)/t_0}^{\bar{s}}-\left[\frac{R(t)}{s}+t_0\right]f(s)\mathrm{d}s+\gamma\int_{\theta\bar{s}}^{-R(t)/t_0}\left[\frac{R(t)}{s}+t_0\right]f(s)\mathrm{d}s \tag{3.5}$$

在均衡条件下，即 $\mathrm{d}E[C(t)]/\mathrm{d}t=0$，则出发率为

$$r(t)=\frac{\alpha}{A+B\left[\ln R(t)+1\right]},\quad t_1<t\leqslant t_2 \tag{3.6}$$

其中，$A=-[\alpha\ln\theta+\beta\ln(-t_0\bar{s})+\gamma\ln(-t_0\theta\bar{s})+(\beta+\gamma)]/(\bar{s}-\bar{s}\theta)$，$B=(\beta+\gamma)/(\bar{s}-\bar{s}\theta)$。另外，该情形的边界条件为：当 $s=\bar{s}$ 时，$\overline{\mathrm{SDE}}(t_2)=\overline{\mathrm{SDL}}(t_2)=0$，$R(t_2)=-t_0\bar{s}$。

3. 在 $(t_2,t_3]$ 区间内出发肯定迟到

类似于情形 1，在时间区间 $(t_2,t_3]$ 内，无论通行能力怎么变化，选择该时间区间内出发的通勤者总会迟到，并承担相应的迟到惩罚。换句话说，对任意的 $s\in[\theta\bar{s},\bar{s}]$，总有不等式 $R(t)>-t_0 s$ 成立。故该区间内的期望成本函数为

$$E[C(t)]=\alpha\int_{\theta\bar{s}}^{\bar{s}}\left[\frac{R(t)}{s}+t_0-t\right]f(s)\mathrm{d}s+\gamma\int_{\theta\bar{s}}^{\bar{s}}\left[\frac{R(t)}{s}+t_0\right]f(s)\mathrm{d}s \tag{3.7}$$

在均衡状态下，可得出发率为

$$r(t)=\frac{\alpha}{\alpha+\gamma}\times\frac{\bar{s}(1-\theta)}{\ln\theta^{-1}},\quad t_2<t\leqslant t_3 \tag{3.8}$$

在这类情形下，边界条件为：当 $s=\bar{s}$ 时，$R(t_3)=\bar{s}(t_3-t_0)$，即在 t_3 时刻出发的通勤者没有排队成本。

4. 在 $(t_3,t_e]$ 区间内肯定迟到，但可能排队也可能不排队，具体取决于瓶颈通行能力的大小

前面 3 种情形中，通勤者在瓶颈处总有排队成本。而对于第 4 种情形，在时间区间 $(t_3,t_e]$ 内，当瓶颈通行能力在 $[\theta\bar{s},\bar{s}]$ 内变化时，选择 t 时刻出发的通勤者可能排队也可能不排队。那么，对任意时刻 t，总存在一个临界的通行能力，使得在该临界点出发的通勤者到达瓶颈处没有排队，即 $R(t)=s(t-t_0)$。那么，该时刻所对应的临界通行能力就是 $R(t)/(t-t_0)$。当随机通行能力大于该临界值时，通勤者没有排队；反之亦然。此外，选择在该时间区间内出发的通勤者总会迟到，并承担相应的迟到惩罚，即 $R(t)>-t_0 s$ 成立。故该区间内的期望出行

成本函数为

$$E[C(t)]=\alpha\int_{\theta\overline{s}}^{\frac{R(t)}{t-t_0}}\left[\frac{R(t)}{s}+t_0-t\right]f(s)\mathrm{d}s+\gamma\int_{\theta\overline{s}}^{\frac{R(t)}{t-t_0}}\left[\frac{R(t)}{s}+t_0\right]f(s)\mathrm{d}s+\gamma\int_{\frac{R(t)}{t-t_0}}^{\overline{s}}tf(s)\mathrm{d}s \tag{3.9}$$

在均衡状态下，出发率为

$$r(t)=\frac{[(\alpha+\gamma)R(t)/(t-t_0)]-(\alpha\theta+\gamma)\overline{s}}{(\alpha+\gamma)\left[\ln R(t)-\ln\left(\theta\overline{s}(t-t_0)\right)\right]},\ t_3<t\leqslant t_e \tag{3.10}$$

其中，t_e为最后一个出行者的出发时间。那么，由式（3.10）可以推知$r(t_e)=0$，其边界条件为：当瓶颈通行能力$\hat{s}=\overline{s}(\alpha\theta+\gamma)/(\alpha+\gamma)$时，有$R(t_e)=\hat{s}(t_e-t_0)$成立。

以上解析推导了各情形的期望出行成本和出发率表达式，接下来可解析推导出各情形的临界时间点。如果$t>t_e$，出发率$r(t)=0$，那么在t_e时刻的累计出发人数就是整个系统的出行需求，即

$$N=R(t_e)=\hat{s}(t_e-t_0)$$

利用等式的传递性，整理可得$t_e=t_0+N/\hat{s}$。另外，由均衡条件可知高峰期内任意时刻出发的出行成本相等，那么最早出发时刻和最晚出发时刻所对应的出行成本应该满足$E[C(t_0)]=E[C(t_e)]=E[C(t_0+N/\hat{s})]=-t_0\beta$。联立如上结论，可得

$$t_0=\frac{N}{\hat{s}}\times\frac{1}{k_0-1},\quad t_e=\frac{N}{\hat{s}}\times\frac{k_0}{k_0-1} \tag{3.11}$$

其中，$\hat{s}=\overline{s}(\alpha\theta+\gamma)/(\alpha+\gamma)$，且有

$$k_0=1-\frac{(1-\theta)(\beta+\gamma)\overline{s}}{(\alpha+\gamma)\hat{s}(\ln\hat{s}-\ln\theta\overline{s})} \tag{3.12}$$

然后，通过各个时间区间的边界条件，推导出各种情形下临界点的表达式为

$$t_1=\frac{N}{\hat{s}}\times\frac{k_1}{k_0-1},\ t_2=\frac{N}{\hat{s}}\times\frac{k_2}{k_0-1},\quad t_3=\frac{N}{\hat{s}}\times\frac{k_3}{k_0-1} \tag{3.13}$$

式（3.13）中的参数分别为

$$k_1=1-\frac{\alpha-\beta}{\alpha}\times\frac{\theta\ln\theta^{-1}}{1-\theta},\quad k_2=\frac{\alpha+\beta+\gamma}{\alpha}+\frac{(\alpha+\gamma)\ln\theta}{\alpha(1-\theta)},$$

$$k_3 = 1 + \frac{(1-\theta)(\gamma+\beta)}{\alpha(1-\theta)+(\alpha+\gamma)\ln\theta}$$

最后，可得均衡状态下的期望出行成本函数为

$$C_{\mathrm{NT}} = -t_0\beta = \frac{N}{\hat{s}} \cdot \frac{\beta}{1-k_0} \tag{3.14}$$

式中，C_{NT}表示不收费（no-toll）策略下的用户均衡，以示区分。

根据本节所得的解析结论，图 3–1 描述了高峰期内，基于随机性瓶颈模型得到的累计出发人数关于出发时间的变化情况。模型中详细分析的 4 个时间区间分别由 3 个临界点t_1，t_2和t_3分隔开来。t_0为最早出发时刻，t_e为最后一个通勤者的出发时刻。由图 3–1 可知，在第一阶段出发率为常数，直到t_1。当瓶颈的通行能力等于$\theta\overline{s}$时，选择t_1时刻出发的通勤者将会准时到达工作地，不产生早到或迟到惩罚。在该时刻点之后，出行者按照逐渐递减的出发率出行，直到临界时刻点t_2。当瓶颈通行能力等于$\overline{s}$时，选择t_2时刻出发的通勤者将会准时到达。之后，在第三时间区间内，出行者以常数值出发率出发，在t_3时刻之后出行的通勤者，在瓶颈处可能排队也可能不排队，出发率逐渐减少，直至t_e时刻出发率为零。

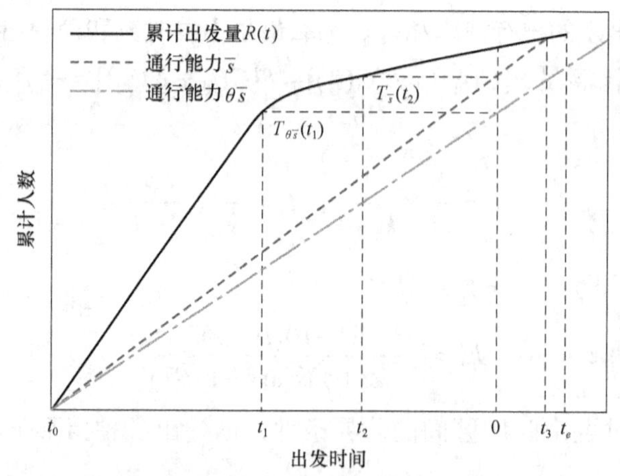

图 3–1　随机性瓶颈模型中累计出发人数

3.1.3 均衡解的性质

本节针对 3.1.2 节中的解析推导，探讨其均衡结果的性质。

引理 3.1　当$t\in[t_3,t_e]$时，$\hat{s}(t-t_0)\leqslant R(t)\leqslant\overline{s}(t-t_0)$成立。

证明：理论上，选择在情形4下出行的通勤者，瓶颈处的排队可能存在也可能不存在，从而可得 $R(t) > \theta\overline{s}(t-t_0)$，故式（3.10）的分母为正。由于高峰期内出发率为正，那么式（3.10）的分子必为正，则 $\hat{s}(t-t_0) \leqslant R(t)$ 成立。根据情形 3 的边界条件 $R(t_3)=\overline{s}(t_3-t_0)$，且在 t_3 之后出行的出行者在瓶颈处可能排队也可能不排队，则有 $R(t) \leqslant \overline{s}(t-t_0)$，得证。

定理 3.1 在均衡状态下，每个通勤者的期望出行成本是关于交通需求的单调递增函数，即 $\partial E[C(t_0)]/\partial N > 0$。

证明：将 $t_0 = \dfrac{N}{\hat{s}(k_0-1)}$ 代入均衡状态下的出行成本函数 $E[C(t_0)] = -t_0\beta$ 中，

可得

$$E[C(t_0)] = \frac{-\beta N}{\hat{s}(k_0-1)}$$

求关于 N 的一阶导数

$$\frac{\partial E[C(t_0)]}{\partial N} = \frac{\beta}{\hat{s}(1-k_0)}$$

要证明 $\partial E[C(t_0)]/\partial N > 0$，只须证明 $1-k_0 > 0$。由于 $0 < \theta < 1$，则有 $\hat{s} = \overline{s}(\alpha\theta+\gamma)/(\alpha+\gamma) > \overline{s}(\alpha\theta+\gamma\theta)/(\alpha+\gamma) = \theta\overline{s}$ 成立。再根据对数函数的性质，得不等式 $\ln\hat{s} - \ln\theta\overline{s} > 0$，故

$$1-k_0 = \frac{(1-\theta)(\beta+\gamma)\overline{s}}{(\alpha+\gamma)\hat{s}(\ln\hat{s} - \ln\theta\overline{s})}$$

的分子和分母都为正数，由此可得 $1-k_0 > 0$，得证。

定理 3.2 在均衡状态下，高峰期内的出发率是关于出发时间 t 的单调递减函数，即 $\partial r(t)/\partial t < 0$，$t \in [t_0, t_e]$。

证明：先证明 $r(t)$ 在高峰期内是连续函数。

根据各时间区间内的出发率表达式，可知 $r(t)$ 在每个时间区间内都是连续的。那么，要证明 $r(t)$ 在任意时刻 $t \in [t_0, t_e]$ 都是连续的，只需要证明 $r(t)$ 在各区间临界点上是连续的。由极限定理可得

$$\lim_{t\to t_1^+} r(t) = \lim_{t\to t_1^+} \frac{\alpha}{A+B[\ln R(t)+1]} = \frac{\alpha}{\alpha-\beta} \times \frac{\overline{s}(1-\theta)}{\ln\theta^{-1}} = \lim_{t\to t_1^-} r(t)$$

$$\lim_{t\to t_2^-} r(t) = \lim_{t\to t_2^-} \frac{\alpha}{A+B[\ln R(t)+1]} = \frac{\alpha}{\alpha+\gamma} \times \frac{\overline{s}(1-\theta)}{\ln\theta^{-1}} = \lim_{t\to t_2^+} r(t)$$

$$\lim_{t\to t_3^+} r(t)=\lim_{t\to t_3^+}\frac{(\alpha+\gamma)R(t)/(t-t_0)-(\alpha\theta+\gamma)\overline{s}}{(\alpha+\gamma)\ln\left\{R(t)/\left[\theta\overline{s}(t-t_0)\right]\right\}}=\frac{\alpha}{\alpha+\gamma}\times\frac{\overline{s}(1-\theta)}{\ln\theta^{-1}}=\lim_{t\to t_3^-} r(t)$$

因此，得证 $r(t)$ 在整个高峰期内都是连续的。

下面证明 $r(t)$ 的单调性。由式（3.4）和式（3.8）可知，在 $t_0\leqslant t\leqslant t_1$ 和 $t_2<t\leqslant t_3$ 区间内的出发率为常数，显然 $r(t)$ 是连续可微的。而当 $t\in\left(t_1,t_2\right]$ 时，出发率 $r(t)=\dfrac{\alpha}{A+B\left[\ln R(t)+1\right]}$。由于出发率大于零且分子 α 为正，那么肯定有 $A+B\left[\ln R(t)+1\right]>0$，且参数 A,B 与时间无关。再由 $\theta<1$ 和 $0<\beta<\gamma$ 可得 $B=(\beta+\gamma)/(\overline{s}-\overline{s}\theta)>0$。最后，根据定义 $R(t)$ 为关于时间 t 的增函数可知该区间内 $r(t)$ 是关于时间 t 的减函数。

接下来证明 $r(t)$ 在区间 $\left(t_3,t_e\right]$ 内是减函数。首先定义 $p(\theta)=\hat{s}/\overline{s}-1+\ln\hat{s}-\ln(\theta\overline{s})$，再将 $\hat{s}=\overline{s}(\alpha\theta+\gamma)/(\alpha+\gamma)$ 代入 $p(\theta)$，求关于 θ 的一阶导数，得

$$p'(\theta)=\frac{\alpha}{\alpha+\gamma}-\frac{\gamma}{\theta(\alpha\theta+\gamma)}$$

根据 $0<\theta\leqslant 1$，显然有 $\alpha+\gamma\geqslant(\alpha\theta+\gamma)\theta$。再由 $\gamma>\alpha$，可得 $p'(\theta)<0$。因此，$p(\theta)$ 是关于参数 θ 的单调递减函数。由于 $p(1)=0$ 且 $p(\theta)\geqslant 0$，那么对任意的 $\theta\in(0,1]$，得

$$\frac{s}{\overline{s}}\geqslant 1-\ln\frac{s}{\theta\overline{s}}$$

将上式两边同乘以 $t-t_0$，可得

$$\hat{s}(t-t_0)\geqslant\overline{s}(t-t_0)\left[1-\ln\frac{\hat{s}}{\theta\overline{s}}\right]$$

根据引理 3.1 中 $R(t)\leqslant\overline{s}(t-t_0)$，$t\in\left(t_3,t_e\right]$，放缩上式得

$$\hat{s}(t-t_0)\geqslant R(t)\left[1-\ln\frac{\hat{s}}{\theta\overline{s}}\right]$$

应用不等式 $\hat{s}(t-t_0)\leqslant R(t)$，$t\in\left(t_3,t_e\right]$，得

$$\ln\frac{\hat{s}}{\theta\overline{s}}=\ln\frac{\hat{s}(t-t_0)}{\theta\overline{s}(t-t_0)}\leqslant\ln\frac{R(t)}{\theta\overline{s}(t-t_0)}$$

联立上述三式，可得

$$\ln\frac{R(t)}{\theta\overline{s}(t-t_0)}+\frac{\hat{s}(t-t_0)}{R(t)}-1\geqslant 0$$

然后，重组可得

$$R(t) \geqslant \frac{R(t)/(t-t_0)-\hat{s}}{\ln R(t)-\ln\left[\theta\overline{s}(t-t_0)\right]}(t-t_0)=r(t)(t-t_0), \quad t\in\left(t_3,t_e\right]$$

其中，$\hat{s}=\overline{s}(\alpha\theta+\gamma)/(\alpha+\gamma)$。

另外，出发率 $r(t)$ 在区间 $\left(t_3,t_e\right]$ 内关于时间 t 的一阶导数可表示为

$$\frac{\mathrm{d}r(t)}{\mathrm{d}t}=\frac{\ln R(t)-\ln\theta\overline{s}(t-t_0)+\hat{s}(t-t_0)\left(R(t)\right)^{-1}-1}{\left[\ln R(t)-\ln\left(\theta\overline{s}(t-t_0)\right)\right]^2}\left[\frac{r(t)(t-t_0)-R(t)}{(t-t_0)^2}\right], \quad t\in\left(t_3,t_e\right]$$

因此，可知在区间 $\left(t_3,t_e\right]$ 内有 $\mathrm{d}r(t)/\mathrm{d}t\leqslant 0$ 成立。

根据上述分析可知 $r(t)$ 在整个高峰期 $[t_0,t_e]$ 内是关于时间 t 的单调递减函数。

引理 3.2 当参数 θ 逼近 1 时，随机性瓶颈模型逼近确定性瓶颈模型。

证明： 根据洛必达法则，可得 $\lim\limits_{\theta\to1}\ln\theta^{-1}=0$，$\lim\limits_{\theta\to1}(1-\theta)/\ln\theta^{-1}=1$。那么有

$$\lim_{\theta\to1}\hat{s}=\overline{s},\ \lim_{\theta\to1}k_0=\lim_{\theta\to1}k_3=-\frac{\beta}{\gamma},\ \lim_{\theta\to1}k_1=\lim_{\theta\to1}k_2=-\frac{\beta}{\alpha}$$

将极限值代入 3.1.2 节中的各个时间临界点，可得

$$t_0=-\frac{\gamma}{\beta+\gamma}\times\frac{N}{\overline{s}},\ t_1=t_2=-\frac{\beta\gamma}{\beta+\gamma}\times\frac{N}{\alpha\overline{s}},\ t_3=t_e=\frac{\beta}{\beta+\gamma}\times\frac{N}{\overline{s}}$$

此外，可得随机性瓶颈模型的出发率的极限值为

$$\lim_{\theta\to1}r(t)=\begin{cases}\alpha\overline{s}/(\alpha-\beta), & t_0\leqslant t\leqslant t_1\\ \alpha\overline{s}/(\alpha+\gamma), & t_2\leqslant t\leqslant t_3\end{cases}$$

该式即为均衡状态下确定性瓶颈模型的出发率，得证。

引理 3.3 当需求 N 固定时，瓶颈通行能力的退化程度越大，高峰期的时间跨度就越大，即 θ 越小，高峰期就越长。

证明： 根据 $\hat{s}$ 的定义可得 $\mathrm{d}\hat{s}/\mathrm{d}\theta=\alpha\overline{s}/(\alpha+\gamma)>0$ 成立，因此 $\hat{s}$ 是关于参数 θ 的增函数。再根据临界点的表达式可知高峰期长度可表示为

$$t_e-t_0=\frac{N}{\hat{s}}\times\frac{k_0}{k_0-1}-\frac{N}{\hat{s}}\times\frac{1}{k_0-1}=\frac{N}{\hat{s}}$$

由于需求 N 固定，$\hat{s}$ 是关于参数 θ 的增函数，那么 t_e-t_0 关于参数 θ 单调递减，得证。

前面的分析假定随机性瓶颈模型的通行能力 s 服从均匀分布，且 $s\in[\theta\overline{s},\overline{s}]$。很显然，不同的退化程度 (θ)，对应不同的平均通行能力 $\overline{s}(1-\theta)/2$ 和方差 $\overline{s}^2(1-\theta)^2/12$。为了比较分析，令 e 为随机变量的平均值，v 为标准差，假设

$s \in [e-v, e+v]$ 且服从均匀分布，那么有 $\theta = (e-v)/(e+v)$ 和 $\overline{s} = e+v$ 成立。在该假设下，可得如下结论。

引理 3.4 当参数 v 趋于 0 时，随机性瓶颈模型逼近确定性瓶颈模型。

证明：根据 $\theta = (e-v)/(e+v)$，当参数 v 逼近零时，参数 θ 趋近 1。因此，该结论的证明同引理 3.2。

至此，已经分析了瓶颈通行能力的两种分布形式，即 $[\theta\overline{s}, \overline{s}]$ 和 $[e-v, e+v]$。显然，随机通行能力在第一种分布下的期望值和方差值都是随参数 θ 的变化而变化的。但是，在第二种分布下，随机通行能力的期望值不变，而方差值随参数 v 的变化而变化。因此，引理 3.4 与引理 3.2 相比，稍有差别。

引理 3.5 当需求 N 固定时，增大参数 v 的值，将导致高峰期时间增长。

证明：将 $\overline{s} = e+v$ 和 $\theta = (e-v)/(e+v)$ 代入 $\hat{s} = \overline{s}(\alpha\theta+\gamma)/(\alpha+\gamma)$ 中，其一阶导数 $\mathrm{d}\hat{s}/\mathrm{d}\theta = \alpha\overline{s}/(\alpha+\gamma) > 0$，表明 $\hat{s}$ 是关于参数 v 的增函数。再根据高峰期长度 $(t_e - t_0)$ 是关于 $\hat{s}$ 的单调递减函数，由不等式的传递性可证 $t_e - t_0$ 是关于 v 的单调递减函数，得证。

3.2 弹性需求

在 3.1 节中，通过假设瓶颈通行能力的随机退化性，扩展了经典瓶颈模型。尽管如此，模型中的出行者需求仍是假定固定不变的。事实上，随着经济的发展和生活水平的提高，生活区的出行人数是会发生变化的。那么，在随机性瓶颈模型中，可变的交通需求会对出行者的出发时间选择行为产生什么影响呢？为了简便，设弹性需求函数如下。

$$N = N_0 + b(C_0 - C) \tag{3.15}$$

其中，N_0 和 C_0 分别为平均需求和其相应的出行成本；参数 b 为正数，反映出行需求对出行成本的敏感性；C 为随机性瓶颈模型下的期望出行成本。当 b 趋于 0 时，该需求函数就是无弹性的；当 b 趋于无穷大时，该需求函数就是完全弹性的。

根据式（3.15）及式（3.14），求解可得出行需求为

$$N = \frac{N_0 + bC_0}{1 + b\beta / \left(\hat{s}(1-k_0)\right)} \tag{3.16}$$

同时，将上式代入 3.1 节中的各个临界时间点，可得高峰期长度函数如下。

$$t_e - t_0 = \frac{N}{\hat{s}} = \frac{N_0 + bC_0}{\hat{s} + b\beta/(1-k_0)} \tag{3.17}$$

定义$u(\theta)=\hat{s}+b\beta/(1-k_0)$，将式（3.12）的$k_0$和$\hat{s}=\overline{s}(\alpha\theta+\gamma)/(\alpha+\gamma)$代入$u(\theta)$，求$u(\theta)$关于$\theta$的一阶导数为

$$u'(\theta)=\frac{\alpha\overline{s}}{(\alpha+\gamma)}+\frac{b\beta}{(\beta+\gamma)}\bullet\frac{(\alpha+\gamma)\left[\ln\hat{s}-\ln(\theta\overline{s})\right]-\gamma(1-\theta)/\theta}{(1-\theta)^2} \tag{3.18}$$

显然，式（3.18）的第一项为正。为了判断第二项的正负关系，再定义$v(\theta)=(\alpha+\gamma)\left[\ln\hat{s}-\ln(\theta\overline{s})\right]-\gamma(1-\theta)/\theta$，求得$v(\theta)$关于$\theta$的一阶导数为

$$v'(\theta)=\left(1-\frac{\theta\overline{s}}{\hat{s}}\right)\frac{1}{\theta^2}\gamma$$

由$\theta\overline{s}\leqslant\hat{s}$得$v'(\theta)\geqslant 0$，因此$v(\theta)$是关于$\theta$的单调递增函数。由于$v(1)=0$，那么对任意的$\theta\in(0,1]$，都有$v(\theta)\leqslant 0$。

如果参数b满足关系式$0\leqslant b<\frac{(1-\theta)^2(\beta+\gamma)}{-v(\theta)\beta}\frac{\alpha\overline{s}}{\alpha+\gamma}$，可得$u'(\theta)>0$，表明高峰期长度$(t_e-t_0)$是关于$\theta$的单调递减函数；否则，$u'(\theta)\leqslant 0$，表明$(t_e-t_0)$关于$\theta$单调递增。直观上看，弹性需求函数$(N)$和瓶颈通行能力$(\hat{s})$都是关于$\theta$的递增函数。由于需求敏感系数$(b)$的存在，当参数$\theta$增大时，高峰期时间长度$(t_e-t_0)$可能增大也可能减小。

3.3 其他形式

不确定性因素的存在，导致高峰期瓶颈路段的通行能力随机退化。在3.1节中定义了参数$\theta(\theta\leqslant 1)$为路段容量的退化程度，$\theta$越小，退化程度越大，且通行能力的随机性越大。高峰期内，瓶颈通行能力的退化程度决定了高峰期出发率模式的变化情况。图3–2给出了高峰期内单个瓶颈模型的4种可能的出行者出发模式，不同的出发模式对应不同的出发率组合。当$\theta=1$时，即为确定性瓶颈模型，高峰期内累计出发函数如图3–2（a）所示，该累积出发函数由两组固定的出发率构成（详见式（2.13））。本章只讨论高峰期一开始就产生排队的情形，且在3.2节中解析推导了出行者可能面临的4种情形（见图3–2（b））。然而，随着θ的变小，通行能力退化程度增大，出行者的出行选择可能会出现如图3–2（c）和图3–2（d）所示的情形。

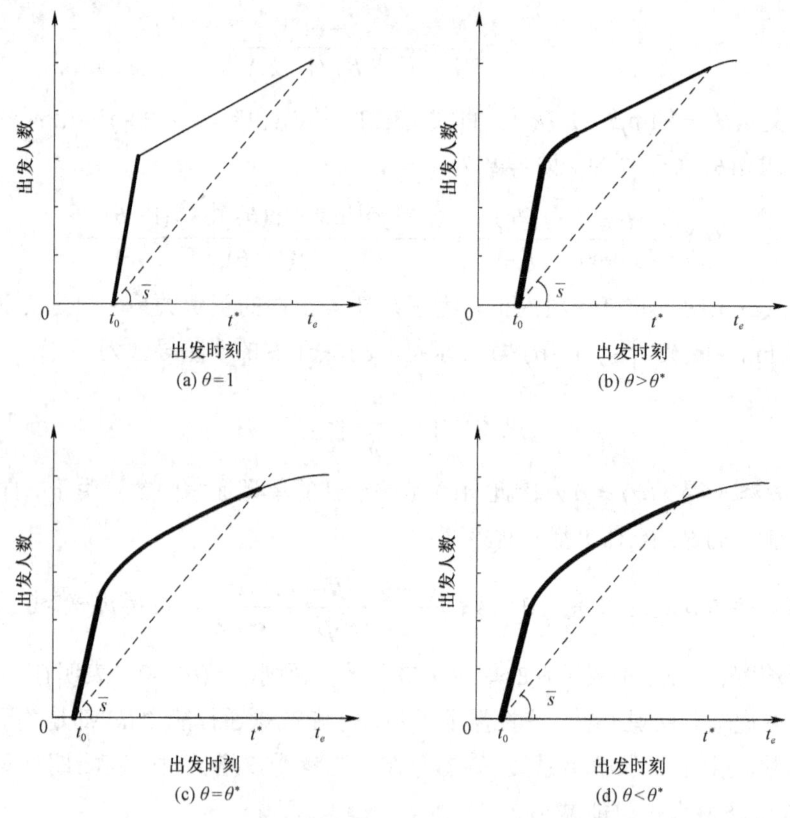

(a) $\theta=1$
(b) $\theta>\theta^*$
(c) $\theta=\theta^*$
(d) $\theta<\theta^*$

图 3-2　高峰期内瓶颈模型的 4 种情形

图 3-2 中不同粗细的曲线由不同的出发率构成，相同粗细的曲线则表示出发率一致。可以看出，图 3-2（b）和图 3-2（d）中的曲线是由 4 种不同的出发率构成的，而图 3-2（c）中却只有 3 种不同的出发率形式。接下来，根据瓶颈通行能力退化程度 (θ) 与模型参数值的大小关系，可以确定出行者的出发模式属于图 3-2 中的哪种情况。本节中，主要针对图 3-2（d）中的随机性瓶颈模型，讨论通勤者的出发时间选择问题。而对于图 3-2（c），根据 θ^* 的确定，可进行类似的推导。接下来推导图 3-2（d）中不同出发率模式所对应的边界条件及解析结论。

在 3.2 节中，我们详细推导了图 3-2（b）情形下的均衡结论，即 $\theta>\theta^*$。那么，当 $\theta\leqslant\theta^*$ 时，在均衡状态下各个区间的出发率又是怎样变化的呢？

3.3.1　$\theta<\theta^*$ 时的均衡分析

在均衡状态下，通勤者的出发模式如图 3-2（d）所示。类似 3.2 节中所讨论的图 3–2（b），图 3–2（d）也依次出现 4 种不同的出发率，分别为：肯定早到；可能早到也可能迟到；可能早到也可能迟到，可能排队也可能不排队；肯定迟到，但可能排队也可能不排队。那么，4 种情况分别对应 4 个不同的出发时间区间，同样地定义 t_1， t_2 和 t_3 为该 4 个时间区间的边界点（以示区分）。

1. 在 $[t_0, t_1]$ 区间内出发肯定早到

在该区间出发的通勤者，无论瓶颈通行能力如何变化，通勤者肯定早到，并承担相应的早到惩罚。该区间的出发率为

$$r(t)=\frac{\alpha}{\alpha-\beta}\times\frac{\overline{s}(1-\theta)}{\ln\theta^{-1}},\ t_0\leqslant t\leqslant t_1 \tag{3.19}$$

当 $s=\theta\overline{s}$ 时，边界条件满足 $\overline{\mathrm{SDE}}(t_1)=0$ ，并可以得到 $R(t_1)=-t_0\theta\overline{s}$ 。

2. 在 $(t_1, t_2]$ 区间内出发可能早到也可能迟到

选择在时间区间 $(t_1, t_2]$ 内出发的通勤者，受通行能力大小变化的影响，可能早到也可能迟到。这类出行者的出发率为

$$r(t)=\frac{\alpha}{A+B\left[\ln R(t)+1\right]},\ t_1<t\leqslant t_2 \tag{3.20}$$

其中， $A=-\left[\alpha\ln\theta+\beta\ln(-t_0\overline{s})+\gamma\ln(-t_0\theta\overline{s})+(\beta+\gamma)\right]/(\overline{s}-\overline{s}\theta)$ ， $B=(\beta+\gamma)/(\overline{s}-\overline{s}\theta)$。其边界条件为：当 $s=\overline{s}$ 时， $\overline{\mathrm{SDE}}(t_2)=\overline{\mathrm{SDL}}(t_2)=0$ ， $R(t_2)=-t_0\overline{s}$ 。

3. 在 $(t_2, t_3]$ 区间内可能早到也可能迟到，可能排队也可能不排队

当参数 $\theta<\theta^*$ 时，在时间区间 $(t_2,t_3]$ 内出发的出行者，当通行能力随机变化时，通勤者可能早到也可能迟到，该结论与 3.2 节中的情形 3 保持一致。但区别在于，通勤者到达瓶颈处可能排队也可能不排队。该区间内的期望成本函数为

$$E[C(t)]=\alpha\int_{\theta\overline{s}}^{\frac{R(t)}{t-t_0}}\left[\frac{R(t)}{s}+t_0-t\right]f(s)\mathrm{d}s+\beta\int_{\frac{R(t)}{-t_0}}^{\frac{R(t)}{t-t_0}}-\left[\frac{R(t)}{s}+t_0\right]f(s)\mathrm{d}s+$$
$$\beta\int_{\frac{R(t)}{t-t_0}}^{\overline{s}}-\left[\frac{R(t)}{s}+t_0\right]f(s)\mathrm{d}s+\gamma\int_{\theta\overline{s}}^{\frac{R(t)}{-t_0}}\left[\frac{R(t)}{s}+t_0\right]f(s)\mathrm{d}s \tag{3.21}$$

在均衡状态下，可得出发率为

$$r(t)=\frac{(\alpha-\beta)R(t)/(t-t_0)-(\alpha\theta-\beta)\overline{s}}{(\alpha+\gamma)\ln\left[R(t)/\theta\overline{s}\right]-(\alpha-\beta)\ln(t-t_0)-(\gamma+\beta)\ln(-t_0)},\ t_2<t\leqslant t_3 \tag{3.22}$$

在该情形下，其边界条件为：如果 $r(t)=0$ ，得 $t\geqslant 0$ ，则满足 $r(t_3)=0$ ，且

$R(t_3)=s(t_3-t_0)$，$s=\overline{s}(\alpha\theta-\beta)/(\alpha-\beta)$，因此$t_3=t_e$；如果$r(t)=0$，得$t<0$，则有$t_3=0$。如果出行者选择此时间区间内出行，则一定有$t<0$，那么该时间区间的边界条件只有当$t_3=0$时才成立。

4. 在$(t_3,t_e]$区间内肯定迟到，但可能排队也可能不排队

在时间区间$(t_3,t_e]$内，当瓶颈通行能力在$[\theta\overline{s},\overline{s}]$内变化时，选择$t$时刻出发的通勤者可能排队也可能不排队。同时，对任意时刻t总存在一个临界的通行能力，使得在该点出发的通勤者到达瓶颈处没有排队，即$R(t)=s(t-t_0)$。那么，其对应的临界通行能力就是$R(t)/(t-t_0)$。在均衡状态下，出发率为

$$r(t)=\frac{(\alpha+\gamma)R(t)/(t-t_0)-(\alpha\theta+\gamma)\overline{s}}{(\alpha+\gamma)\left[\ln R(t)-\ln\left(\theta\overline{s}(t-t_0)\right)\right]},\ t_3<t\leqslant t_e \tag{3.23}$$

该情况的边界条件为$r(t_e)=0$。也就是，当瓶颈通行能力为$\hat{s}=\overline{s}(\alpha\theta+\gamma)/(\alpha+\gamma)$时，有$R(t_e)=\hat{s}(t_e-t_0)$。

3.3.2 $\theta=\theta^*$时的均衡分析

类似地，考虑瓶颈通行能力退化程度$\theta=\theta^*$时，均衡状态下通勤者的出发模式如图3–2（c）所示。该情形下，出行者的出发时间选择可能面临3种出发模式，分别为：肯定早到；可能早到也可能迟到；肯定迟到，但可能排队也可能不排队。相比于$\theta<\theta^*$，在$\theta=\theta^*$条件下，只有3种出发模式。虽然如此，但在相同出发模式的时间区间内，其出发率保持不变。根据分析，可得θ^*应满足如下方程

$$F(\theta^*)=\frac{\alpha}{\alpha+\gamma}+\frac{\ln\theta^*}{1-\theta^*}=0 \tag{3.24}$$

由上式可知，当参数α，γ的值给定时，可得瓶颈退化临界点θ^*。此外，由于$\ln\theta^{-1}/(1-\theta)$为单调递减函数，则当$\theta>\theta^*$时，有$F(\theta)>0$；当$\theta<\theta^*$时，有$F(\theta)<0$。

3.4 数值算例

考虑一条高速公路连接生活区H和工作区W，如图3–1所示。OD对之间的总出行需求为$N=6\,000$人，$\overline{s}=4\,000$辆/h，$\theta=0.9$。根据Arnott[19]，时间价值参数设为$\alpha=6.4$美元/h，$\beta=3.9$美元/h，$\gamma=15.21$美元/h。考虑瓶颈处的通

行能力具有随机退化特性，为简单计，本算例假设随机通行能力 s 在区间 $[\theta\bar{s},\bar{s}]$ 内服从均匀分布，分析不确定性对出行者出发时间选择的影响。将如上参数代入式（3.24），可知 $F(\theta)>0$，那么通勤者的出发率模式如图 3–2（b）所示。

为进一步体现随机通行能力对通勤者时间选择的影响，表 3–1 列出了不同 θ 值下的均衡出行成本及各关键时间临界点的变化情况。令 θ 在 0.75～1.0 之间变化，并利用 3.1.2 节的解析结论，显然当 $\theta=1.0$ 时，有 $t_1=t_2=-0.73$ 和 $t_3=t_e=0.31$，该结论与引理 3.2 一致。此外，随着 θ 值的减小，高峰期的时间跨度增长，该结论与引理 3.3 一致。同时发现，减小参数 θ 值等同于增大出行时间的不确定性，那么出行者为了减少不确定性带来的潜在效用损失，必定会提早出发，最后导致出行成本增大。

表 3–1　期望出行成本和时间临界点关于参数 θ 的变化情况

θ	$E(C)$	t_0	t_1	t_2	t_3	t_e	t_e-t_0
1.00	4.66	−1.19	−0.73	−0.73	0.31	0.31	1.50
0.95	4.81	−1.24	−0.76	−0.64	0.26	0.29	1.53
0.90	4.98	−1.28	−0.80	−0.55	0.21	0.27	1.55
0.85	5.16	−1.32	−0.85	−0.43	0.16	0.25	1.57
0.80	5.36	−1.37	−0.90	−0.31	0.11	0.22	1.59
0.75	5.58	−1.43	−0.95	−0.14	0.05	0.19	1.62

图 3–3 描述了在均衡状态下，任意出发时刻 t 所对应的期望出行成本、计划延误早到成本、计划延误迟到成本和期望走行时间成本的变化情况。从图中可以看出，均衡状态下期望出行成本为常数值等于 4.98，不随时间变化，与用户均衡准则相符。对于早到的通勤者来说，没有迟到成本，故计划延误迟到成本为零。此外，随着时间的延长，与上班时间的距离越来越小，其计划延误早到成本逐渐减小，但期望排队时间成本逐渐增大。对于迟到的通勤者来说，情况相反。注意，在随机性瓶颈模型中，计划延误早到（SDE）成本曲线与计划延误迟到（SDL）成本曲线相交于一点，该点所对应的排队时间达到最大，但排队时间成本曲线并没有与期望成本函数相交。同时，对于最晚出发的通勤者来说，其期望排队时间成本并不为零，与确定性瓶颈模型中的出发模式有很大差别。

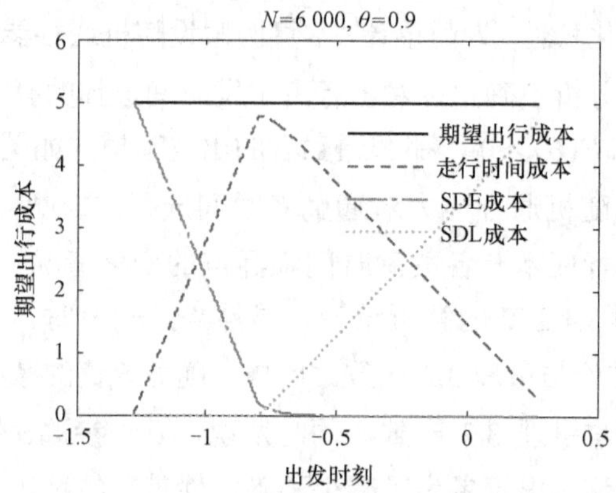

图 3-3 高峰期内出行成本、走行时间成本与计划延误成本的变化情况

由于参数 θ 反映了瓶颈通行能力的退化程度，图 3-4 描述了出发率关于参数 θ 的变化情况。从图中可以看出，当 θ 值趋于 1 时，基于随机性瓶颈模型的出发率逐渐逼近确定性瓶颈模型的形式。该结论与引理 3.2 相符。除此之外，从图 3-4 还可以看出，在均衡状态下，出行者的出发率是关于时间的单调递减函数，该结论与定理 3.2 相符。

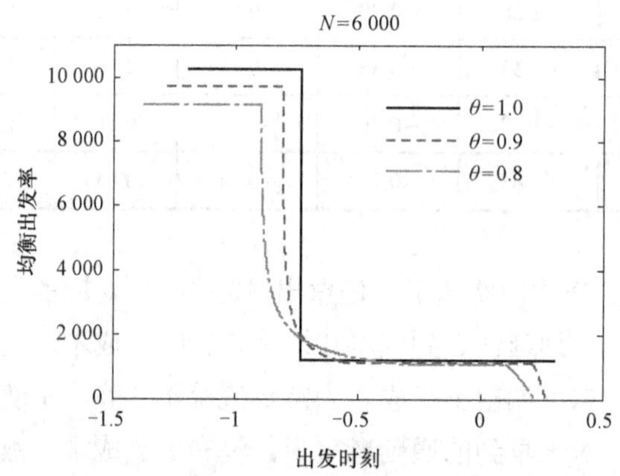

图 3-4 出发率关于参数 θ 的变化情况

以上图像给出的结论是基于随机瓶颈通行能力在区间 $[\theta\bar{s},\bar{s}]$ 内服从均匀分布的假设，接下来将从数值上讨论通行能力 $s\in[e-v,e+v]$ 的情况。令 e=4 000 辆/h，求解不同的 v 下出行模式的变化情况。与图 3-4 相对应，图 3-5 给出了不同标准差 (v) 下，出发率随时间变化的情况。从图 3-5 中可以看出，当标准差为零时，即 $v=0$，随机性瓶颈模型趋于确定性瓶颈模型，该结论与引理 3.4 一致。同时，还可以观察到，均衡状态下的出发率是关于时间的单调递减函数，

该结论与定理 3.2 一致。

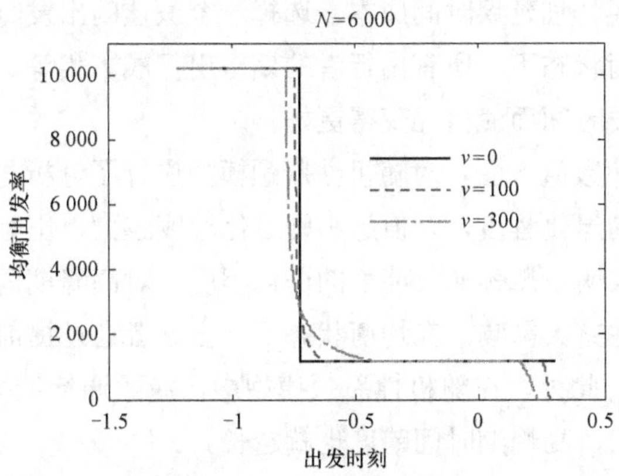

图 3−5 出发率关于参数 v 的变化情况

类似于表 3−1，假设随机通行能力在$[e-v, e+v]$内服从均匀分布，e为瓶颈通行能力，v为标准差。表 3−2 给出了通勤者的期望出行成本及各个关键临界点关于不同标准差v的变化情况。从表 3−2 可以看出，均衡状态下的期望出行成本、高峰期持续时间长度，随着标准差的增大而增大，该结论与引理 3.5 一致。同时指出，当瓶颈通行能力退化增大时，建议出行者提前出发以减少出行时间的不确定性。

表 3−2 期望出行成本和时间临界点关于参数 v 的变化情况

v	$E(C)$	t_0	t_1	t_2	t_3	t_e	t_e-t_0
0.00	4.46	−1.19	−0.73	−0.73	0.31	0.31	1.50
100.00	4.70	−1.20	−0.75	−0.63	0.26	0.28	1.48
200.00	4.73	−1.21	−0.76	−0.53	0.21	0.26	1.47
300.00	4.77	−1.22	−0.78	−0.43	0.16	0.23	1.45
400.00	4.81	−1.23	−0.80	−0.32	0.12	0.21	1.44

3.5 本章小结

本章扩展了经典瓶颈模型，假设瓶颈的通行能力随机退化且服从均匀分布，从而导致出行时间不确定。基于用户均衡准则，本章建立了不确定性条件下高峰期出行的内生的出发时间选择模型。该模型中，出行者通过比较期望走行时间成本和期望计划延误时间成本，选择一个最佳的出发时间，使期望出行成本最小。在均衡状态下，所有出行者的期望出行成本相等，没有人能够通过单方面改变其出发时间而使自己变得更好。

本章从解析和数值方面，对随机性瓶颈模型进行了分析与推导。参数θ反映瓶颈通行能力的退化程度，θ值越小则退化程度越大，出行时间的不确定性越大。研究结果表明，瓶颈通行能力的退化程度，对高峰期内通勤者的出发时间选择模式会产生重大影响。在均衡状态下，出行者通过提前出发来减少不确定性带来的损失。此外，在随机性瓶颈模型中，瓶颈通行能力的随机性越大，出行总成本就越大，高峰期时间跨度也就越长。

第4章

弹性工作制下的交通出行

交通拥堵是大城市发展过程中无法回避的一大难题，实施交通需求管理是解决大城市交通问题必不可少的有效手段。在缓解交通拥堵时，国内外实践表明采取弹性工作制是既经济又有效的方法。

所谓弹性工作制，是指在完成规定的工作任务或固定的工作时间长度的前提下，员工可以自由选择工作的具体时间安排，以替代统一固定的上下班时间制度。弹性工作制是20世纪60年代由德国经济学家提出的，当时主要是为了解决职工上下班交通拥挤的问题。从20世纪70年代起，这一制度在欧美得到了广泛应用与发展[128]。近年来，我国许多工厂也开始试行这种制度。相比于传统的固定工作时间制度，弹性工作制有着显著的优点。在高峰期，通勤者对自己的工作时间有了一定的选择自由，可以按照自己的需求作息，以避免上下班交通拥挤，并能安排时间参与私人的重要社交活动，合理安排家庭生活和业余爱好[28,129−131]。

在高峰期通勤问题中，出行者的总出行成本由走行时间成本和计划延误时间成本共同构成[132]。早期的研究表明，弹性工作制通过减少通勤者早到或迟到惩罚，从而影响了出行者的出发时间选择[133−135]。本章基于瓶颈模型，以缓解高峰期瓶颈处的排队拥挤为目的，考虑在一定时间范围内，通勤者可以选择他们上班的时间，并在该时间范围内不产生早到惩罚和迟到惩罚。

4.1 确定性瓶颈模型

假设每天早上有 N 个出行者从生活区驾车通过一条高速公路前往CBD上班，高速公路上有一处瓶颈，且通行能力有限为每单位时间 s 辆车。不同于经典的 Vickrey 瓶颈模型，这里假设同质出行者的上班时间不再是某个固定的时刻点，而是一个时间区间。通勤者在该区间内到达工作地，不被认定为早到或者迟到，即不产生计划延误成本。为简单起见，将经典模型中的上班时刻t^*拓展为弹性上班时间（flextime），即$[t^*-\delta, t^*+\delta]$，且$\delta \geqslant 0$。

由于瓶颈处的通行能力有限，通勤者不可能都选择在上班时间区间内到达，必然有一部分人早到，产生早到惩罚；一部分人迟到，产生迟到惩罚。因此，同样定义早到惩罚和迟到惩罚为计划延误成本。应用瓶颈模型的线性成本函数

$$C(t)=\alpha T(t)+\beta \mathrm{SDE}(t)+\gamma \mathrm{SDL}(t) \tag{4.1}$$

但不同的是，计划延误时间的表达式为

$$\mathrm{SDE}(t)=t^*-\delta-\left[t+T(t)\right],\ \mathrm{SDL}(t)=t+T(t)-(t^*+\delta) \tag{4.2}$$

同样地，在该模型中应用确定性排队理论，当出行者的出行成本不随时间变化时，系统达到均衡，即$\partial C(t)/\partial t=0$。那么，考虑弹性工作制的确定性瓶颈模型，选择出发时间会导致出行者依次出现三种情形，分别为：肯定早到；准时到达；肯定迟到。因此，定义t_1，t_2分别为各时间区间的临界时刻点。在均衡状态下，可推知均衡的出发率为

$$r(t)=\begin{cases}\alpha s/(\alpha-\beta), & t_0 \leqslant t < t_1\\ s, & t_1 \leqslant t \leqslant t_2\\ \alpha s/(\alpha+\gamma), & t_2 \leqslant t < t_e\end{cases} \tag{4.3}$$

最后，可得各临界时刻点的具体表达式为

$$t_0=t^*+\frac{\gamma-\beta}{\beta+\gamma}\delta-\frac{\gamma}{\beta+\gamma}\cdot\frac{N}{s},\quad t_1=\frac{\alpha-\beta}{\alpha}t^*-\frac{\alpha-\beta}{\alpha}\delta-\frac{\beta\gamma}{\alpha(\beta+\gamma)}\cdot\frac{N}{s}$$

$$t_2=\frac{\alpha-\beta}{\alpha}t^*+\frac{\alpha+\beta}{\alpha}\delta-\frac{\beta\gamma}{\alpha(\beta+\gamma)}\cdot\frac{N}{s},\quad t_e=t^*+\frac{\gamma-\beta}{\beta+\gamma}\delta-\frac{\beta}{\beta+\gamma}\cdot\frac{N}{s}$$

图 4–1 描述了在弹性工作时间下，高峰期内累计出发人数和累计到达人数随时间变化的情况。其中t_0和t_e分别表示最早出发时刻和最晚出发时刻，两者之差即为高峰期长度。此外，$[t^*-\delta, t^*+\delta]$为弹性上班时间区间，选择在时间$[t_1,t_2]$内出发去工作地的通勤者总能在上班时间内到达，不产生计划延误成本。

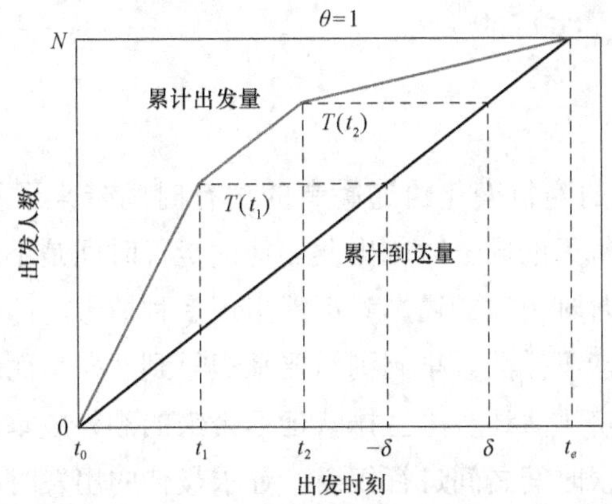

图 4–1 弹性工作制下确定性瓶颈模型的累计出发人数分布

4.2 随机性瓶颈模型

在 4.1 节中，假定出行环境是确定的，出行者完全掌握道路出行的拥挤状况，并且能够充分认识到每个出发时刻点所耗费的出行时间分布规律，由此选择出行成本最小的时间出发。但是，在大多数情况下，天气状况的变化、道路交通状况的突变等使得出行时间存在高度的不确定性。在出行时间的不确定性背景下，本节着重讨论由道路通行能力随机变化所导致的出行时间的不确定性。在此条件下，引入通勤者弹性工作制，讨论高峰期出行者的出发时间选择问题。同样地，假设生活区和工作区由一条高速公路连接，在高速公路上靠近工作区的一端有一处瓶颈，该瓶颈的通行能力有限，且随机变化服从某一概率分布。为了简单起见，本节的解析推导都假设该概率分布为均匀分布。出行者根据经验或者其他方式，已经完全掌握每一出发时刻所对应的出行时间分布规律，并由此选择期望出行成本最小的出发时间。

虽然本节假设瓶颈的通行能力是随机变化的，但出行者的出发时间选择是确定的。出行者的期望出行成本由期望走行时间成本和期望计划延误时间成本构成。为简单起见，假设 $t^*=0$，那么通勤者的弹性上班时间为区间 $[-\delta,\delta]$，且 $\delta\geqslant 0$。在随机性瓶颈模型中，出发时刻 t 所对应的期望出行成本函数为

$$E[C(t)]=E[\alpha T(t)+\beta \mathrm{SDE}(t)+\gamma \mathrm{SDL}(t)] \tag{4.4}$$

在均衡状态下，任何出行者都不能通过单方面改变出发时间来减少其期望

出行成本。换言之，高峰期内出行者的期望出行成本是固定的，不随时间变化，即 $\partial E[C(t)]/\partial t=0$， $r(t)>0$。

4.2.1 模型推导

瓶颈通行能力的随机变化给通勤者的出行时间带来了不确定性。简单地说，就是通勤者在每天的同一时刻出发，他的走行时间是不同的。而走行时间的不同，会导致该时刻出发的通勤者可能出现多种情形，即可能早到也可能迟到，可能排队也可能不排队。早到则需要承担早到惩罚，而迟到则需要承担迟到惩罚。此外，拥挤排队还会产生排队延迟带来的额外成本。因此，出行者在走行时间与计划延误时间之间进行权衡，寻求最佳的出发时间，以实现其期望出行成本最小。在均衡状态下，所有出行者的期望出行成本相等。首先，定义 t_0， t_e 为最早出发时刻和最晚出发时刻。考虑弹性工作制的随机性，在均衡状态下，选择出发时间会导致出行者依次出现 6 种不同的情形，即：肯定早到；可能早到也可能准时到，具体取决于瓶颈通行能力的大小；准时到达；可能晚到也可能准时到，具体取决于瓶颈通行能力的大小；肯定迟到；肯定迟到，但可能排队也可能不排队，具体取决于瓶颈通行能力的大小。此外，该 6 种情形分别对应 6 个不同的时间区间。在本节中，分别定义 t_1， t_2， t_3， t_4 和 t_5 依次为各时间区间的临界点，以示区分。

在不确定性条件下，瓶颈通行能力 (s) 随机退化是一个外生变量，且不随出行需求的变化而变化。为简单起见，假设随机变量 s 在区间 $[\theta\bar{s},\bar{s}]$ 内服从均匀分布，其中 $\bar{s}$ 为瓶颈原始设计通行能力， $\theta\leqslant 1$ 为能力退化程度参数。那么，选择在不同时间区间内出发的通勤者，其期望走行时间和期望计划延误时间的函数可表示为

$$E[T(t)]=\begin{cases}\displaystyle\int_{\theta\bar{s}}^{\bar{s}}\left[\frac{R(t)}{s}+t_0-t\right]f(s)\mathrm{d}s, & t_0\leqslant t\leqslant t_5\\ \displaystyle\int_{\theta\bar{s}}^{\frac{R(t)}{t-t_0}}\left[\frac{R(t)}{s}-t+t_0\right]f(s)\mathrm{d}s, & t_5\leqslant t\leqslant t_e\end{cases}\tag{4.5}$$

$$E[\mathrm{SDE}(t)]=\begin{cases}\displaystyle\int_{\theta\bar{s}}^{\bar{s}}\left[-\delta-\frac{R(t)}{s}-t_0\right]f(s)\mathrm{d}s, & t_0\leqslant t\leqslant t_1\\ \displaystyle\int_{\frac{R(t)}{-\delta-t_0}}^{\bar{s}}\left[-\delta-\frac{R(t)}{s}-t_0\right]f(s)\mathrm{d}s, & t_1\leqslant t\leqslant t_2\end{cases}\tag{4.6}$$

$$E[\mathrm{SDL}(t)]=\begin{cases}\int_{\theta\overline{s}}^{\frac{R(t)}{\delta-t_0}}\left[\dfrac{R(t)}{s}+t_0-\delta\right]f(s)\mathrm{d}s, & t_3\leqslant t\leqslant t_4\\ \int_{\theta\overline{s}}^{\overline{s}}\left[\dfrac{R(t)}{s}+t_0-\delta\right]f(s)\mathrm{d}s, & t_4\leqslant t\leqslant t_5\end{cases}\tag{4.7}$$

其中，$f(s)=1/(\overline{s}-\overline{s}\theta)$。将如上公式代入式（4.4）中，可得各个时间区间内的具体出行成本表达式。基于用户均衡准则，可推导出相应的出发率表达式。下面将详细分析各时间区间内的出行者出行模式及均衡出发率的表达式。

（1）选择在区间$[t_0,t_1]$内出发的出行者，无论瓶颈通行能力如何变化，出行者肯定早到。那么该情形的边界条件为：当$s=\theta\overline{s}$时，得$\mathrm{SDL}(t_1)=0$，$R(t_1)=-(t_0+\delta)\theta\overline{s}$。然后，分别将式（4.5）和式（4.6）代入式（4.4），在均衡状态下求解一阶导数$\partial E[C(t)]/\partial t=0$，得出发率为

$$r(t)=\frac{\alpha}{\alpha-\beta}\bullet\frac{\overline{s}(1-\theta)}{\ln\theta^{-1}},\quad t_0\leqslant t\leqslant t_1\tag{4.8}$$

（2）当瓶颈通行能力足够大时，选择在区间$(t_1,t_2]$内出发的出行者只会产生早到惩罚。另外，如果瓶颈通行能力太小，出行者就会在工作时间内到达，不承担计划延误成本。那么，对任意时刻$t\in(t_1,t_2]$，都存在相应的通行能力临界点，即$s=R(t)/(-\delta-t_0)$。故当t时刻的随机通行能力大于临界点时，出行者产生计划延误成本；反之，出行者准时到达，计划延误成本为零。将排队时间和计划延误时间代入式（4.4），利用均衡条件可得

$$r(t)=\frac{\alpha\overline{s}(1-\theta)}{\alpha\ln\theta^{-1}-\beta\left[\ln\left((-\delta-t_0)\overline{s}\right)-\ln R(t)\right]},\ t_1<t\leqslant t_2\tag{4.9}$$

由分析可知，该时间区间内出发的出行者，可能早到也可能准时到达。那么，其边界条件为：当$s=\overline{s}$时，有$\mathrm{SDL}(t_2)=0$，$R(t_2)=-(t_0+\delta)\overline{s}$。

（3）无论随机变量s在区间$[\theta\overline{s},\overline{s}]$内如何变化，出行者如果选择在时间区间$(t_2,t_3]$内出发，肯定会准时到达工作地，且不产生计划延误成本。故该时间区间的边界条件为：当$s=\theta\overline{s}$时，$\mathrm{SDE}(t_3)=\mathrm{SDL}(t_3)=0$，$R(t_3)=(\delta-t_0)\theta\overline{s}$。由分析可知，出行者的出行成本函数只由排队时间构成。在均衡状态下，出发率为

$$r(t)=\frac{\overline{s}(1-\theta)}{\ln\theta^{-1}},\ t_2<t\leqslant t_3\tag{4.10}$$

（4）如果瓶颈通行能力足够大，选择在$(t_3,t_4]$内出发的出行者会准时到达工作地；反之，则产生计划延误迟到成本。该区间内的任意时刻t都存在相应

的通行能力临界点，满足$T(t)+t=\delta$，即$s=R(t)/(\delta-t_0)$。当通行能力小于临界点时，出行者的计划延误成本为式（4.7），反之为零。将排队时间和计划延误时间代入式（4.4），利用均衡条件可得

$$r(t)=\frac{\alpha\overline{s}(1-\theta)}{\alpha\ln\theta^{-1}+\gamma\left[\ln R(t)-\ln\left((\delta-t_0)\theta\overline{s}\right)\right]},\ t_3<t\leqslant t_4 \tag{4.11}$$

类似地，可推知该情形下的边界条件为：当$s=\overline{s}$时，$\mathrm{SDE}(t_4)=0$，且$R(t_4)=(\delta-t_0)\overline{s}$。

（5）选择在区间$(t_4,t_5]$内出发的出行者，只会产生计划延误迟到成本。在均衡状态下，出发率为

$$r(t)=\frac{\alpha}{\alpha+\gamma}\cdot\frac{\overline{s}(1-\theta)}{\ln\theta^{-1}},\ \ t_4<t\leqslant t_5 \tag{4.12}$$

以上分析的5种情形，无论瓶颈通行能力如何变化，通勤者在瓶颈处始终产生排队延迟，即$R(t)\geqslant\overline{s}(t-t_0)$，其期望排队时间为式（4.5）。那么，在该情形下，边界条件为：当$s=\overline{s}$时，$R(t_5)=\overline{s}(t_5-t_0)$。

（6）该情形与上述5种情形的区别在于，当瓶颈通行能力随机退化时，选择在区间$(t_5,t_e]$内出发的通勤者，到达瓶颈处可能排队也可能排队已经消失。那么，在t时刻出发的出行者是否产生排队延迟呢？这时可比较随机通行能力与临界点的大小进行判别。由分析可得，临界通行能力应满足方程$R(t)=s(t-t_0)$。因此，均衡状态下的出发率为

$$r(t)=\frac{\mathrm{d}R(t)}{\mathrm{d}t}=\frac{(\alpha+\gamma)R(t)/(t-t_0)-(\alpha\theta+\gamma)\overline{s}}{(\alpha+\gamma)\left[\ln R(t)-\ln\theta\overline{s}(t-t_0)\right]},\ \ t_5<t\leqslant t_e \tag{4.13}$$

根据定义知，t_e为高峰期最后一个通勤者的出发时刻。再由式（4.13），令$r(t_e)=0$，可得$R(t_e)=\hat{s}(t_e-t_0)$，其中$\hat{s}=\overline{s}(\alpha\theta+\gamma)/(\alpha+\gamma)$。

由分析可知，在t_e时刻之后没有通勤者出发，即当$t>t_e$时，$r(t)=0$。那么t_e时刻累计出发的人数应等于系统的总出行需求，即$R(t_e)=\hat{s}(t_e-t_0)=N$。显然，可得$t_e=t_0+N/\hat{s}$。另外，根据均衡理论，任意时刻出发的期望出行成本都相等，可得$E[C(t_0)]=E[C(t_e)]$。联立以上公式，整理可得最早出发时间和最晚出发时间的表达式为

$$t_0=\frac{N}{\hat{s}}\cdot\frac{1}{\omega_0-1}+\frac{\upsilon_0}{1-\omega_0}\delta,\ \ t_e=\frac{N}{\hat{s}}\cdot\frac{\omega_0}{\omega_0-1}+\frac{\upsilon_0}{1-\omega_0}\delta \tag{4.14}$$

其中

$$\omega_0 = 1 - \frac{(1-\theta)(\beta+\gamma)}{(\alpha\theta+\gamma)(\ln\hat{s} - \ln\theta\overline{s})},\quad \upsilon_0 = \frac{(1-\theta)(\gamma-\beta)}{(\alpha\theta+\gamma)(\ln\hat{s} - \ln\theta\overline{s})} \tag{4.15}$$

然后，利用上述6种情形的边界条件，可得各时间临界点为

$$t_1 = \omega_1 t_0 + \upsilon_1\delta,\quad t_2 = \omega_2 t_0 + \upsilon_2\delta,\quad t_3 = \omega_3 t_0 + \upsilon_3\delta$$
$$t_4 = \omega_4 t_0 + \upsilon_4\delta,\quad t_5 = \omega_5 t_0 + \upsilon_5\delta \tag{4.16}$$

其中，相关参数为

$$\omega_1 = 1 - \frac{(\alpha-\beta)\theta\xi}{\alpha},\quad \omega_2 = \frac{(\alpha+\beta)}{\alpha} - \xi,\quad \omega_3 = \frac{\beta}{\alpha} - \theta\xi + 1,\quad \omega_4 = \frac{(\alpha+\gamma)(1-\xi)}{\alpha} + \frac{\beta}{\alpha}$$

$$\omega_5 = 1 + \frac{\gamma+\beta}{\alpha-(\alpha+\gamma)\xi},\quad \upsilon_1 = \frac{(\beta-\alpha)\theta\xi}{a},\quad \upsilon_2 = \frac{\beta}{\alpha} - \xi,\quad \upsilon_3 = \frac{\beta}{\alpha} + \theta\xi,$$

$$\upsilon_4 = \frac{(\alpha+\gamma)\xi + (\beta-\gamma)}{\alpha},\quad \upsilon_5 = \frac{\beta-\gamma}{\alpha-(\alpha+\gamma)\xi},\quad \xi = \frac{\ln\theta^{-1}}{1-\theta}$$

最后，可得均衡状态下的期望出行成本函数为

$$E(C) = (-\delta - t_0)\beta = \frac{N}{\hat{s}} \cdot \frac{\beta}{1-\omega_0} - \frac{1-\omega_0+\upsilon_0}{1-\omega_0}\delta\beta \tag{4.17}$$

根据以上6种情形的解析推导，图4–2描述了在随机性瓶颈模型中，累计出发人数和累计到达人数关于时间的变化情况。

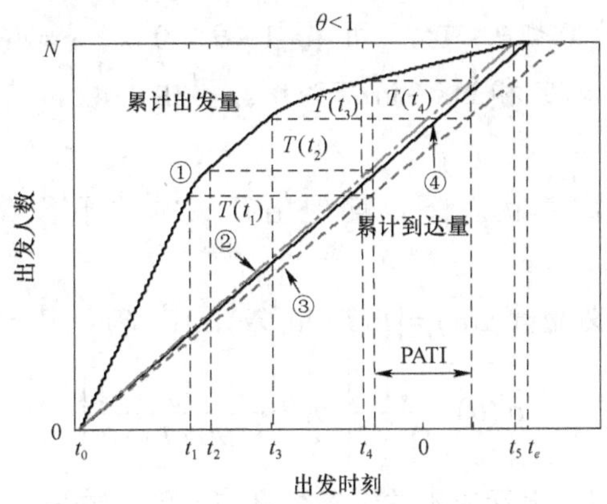

图4–2 弹性工作制下，随机性瓶颈模型的累计出发人数分布

图4–2中，线①表示每一时刻对应的累计出发人数，线④表示每一时刻平均到达人数。线②和线③的斜率分别为瓶颈的最大通行能力$\overline{s}$和最小通行能力$\theta\overline{s}$。由图4–2可知，当瓶颈的通行能力退化到最小值$\theta\overline{s}$时，在$[t_1,t_2]$内出发的出行者能够准时到达工作地，不发生计划延误成本。如果瓶颈通行能力不退

化，即 $s=\overline{s}$，选择在 $[t_3,t_4]$ 内出发的出行者也能准时到达工作地，其出行成本只由排队时间成本构成。因此，无论瓶颈通行能力在 $[\theta\overline{s},\overline{s}]$ 内如何变化，选择在 $[t_2,t_3]$ 内出发的通勤者总能准时到达。此外，在 t_1 时刻之前，出行者按照常数值的出发率出发。之后，出行者的出发率随时间逐渐下降，在 t_4 与 t_5 时刻之间，重新以常数值出发率出发。同时，从图 4–2 可知，由于瓶颈通行能力随机退化，在 t_5 时刻之后出发的出行者，可能排队也可能不排队，且出发率随时间逐渐下降，直至 t_e 时刻出发率为零。

4.2.2 均衡解的性质

在 4.2.1 节中，解析推导了随机性瓶颈模型的均衡结论，本节进一步分析模型均衡解的相关性质。

引理 4.1 在均衡状态下，期望出行成本是关于出行总需求的单调递增函数，同时也是关于参数 δ 的单调递减函数，即 $\partial E(C)/\partial N>0$，$\partial E(C)/\partial\delta<0$。

证明：在均衡态下，期望出行成本的解析表达式如式（4.17）所示。求解该方程关于参数 δ 的一阶导数，显然有 $\partial E(C)/\partial\delta=-2\beta\gamma/(\beta+\gamma)<0$。此外，可得式（4.17）关于出行需求 N 的一阶导数，为 $\partial E(C)/\partial N=\beta/\left[(1-\omega_0)\hat{s}\right]$。由定义可知，参数 β 和 $\hat{s}$ 都是正数，因此要证明 $\partial E(C)/\partial N>0$，只需证明 $1-\omega_0>0$。由于 $0<\theta<1$，可得 $1-\theta>0$，$\hat{s}=\overline{s}(\alpha\theta+\gamma)/(\alpha+\gamma)>\overline{s}(\alpha\theta+\gamma\theta)/(\alpha+\gamma)=\theta\overline{s}$ 和 $\ln\hat{s}-\ln\theta\overline{s}>0$。再由参数 ω_0 的定义，整理可得 $1-\omega_0>0$，得证。

引理 4.2 在均衡状态下，期望出行成本关于参数 θ 单调递减，即 $\partial E(C)/\partial\theta<0$。

证明：首先定义变量 $p(\theta)=\left[\ln\hat{s}-\ln(\theta\overline{s})\right]/(1-\theta)$，其一阶导数为

$$p'(\theta)=\frac{1}{1-\theta}\left[p(\theta)-\frac{\gamma}{\theta(\alpha\theta+\gamma)}\right]$$

由式（4.17）可得期望出行成本关于参数 θ 的一阶导数为

$$\frac{\partial E(C)}{\partial\theta}=\beta\frac{N}{s}\cdot\frac{\alpha+\gamma}{\beta+\gamma}p'(\theta)$$

根据不等式 $\ln\left(\hat{s}/(\theta\overline{s})\right)<1-\theta\overline{s}/\hat{s}=\gamma(1-\theta)/(\alpha\theta+\gamma)$，可得

$$p(\theta)-\frac{\gamma}{\theta(\alpha\theta+\gamma)}<\frac{\gamma}{\alpha\theta+\gamma}-\frac{\gamma}{\theta(\alpha\theta+\gamma)}=\frac{\gamma}{\alpha\theta+\gamma}\left(1-\frac{1}{\theta}\right)<0$$

显然 $p'(\theta)<0$，那么有 $\partial E(C)/\partial\theta<0$，得证。

引理 4.3 在均衡状态下，高峰期内出行者的出发率是关于时间的单调递减函数，即 $\mathrm{d}r(t)/\mathrm{d}t\leqslant 0$，$t\in[t_0,t_e]$。

证明：根据 4.2.1 节中的解析结论可知 $r(t)$ 在每个时间区间内都是连续的。要证明出发率在整个高峰期都是连续的，只需要证明各临界点的连续性。由极限定理可得

$$\lim_{t\to t_1^+}r(t)=\lim_{t\to t_1^+}\frac{\alpha\overline{s}(1-\theta)}{\alpha\ln\theta^{-1}-\beta\left[\ln\left((-\delta-t_0)\overline{s}\right)-\ln R(t)\right]}=\frac{\alpha}{\alpha-\beta}\cdot\frac{\overline{s}(1-\theta)}{\ln\theta^{-1}}=\lim_{t\to t_1^-}r(t)$$

$$\lim_{t\to t_2^-}r(t)=\lim_{t\to t_2^-}\frac{\alpha\overline{s}(1-\theta)}{\alpha\ln\theta^{-1}-\beta\left[\ln\left((-\delta-t_0)\overline{s}\right)-\ln R(t)\right]}=\frac{\overline{s}(1-\theta)}{\ln\theta^{-1}}=\lim_{t\to t_2^+}r(t)$$

$$\lim_{t\to t_3^+}r(t)=\lim_{t\to t_3^+}\frac{\alpha\overline{s}(1-\theta)}{\alpha\ln\theta^{-1}+\gamma\left[\ln R(t)-\ln\left((\delta-t_0)\theta\overline{s}\right)\right]}=\frac{\overline{s}(1-\theta)}{\ln\theta^{-1}}=\lim_{t\to t_3^-}r(t)$$

$$\lim_{t\to t_4^-}r(t)=\lim_{t\to t_4^-}\frac{\alpha\overline{s}(1-\theta)}{\alpha\ln\theta^{-1}+\gamma\left[\ln R(t)-\ln\left((\delta-t_0)\theta\overline{s}\right)\right]}=\frac{\alpha}{\alpha+\gamma}\cdot\frac{\overline{s}(1-\theta)}{\ln\theta^{-1}}=\lim_{t\to t_4^+}r(t)$$

$$\lim_{t\to t_5^+}r(t)=\lim_{t\to t_5^+}\frac{(\alpha+\gamma)R(t)/(t-t_0)-(\alpha\theta+\gamma)\overline{s}}{(\alpha+\gamma)\ln\left[R(t)/\left(\theta\overline{s}(t-t_0)\right)\right]}=\frac{\alpha}{\alpha+\gamma}\cdot\frac{\overline{s}(1-\theta)}{\ln\theta^{-1}}=\lim_{t\to t_5^-}r(t)$$

以上极限值表明，$r(t)$ 在整个高峰期 $[t_0,t_e]$ 内是连续的。

另外，由式（4.8）、式（4.10）和式（4.12）可知，第（1）（3）（5）三种情形下的出发率为常数，且不随时间变化。再由累计出发函数 $R(t)$ 的定义可知该函数关于时间单调递增，因此式（4.9）和式（4.11）右边的分母都是关于时间单调递减的，也就是说 $r(t)$ 在区间 $\left(t_1,t_2\right]$ 和 $\left(t_3,t_4\right]$ 内是单调递减的。为了证明在整个高峰期内 $r(t)$ 单调递减，只需要证明 $r(t)$ 在时间区间 $\left(t_5,t_e\right]$ 内单调递减，该证明详见定理 3.2 的证明部分。最后，得证出发率 $r(t)$ 在整个高峰期内单调递减。

引理 4.4 当参数 θ 逼近 1 时，弹性工作制下的随机性瓶颈模型趋于确定性瓶颈模型。

证明：根据洛必达法则，可证 $\lim\limits_{\theta\to 1}(1-\theta)/(\ln\theta^{-1})=1$，那么依次类推得

$$\lim_{\theta\to 1}\omega_0=\lim_{\theta\to 1}\omega_5=-\beta/\gamma,\quad \lim_{\theta\to 1}\omega_1=\lim_{\theta\to 1}\omega_2=\lim_{\theta\to 1}\omega_3=\lim_{\theta\to 1}\omega_4=\beta/\alpha$$

$$\lim_{\theta\to 1}\upsilon_0=\lim_{\theta\to 1}\upsilon_5=(\gamma-\beta)/\gamma$$

$$\lim_{\theta\to 1} \upsilon_1 = \lim_{\theta\to 1} \upsilon_2 = (\beta-\alpha)/\alpha\,,\quad \lim_{\theta\to 1} \upsilon_3 = \lim_{\theta\to 1} \upsilon_4 = (\beta+\alpha)/\alpha \tag{4.18}$$

$$\lim_{\theta\to 1} r(t) = \begin{cases} \alpha\overline{s}/(\alpha-\beta), & t_0 \leqslant t \leqslant t_1 \\ \overline{s}, & t_1 \leqslant t \leqslant t_4 \\ \alpha\overline{s}/(\alpha+\gamma), & t_4 \leqslant t \leqslant t_e \end{cases} \tag{4.19}$$

将式（4.18）代入式（4.14）和式（4.16），得

$$t_0 = -\frac{\gamma}{\beta+\gamma} \bullet \frac{N}{\overline{s}} + \frac{\gamma-\beta}{\beta+\gamma}\delta\,,\quad t_5 = t_e = -\frac{\beta}{\beta+\gamma} \bullet \frac{N}{\overline{s}} + \frac{\gamma-\beta}{\beta+\gamma}\delta$$

$$t_1 = t_2 = -\frac{\beta\gamma}{\alpha(\beta+\gamma)} \bullet \frac{N}{s} + \frac{\beta-\alpha}{\alpha}\delta\,,\quad t_3 = t_4 = -\frac{\beta\gamma}{\alpha(\beta+\gamma)} \bullet \frac{N}{s} + \frac{\alpha+\beta}{\alpha}\delta$$

显然，以上结论与确定性瓶颈模型的结论一致。

引理 4.5 当出行需求 N 固定时，高峰期总时间长度随参数 θ 的增大而减小。

证明： 根据 $\hat{s}$ 的表达式可得 $\mathrm{d}\hat{s}/\mathrm{d}\theta = \alpha/(\alpha+\gamma) > 0$，即 $\hat{s}$ 关于 θ 单调递增。由式（4.14）可得高峰期的长度为

$$t_e - t_0 = \frac{N}{\hat{s}}\frac{\omega_0}{\omega_0-1} + \frac{\upsilon_0}{1-\omega_0}\delta - \frac{N}{\hat{s}}\frac{1}{\omega_0-1} - \frac{\upsilon_0}{1-\omega_0}\delta = \frac{N}{\hat{s}}$$

其中，N 为常数，$\hat{s}$ 关于 θ 单调递增。因此，可证 $t_e - t_0$ 关于参数 θ 单调递减。

注意，引理 4.5 也表明了高峰期长度与参数 δ 没有关系。

4.3 数值算例

本节通过数值算例验证上述均衡结论。设定参数 $\alpha = 6.4$ 美元/h，$\beta = 3.9$ 美元/h，$\gamma = 15.21$ 美元/h，$N = 6\,000$ 人，$\overline{s} = 4\,000$ 辆/h，$\delta = 10\,\text{min}$ 和 $\theta = 0.9$。将这些参数代入 4.2 节中的解析结论中，可得高峰期时间区间为 $[-1.18, 0.37]$，详见表 4–1。图 4–3 描述了高峰期通勤者的期望出行成本、期望走行时间成本和期望计划延误成本随时间的变化情况。由图 4–3 可知，出行者通过权衡排队时间和计划延误时间达到均衡，使得其期望出行成本恒为 3.95 美元。注意，引入弹性工作制后，在 SDE 成本曲线与 SDL 成本曲线重叠且为零的时间区间内，走行时间成本达到最大值，与出行成本曲线重叠。此外，与确定性瓶颈模型相比，随机性瓶颈模型中最后出发的出行者，排队时间不为零。

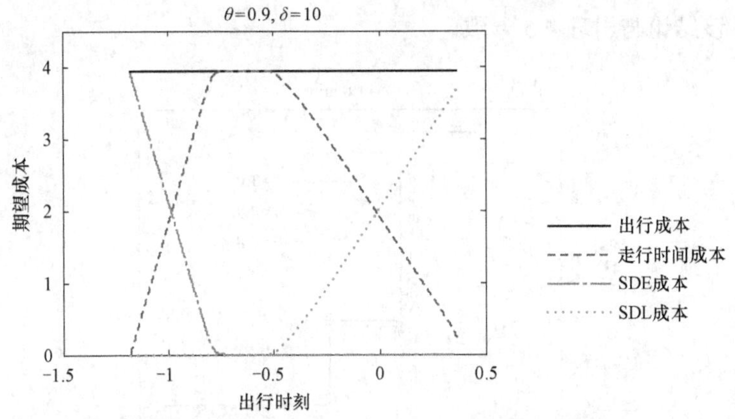

图 4-3 弹性工作制下，不同出发时刻的期望成本

引入弹性工作制，进一步研究参数θ对随机性瓶颈模型结论的影响。表 4-1 中假定参数θ在 0.8～1.0 之间变化。根据 4.2 节中的解析结论，可计算出相应的期望出行成本和各时间临界点的值。由表 4-1 可知，当参数θ等于 1 时，即确定性瓶颈模型，显然有 $t_1=t_2$，$t_3=t_4$和$t_5=t_e$，该数值结论与引理 4.4 一致。此外，可以发现当参数θ逐渐增大时，高峰期长度逐渐减小，该结论与引理 4.5 相对应。当参数θ逐渐减小时，出行时间的不确定性依次增大，通勤者则通过提前出发减少因出行时间的不确定性所带来的损失。

表 4-1 弹性工作制下对应不同θ的主要输出结果

θ	$E(C)$	t_0	t_1	t_2	t_3	t_4	t_5	t_e	t_e-t_0
1.00	3.62	−1.10	−0.74	−0.74	−0.40	−0.40	0.40	0.40	1.50
0.95	3.78	−1.14	−0.77	−0.73	−0.46	−0.31	0.36	0.39	1.53
0.90	3.95	−1.18	−0.80	−0.73	−0.52	−0.21	0.31	0.37	1.55
0.85	4.13	−1.23	−0.85	−0.72	−0.59	−0.09	0.26	0.35	1.58
0.80	4.33	−1.28	−0.89	−0.71	−0.66	0.05	0.21	0.32	1.60

瓶颈通行能力的退化程度与参数θ的大小有关，θ值越小则通行能力退化的程度越大，出行环境的不确定性也就越大。图 4-4 描述了出发率函数随时间的变化情况，同时从数值上分析了参数θ的变化对出行者出发率的影响。如图 4-4 所示，出发率是关于时间t的单调递减函数，即当时间增大时，出发率逐渐下降，该结论与引理 4.3 一致。此外，当参数θ减小时，高峰期长度也逐

渐变短，该结论与引理 4.5 一致。

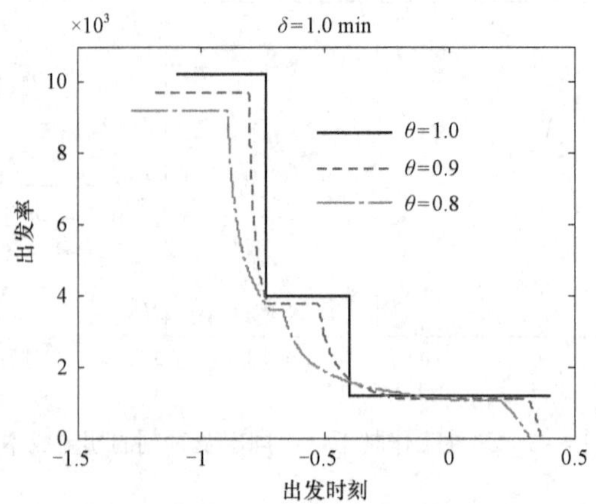

图 4–4　弹性工作制下，对应不同参数 θ 的出发率图像

以上从数值上分析了参数 θ 对瓶颈模型解析结论的影响。当其他参数固定不变时，表 4–2 列举了均衡状态下对应不同参数 δ 的主要输出结果。在表 4–2 中，参数 δ 以 min 为单位，各时刻点以 h 为单位，成本函数以美元为单位。令参数 δ 在区间 [0, 20] 内变化，显然当 δ 值增大时，通勤者的期望出行成本随之减小，但高峰期长度却保持不变，该结论与引理 4.1 一致。

表 4–2　弹性工作制下对应不同 δ 的主要输出结果

δ	$E(C)$	t_0	t_1	t_2	t_3	t_4	t_5	t_e	t_e-t_0
0	4.98	−1.28	−0.80	−0.80	−0.80	−0.55	0.21	0.27	1.55
5	4.46	−1.23	−0.80	−0.72	−0.68	−0.38	0.26	0.32	1.55
10	3.95	−1.18	−0.80	−0.73	−0.52	−0.21	0.31	0.37	1.55
15	3.43	−1.13	−0.80	−0.74	−0.36	−0.04	0.36	0.42	1.55
20	2.91	−1.08	−0.80	−0.75	−0.20	0.13	0.41	0.47	1.55

图 4–5 描述了高峰期内出行者的出发率与参数 δ 的关系。由图可知，在整个高峰期内出发率随时间增大反而逐渐下降，且有三个时间段的出发率为固定常数。值得注意的是，参数 δ 越大，出发率平坦地趋向瓶颈的设计通行能力。由此可知，当弹性上班制灵活性增大，即上班时间区间拓宽时，高峰期的交通拥挤逐渐缓解。该结论类似于单阶段收费策略所产生的效果，详见 Arnott 等[19]的工作。

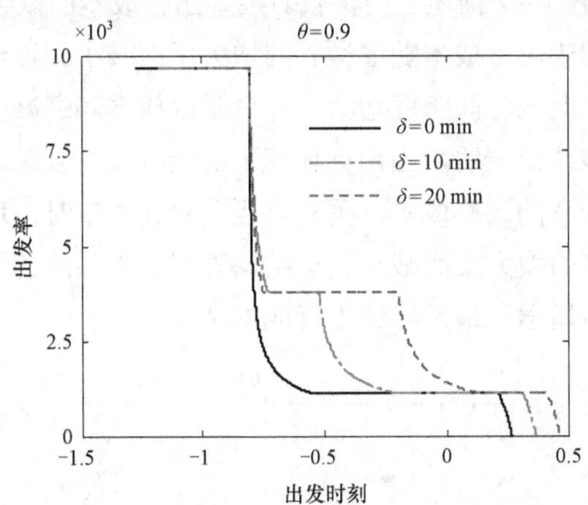

图4-5　弹性工作制下，对应不同参数δ的出发率图像

在高峰期内通勤的出行者，其排队时间是随时间变化的。图4-6描述了通勤者的排队时间在高峰期内的变化情况，以及不同的δ值所对应的结果。当δ值固定时，选择早到的出行者，在瓶颈处面临的排队长度随时间的增大而增大。对于迟到的出行者，情况正好相反。此外，图4-6中的三条曲线与时间轴所包围的区域为高峰期总排队时间，分别为0.620 8 h、0.594 0 h和0.513 1 h。由此可得，随着参数δ的增大，即弹性工作制的时间范围扩大，高峰期的排队拥挤逐渐缓解。

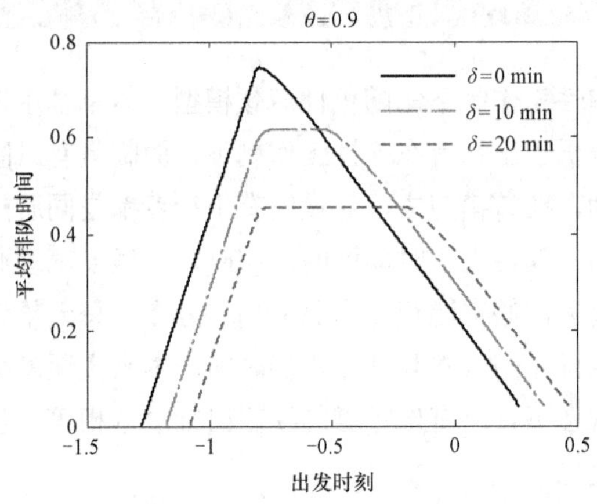

图4-6　弹性工作制下，对应不同参数δ的平均排队时间

以上分别讨论了参数θ和参数δ的变化对随机性瓶颈模型解析结论的

影响情况。最后，图 4-7 描述了两参数对期望出行成本的联合影响。由图可知，当固定参数 θ，期望出行成本随参数 δ 的增大反而减小。该结论可以解释为：当参数 δ 增大时，上班时间跨度增大，计划延误成本随之减少，最后导致期望出行成本下降。该结论表明，当出行环境不确定时，可以采取增大弹性上班时间区间来减小出行者的通勤成本。另外，当参数 δ 固定时，均衡状态下的期望出行成本随参数 θ 的增大反而减小。该结论表明，当系统的不确定性减小时，出行时间的可靠性增强，最后导致出行成本减小。

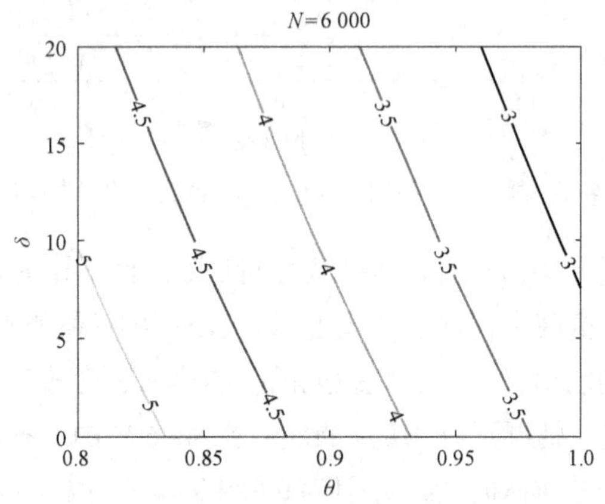

图 4-7　对应不同参数 θ 和 δ 的期望出行成本 $E(C)$

4.4　本章小结

本章构建了弹性工作制下的随机性瓶颈模型。本章基于期望效用理论和确定性排队理论，分析了出行者在弹性工作制下，面临具有风险的出行环境时的出发时间选择行为。在该模型中，假设所有出行者都是同质的，具有相同的上班时间区间，即同一弹性上班时间区间。同时，还假设瓶颈通行能力是随机退化的，为了简单起见，假定通行能力服从均匀分布。每天早晨出行者选择出发时间，通过权衡走行时间成本和计划延误时间成本来实现最小化期望出行成本的目的。在均衡状态下，所有出行者的期望出行成本相等，且期望出行成本不随时间的变化而变化。

本章中，随机性瓶颈通行能力的退化程度由参数 θ 确定，弹性工作制的灵活性由参数 δ 确定。在弹性工作制前提下，解析推导了随机性瓶颈模型的均衡解，并通过数值实验验证了理论分析的正确性。结论表明，均衡状态下的出行成本及高峰期长度随参数θ的增大而减小。在数值算例中，分别对参数θ和δ进行了敏感性分析，讨论它们对瓶颈模型均衡结论产生的影响。当弹性上班时间越灵活时，高峰期内出行者的出发率越平坦，且越趋近于道路原始设计的通行能力，高峰期的排队拥挤逐渐缓解。该结论表明，弹性工作制可作为一项交通政策，能达到缓解高峰期交通拥挤的目的。

第5章

动态收费下的交通出行

城市道路交通拥堵是一个世界性难题。据统计，在我国大城市中，每天上下班需要 1 h 以上的职工占总数的 60%以上。北京市早晚高峰期间，90%以上的道路车流量处于饱和或超饱和状态，每年因交通拥堵造成的经济损失高达1 056 亿元，相当于北京市 GDP 的 7.5%[136]。

增加交通供给是解决交通拥挤的传统措施，即新建道路或扩展既有道路。由于可以用来修建道路的城市空间是有限的，而且增加交通供给会带来新的交通需求，进而会导致城市环境进一步恶化。1975 年以后，发达国家开始采取交通管理措施来解决城市交通拥堵问题，由构筑新路网转向如何用好现有网络。美国提出了“交通系统管理”观点，具体包括发展公共交通、改善交通信号系统和使用智能交通系统等措施。近年来，交通领域的专家、学者认为应该从供、求两方面协调解决交通拥挤问题，并提出了交通需求管理（traffic demand management，TDM）的概念。TDM 不同于传统方法，它从宏观上利用各种政策和手段，在时空上促使交通需求扁平化，并对拥挤车辆进行控制等[137]。

拥挤道路使用收费作为一项交通需求管理政策，在理论上被认为是控制交通需求、缓解交通拥挤的有效措施之一，并已成为交通研究领域的热点课题。一方面，可以通过拥挤收费措施调节交通出行的方式、路径、时间和地点，以达到降低交通拥挤和减少环境污染的目的。另一方面，从经济上讲，收费所得的财政收入可用来改进城市交通网络的基础设施和运营管理技术或补贴公共交通系统开支。

1920 年，英国经济学家 Pigou 率先提出了交通拥挤收费理论[138]。20 世纪 60 年代，Waters[38]和 Vickrey[1]对该理论进行了扩展。拥挤收费政策的基本思想源于道路发生拥挤的事实。也就是说，道路的建设和容量是有限的，但交通需求却持续增长。同时，道路建设不仅受到空间限制，还受到资金、环境等因素的约束，从而不可能任意无限发展。随着对道路经济理念的深化，世界各国越来越意识到，道路是一种特殊的商品，它同样遵循供给和需求法则，并受价格机制影响。因此，交通拥挤收费概念应运而生。所谓拥挤道路使用收费，是指在特定路段与时段对车辆实行收费，以便从空间和时间两方面调节交通流量，减少繁忙时段和繁忙路段的交通负荷。同时，该收费政策还可促使客流向高容量的公交系统转移，实现缓解交通拥挤的目的。

本章探讨在不确定性条件下，如何实施瓶颈道路动态拥挤收费机制，以及分析动态收费策略对高峰期内瓶颈道路通勤者出发时间选择的影响，并建立数学模型，从理论上对动态拥挤收费进行描述与分析。

5.1 确定性动态收费

经典瓶颈模型清晰地描述了排队拥挤的产生与消散过程，以及出行者的出发时间决策。经济学家认为，模型中的排队等待时间成本作为一种纯损失可以转化为以缴纳道路使用费为表现形式的收益。Arnott 等[19]提出了一种动态收费策略来调节车辆的出发时间，使高峰期$[t_0, t_e]$内的离开率（或是到达瓶颈的到达率）为瓶颈道路的原始设计通行能力（$\overline{s}$ 辆车/单位时间），从而不产生排队。因此，不收费均衡下的排队等待时间可以通过缴纳费用的形式来替补，实现社会效益最优。这样就得到动态收费水平如下：

$$\rho(t)=\begin{cases} C-\beta\left(t^{*}-t\right), & t\in[t_0,t^{*}] \\ C-\gamma\left(t^{*}-t\right), & t\in[t^{*},t_e] \end{cases} \tag{5.1}$$

式（5.1）中的t可视为通勤者到达工作地 W 的时刻，不收费均衡下的出行成本C如式（2.22）所示，t_0和t_e分别表示最早出发时刻和最晚出发时刻，t^*为上班时刻，其他参数可详见 2.2 节的定义。在动态收费机制下，瓶颈处不存在排队。此外，高峰期内通勤者早到和迟到所对应的出发时间区间分别为$[t_0,t_t]$和$[t_t,t_e]$。如果希望在最理想时刻到达工作地 W，且又不愿意排队，就需要多付钱。如果不愿多付钱，通勤者只要早出发或晚出发，也无须排队。

在 Vickrey 瓶颈模型的框架下，Cohen[139]，Glazer[140]，van den Berg 和 Verhoef[141]等基于参数α、β、γ将出行者进行差异化，在收费策略下分析不同类出行的福利变化。结论显示，富人（通常是具有较高时间价值的人）会在收费策略下获益，其他人则会受损。

值得注意的是，上述研究都是假设瓶颈处的通行能力为常数，存在一种动态收费机制消除所有排队。但是在现实生活中，受不确定性因素的影响，瓶颈通行能力经常是变化的。如雨雪天气、道路维修或发生交通事故时导致某一条或多条车道暂时封闭时，就难以用传统的瓶颈模型进行描述和解释。接下来，基于通行能力随机退化情形下的瓶颈模型，分析动态收费对通勤者出发时间选择的影响。

5.2 随机性动态收费

许多研究人员对道路通行能力的不确定性进行了研究，并提出了一些建议，但对如何处理这种不确定性，研究较少。基于 3.1 节的随机性瓶颈模型，本节讨论如何制定不确定性条件下的动态收费机制，从而减少出行者排队等待时间，以达到缓解交通拥堵的目的。

5.2.1 动态收费机制

根据 3.1 节的结论可知通勤者的平均到达率为常数 $\hat{s}=\overline{s}(\alpha\theta+\gamma)/(\alpha+\gamma)$，基于 Arnott 等[19]的动态收费理念，将该常数看成瓶颈处的平均通行能力。首先，假设出行者以常数 $\hat{s}$ 为出发率从生活区 H 出发，即 $r=\hat{s}$。其次，由式（3.14）可得 t 时刻的期望出行成本函数，该出行成本不包括收费值。由于动态收费不改变高峰期 $[t_0,t_e]$ 和均衡出行成本，故动态收费水平为

$$\rho(t)=E[C(t)]-E[c(t)] \tag{5.2}$$

其中，c 表示在动态收费策略下不包括收费的均衡出行成本。在该收费机制下，由于瓶颈模型的出发率为一常数，且均衡出行成本保持不变，则该收费策略可能不属于一阶最优收费。因此，该收费机制不同于 Lindsey[55]，不需要采用最优控制理论的办法求解动态收费问题的相关结论。

类似于 3.1 节讨论的不收费均衡，假设瓶颈通行能力为服从均匀分布的随机变量，且 $s\in[\theta\overline{s},\overline{s}]$。那么出行者每天选择同一时刻出发，因走行时间的不确定性，可能会早到也可能迟到，可能排队也可能不排队。那么，在动态收费策略下，出行者有 3 种不同的出发时间选择区间：肯定早到；可能早到也可能迟到，具体取决于通行能力的大小；肯定迟到。值得注意的是，与 3.1 节中的不收费均衡相比，在动态收费均衡模型中，可能排队也可能不排队的现象在整个高峰期内都存在。可以想象，当通勤者的出发率为 $\hat{s}$ 时，如果当天的瓶颈通行能力大于 $\hat{s}$，则出行者不需要排队，进入瓶颈即刻到达工作地。反之，如果瓶

颈通行能力小于 $\hat{s}$，则在瓶颈处产生排队延迟。为了简单起见，定义 t_0，t_e 为最早出发时刻和最晚出发时刻，t_1，t_2 为各个时间区间的临界点。由于出发率 $r=\hat{s}$，故累计出发函数为

$$R(t)=\hat{s}(t-t_0),\ \forall t\in[t_0,t_e] \tag{5.3}$$

将式（5.3）代入式（2.9），则 t 时刻的排队长度为

$$Q(t)=\max\{(\hat{s}-s)(t-t_0),0\},\ s\in[\theta\overline{s},\overline{s}] \tag{5.4}$$

再将式（2.10）、式（5.3）和式（5.4）代入式（2.12），可得各时间区间内的期望出行成本函数（不包含收费值），详见如下分析。

1. 在区间 $[t_0,t_1]$ 内出发，肯定早到

类似地，若通勤者选择在 $[t_0,t_1]$ 内出发，则肯定提前到达工作地。如果瓶颈通勤能力大于出发率 $\hat{s}$，则没有排队；反之，出行者还需承担排队拥挤带来的延误成本。据此，可得 t 时刻出发的期望出行成本函数为

$$\begin{aligned}E[c(t)]&=\alpha\int_{\theta\overline{s}}^{\hat{s}}\frac{\hat{s}-s}{s}(t-t_0)f(s)\mathrm{d}s-\beta\int_{\theta\overline{s}}^{\hat{s}}\left[\frac{\hat{s}(t-t_0)}{s}+t_0\right]f(s)\mathrm{d}s-\beta\int_{\hat{s}}^{\overline{s}}tf(s)\mathrm{d}s\\&=(\alpha-\beta)(t-t_0)\frac{\hat{s}\left[\ln\hat{s}-\ln(\theta\overline{s})-1\right]+\theta\overline{s}}{\overline{s}(1-\theta)}-\beta t\end{aligned} \tag{5.5}$$

该时间区间的边界条件为：当 $s=\theta\overline{s}$ 时，有 $t_1=t_0(\hat{s}-\theta\overline{s})/\hat{s}$，$\overline{\mathrm{SDE}}(t_1)=0$，同时在边界点 t_1 时刻的累计出发人数为 $R(t_1)=-t_0\theta\overline{s}$。

2. 在区间 $(t_1,t_2]$ 内出发，可能早到也可能迟到，具体取决于通行能力的大小

由于瓶颈通行能力的随机退化特性，若出行者选择在 $(t_1,t_2]$ 内出发，则可能早到也可能迟到。显然，对任意时刻 $t\in(t_1,t_2]$，存在相应的临界通行能力 $s=-\hat{s}(t-t_0)/t_0$。如果瓶颈通行能力大于该临界点，则通勤者只产生早到惩罚；反之，则需要承担迟到惩罚。据此，可得 t 时刻出发的期望出行成本函数为

$$\begin{aligned}E[c(t)]&=\alpha\int_{\theta\overline{s}}^{\hat{s}}\frac{\hat{s}-s}{s}(t-t_0)f(s)\mathrm{d}s-\beta\left[\int_{\frac{\hat{s}(t-t_0)}{-t_0}}^{\hat{s}}\left(\frac{\hat{s}}{s}(t-t_0)+t_0\right)f(s)\mathrm{d}s+\int_{\hat{s}}^{\overline{s}}tf(s)\mathrm{d}s\right]+\\&\quad\gamma\int_{\theta\overline{s}}^{\frac{\hat{s}(t-t_0)}{-t_0}}\left[\frac{\hat{s}}{s}(t-t_0)+t_0\right]f(s)\mathrm{d}s\\&=\alpha(t-t_0)\frac{\hat{s}\left[\ln\hat{s}-\ln(\theta\overline{s})-1\right]+\theta\overline{s}}{\overline{s}(1-\theta)}-\beta\frac{\hat{s}(t-t_0)\left[\ln t_0-\ln(t_0-t)\right]+t\overline{s}}{\overline{s}(1-\theta)}+\\&\quad\gamma\frac{\hat{s}(t-t_0)\left[\ln\left(\hat{s}(t_0-t)\right)-\ln(t_0\theta\overline{s})-1\right]-t_0\theta\overline{s}}{\overline{s}(1-\theta)}\end{aligned} \tag{5.6}$$

该情形的边界条件为：当 $s=\hat{s}$ 时，t_2 时刻出发的出行者不产生计划延误成本，即 $\overline{\mathrm{SDE}}(t_2)=\overline{\mathrm{SDL}}(t_2)=0$。同时，在 t_2 时刻累计出发的人数为 $R(t_2)=-t_0\hat{s}$。显然，根据累计出发人数的表达式可知 $t_2=0$。

3. 在区间 $(t_2,t_e]$ 内出发，肯定迟到

上文分析得 $t_2=0$，则选择在零时刻之后出发的出行者肯定迟到。故该区间内的期望出行成本函数可表示为

$$
\begin{aligned}
E[c(t)]&=\alpha\int_{\theta\overline{s}}^{\hat{s}}\frac{\hat{s}-s}{s}(t-t_0)f(s)\mathrm{d}s+\gamma f(s)\left[\int_{\theta\overline{s}}^{\hat{s}}\left(\frac{\hat{s}}{s}(t-t_0)+t_0\right)\mathrm{d}s+\int_{\hat{s}}^{\overline{s}}t\mathrm{d}s\right]\\
&=\frac{(t-t_0)(\alpha\theta+\gamma)\left[\ln\hat{s}-\ln(\theta\overline{s})\right]}{1-\theta}+\gamma t_0
\end{aligned}
\tag{5.7}
$$

因此，当瓶颈通行能力等于平均出发率时，在 t_e 时刻没有排队，且该时刻的累计出发人数为 $R(t_e)=\hat{s}(t_e-t_0)$。

以上给出了各时间区间所对应的期望出行成本函数（不包括收费）和各时间区间的边界条件。根据分析可知，动态收费机制不改变出行者的均衡出行成本。因此，将式（5.5）～式（5.7）代入式（5.1），联立式（3.14），整理可得动态收费表达式为

$$
\rho(t)=\begin{cases}\beta(t-t_0)-(\alpha-\beta)(t-t_0)\xi_1, & t\in[t_0,t_1]\\ -\alpha(t-t_0)\xi_1+\beta(t-t_0)\xi_2+(\beta+\gamma)t_0\xi_3-\gamma(t-t_0)\xi_4, & t\in(t_1,t_2]\\ -(\beta+\gamma)t_0-(\alpha\theta+\gamma)(t-t_0)\xi_5, & t\in(t_2,t_e]\end{cases}
\tag{5.8}
$$

其中

$$
\xi_1=\left[\hat{s}(\ln\hat{s}-\ln(\theta\overline{s}))-\hat{s}+\theta\overline{s}\right]/\left(\overline{s}(1-\theta)\right),\quad \xi_2=\left[\hat{s}(\ln t_0-\ln(t_0-t))+\overline{s}\right]/\left(\overline{s}(1-\theta)\right)
$$

$$
\xi_3=\overline{s}\theta/\left[\overline{s}(1-\theta)\right],\quad \xi_4=\hat{s}\left[\ln\left(\hat{s}(t_0-t)\right)-\ln(t_0\theta\overline{s})-1\right]/\left(\overline{s}(1-\theta)\right)
$$

$$
\xi_5=\left[\ln\hat{s}-\ln(\theta\overline{s})\right]/(1-\theta)
$$

当瓶颈通行能力的退化程度参数 θ 趋于 1 时，随机性瓶颈模型演变成确定性瓶颈模型。此时，式（5.8）等同于确定性瓶颈模型的动态收费函数。可以证明，当 $\theta=1$ 时，收费函数（5.8）与 Arnott 等[19]的结论一致。

Lindsey[33−34]探讨了瓶颈通行能力服从一般概率分布的瓶颈模型。通过最优控制理论，证明了在动态收费机制下可以得到社会最优的出发率。虽然无法得到解析表达式，但通过一个简单的例子（通行能力服从两点分布）从数值上验

证了该结论。此外，还指出动态收费策略下的均衡出行成本不小于收费前的均衡出行成本。本章所讨论的不确定性条件下的动态收费策略，是基于 Arnott 等[19]在确定性瓶颈模型中提出的一阶最优动态收费原理，假定高峰期内出行者以平均通行能力为出发率，并推导出动态收费的解析表达式。该动态收费机制的特点在于不改变高峰期长度，且始终保持与不收费均衡时的出行成本相同。因此，本章基于随机性瓶颈模型所提出的动态收费实际上是次优收费策略。理论上，该动态收费策略虽然不能完全消除瓶颈处的排队，但是极大地减少了瓶颈处的排队长度，能在一定程度上缓解交通拥挤。此外，不确定性条件下的动态收费策略采用平均值概念，即通勤者的出发率为常数且等于平均通行能力，这样的处理更接近现实，更容易被接受。

5.2.2 均衡解的性质

本节重点研究在动态收费策略下得到的相关均衡结果的性质。为了与不收费均衡下的结论区别开来，本节采用参数 ρ 作为下标，表示动态收费机制下的均衡结论。

引理 5.1 在动态收费策略下，动态收费值非负，即 $\rho(t) \geqslant 0$，$\forall t \in [t_0, t_e]$，且任意时刻 t 的排队长度比不收费前的排队长度短，即 $Q_\rho(t) \leqslant Q(t)$。同时，排队时间也要比不收费均衡下的排队时间小，即 $T_\rho(t) \leqslant T(t)$。

证明：在第 3 章中建立的随机性瓶颈模型描述了在不确定性条件下，早高峰拥挤通勤系统。其模型的解析结论显示，在时间区间 $[t_0, t_3]$ 内始终有不等式 $R(t) \geqslant \overline{s}(t-t_0)$ 成立。而在时间区间 $[t_3, t_e]$ 内，基于随机瓶颈通行能力的退化程度，通勤者可能排队也可能不排队，且始终有不等式 $R(t) \geqslant \hat{s}(t-t_0)$ 成立。因此，在不收费均衡下，整个高峰期内始终有不等式 $R(t) \geqslant \hat{s}(t-t_0)$ 成立。比较式（2.9）和式（5.4）可知

$$Q(t) = \max\{R(t) - s(t-t_0), 0\} \geqslant \max\{(\hat{s} - s)(t-t_0), 0\} = Q_\rho(t),\ s \in [\theta\overline{s}, \overline{s}]$$

再将式（5.5）代入式（2.10），可得不等式 $T(t) \geqslant T_\rho(t)$。

然后，由均衡出行成本函数可得

$$\begin{aligned}
E[C(t)] &= E\left[\alpha T(t) - \beta\big(T(t)+t\big) + \gamma\big(T(t)+t\big)\right] = E\left[(\alpha-\beta+\gamma)T(t) + (\gamma-\beta)t\right] \\
&\geqslant E\left[(\alpha-\beta+\gamma)T_\rho(t) + (\gamma-\beta)t\right] \\
&= E\left[\alpha T_\rho(t) - \beta\big(T_\rho(t)+t\big) + \gamma\big(T_\rho(t)+t\big)\right] = E\left[c_\rho(t)\right]
\end{aligned}$$

因此，有 $\rho(t) = E[C(t)] - E[c(t)] \geqslant 0$ 成立，得证。

引理 5.2 在不收费均衡和动态收费均衡下，两者最晚出发时刻t_e所对应的期望排队时间相等。

证明：无论是在动态收费策略下还是在不收费策略下，在t_e时刻的累计出发人数为$R(t_e)=\hat{s}(t_e-t_0)$，则在t_e时刻出发的排队时间为$T(t_e)=\max\left\{\left(\hat{s}(t_e-t_0)-s(t_e-t_0)\right)/s,0\right\}$。虽然两种策略下的均衡出发模式不同，但是在$t_e$时刻的期望排队时间相等，即

$$
\begin{aligned}
E[T(t_e)] &= E\left[\max\left\{s^{-1}[R(t_e)-s(t_e-t_0)],0\right\}\right] \\
&= \int_{\theta\bar{s}}^{\frac{R(t_e)}{t_e-t_0}}\left[s^{-1}R(t_e)-t_e+t_0\right]f(s)\mathrm{d}s = \int_{\theta\bar{s}}^{\hat{s}}\left[s^{-1}\hat{s}(t_e-t_0)-t_e+t_0\right]f(s)\mathrm{d}s \\
&= E\left[\max\left\{s^{-1}(\hat{s}-s)(t_e-t_0),0\right\}\right] = E\left[T_\rho(t_e)\right]
\end{aligned}
$$

得证。

以上结论都是基于瓶颈通行能力服从均匀分布推导出来的。那么，对于服从一般概率分布的情形是否还有相同的结论呢？回答是肯定的。令$f(s)$为随机瓶颈通行能力的一般概率密度函数，$\hat{s}$为不收费均衡下的平均瓶颈通行能力，同时假设瓶颈模型的出发率是关于时间t的单调递增函数。基于以上假设，如果瓶颈实际通行能力大于平均通行能力$\hat{s}$，那么选择在t_e时刻出发的出行者将不会排队，不产生排队成本，于是得到期望排队时间$E[T(t_e)]=\int_0^{\hat{s}}s^{-1}\left[R(t_e)-s(t_e-t_0)\right]f(s)\mathrm{d}s$和$E\left[T_\rho(t_e)\right]=\int_0^{\hat{s}}s^{-1}(\hat{s}-s)(t_e-t_0)f(s)\mathrm{d}s$。因此，引理 5.2 对于服从一般概率分布的随机性瓶颈模型仍然成立。

总的来说，随机性瓶颈模型中采用动态收费策略不改变高峰期区间，其出行者出发模式及均衡结果类似于确定性瓶颈模型最优收费时得到的结论。

5.3 数值算例

本节将通过一些数值例子来支持前面的解析结论。假设有$N=6\,000$个通勤者，一人一车，且这些人都必须从 H 出发，通过含有瓶颈的高速公路到达工作地 W，如图 2–2 所示。该瓶颈的原始设计通行能力为$\bar{s}=4\,000$辆/h，瓶颈通行能力的退化程度由参数$\theta=0.9$表示。假定通勤者的工作开始时间均为$t^*=0$，且单位走行时间成本、早到时间成本和迟到时间成本分别为$\alpha=6.4$美元/h、$\beta=3.9$美元/h 与$\gamma=15.21$美元/h。其中α、β及γ三个参数的值是根据 Small[132] 对美国旧金山地区的 572 个通勤者进行调查得到的结果。将以上设定的参数代

入 5.2 节中的均衡结论中，可得收费前高峰期开始时刻和结束时刻分别为 $t_0=-1.28$，$t_e=0.27$。此外，所有通勤者在该排队等候时间段内出发的期望均衡出行成本为 $E(C)=4.98$。动态收费策略是随着通勤者进入瓶颈时间的不同而征收不同的费用，从而减少每个通勤者在瓶颈处的排队等候时间，且期望出行成本与收费前均衡出行成本相等。

图 5–1 描述了当瓶颈通行能力退化程度参数 θ 取值不同时，不收费策略下和动态收费策略下期望排队时间随时间变化的情况。如图 5–1 所示，在不收费均衡模型中，排队时间函数在高峰期区间内呈现为凹函数，且在中间时间点期望排队时间达到顶峰。而在动态收费策略下，其期望排队时间是关于出发时间的线性函数，且出发时间越晚，则排队时间越长。另外，各均衡机制下的总排队时间就是各曲线与时间轴所包围的面积。显然，动态收费机制下的总排队时间要远小于不收费均衡下的总排队时间。也就是说，动态收费机制可以极大地缓解交通拥挤，减少额外的损失。尤其是对于 $\theta=1$ 的情形，即确定性瓶颈模型，动态收费可以完全消除瓶颈处的排队。此外，由图 5–2 可知，当参数 θ 固定时，在高峰期通勤过程中，选择最后出发的出行者所对应的期望排队时间不随是否收费而发生变化，该结论与引理 5.2 一致。

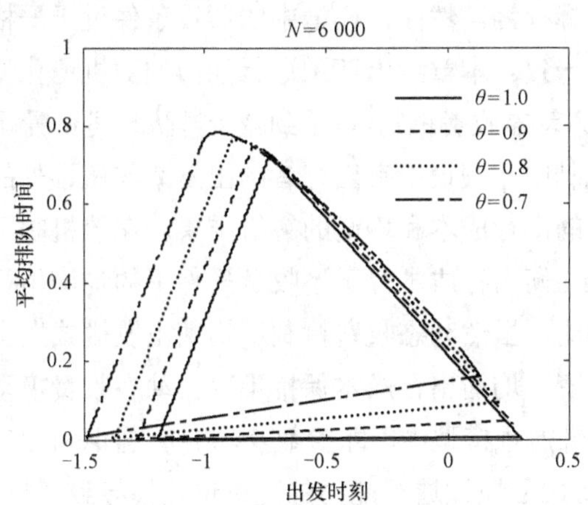

图 5–1 不收费策略下的排队时间（凹曲线）和动态收费后排队时间（直线）

图 5–2 描述了动态收费在不同随机性瓶颈模型中随时间变化的情况。从图中可以看出，任意时刻的动态收费值都是非负的，该结论与引理 5.1 一致。动态收费曲线的最高点对应于随机性瓶颈模型中排队最长、最拥挤的出发时刻。此外，最早出发时刻和最晚出发时刻的收费值同为零，不随参数 θ 的变化而变化。

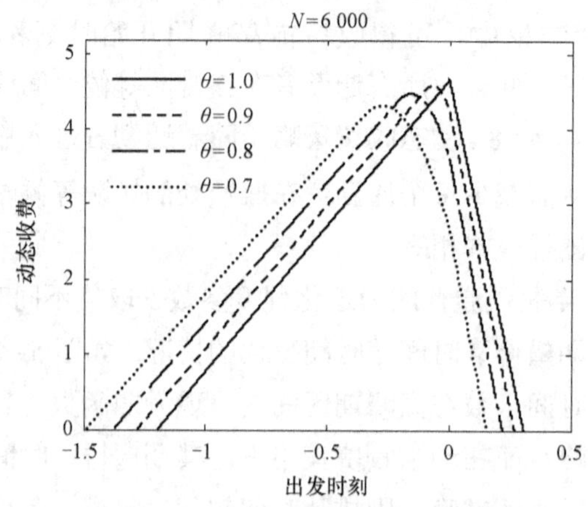

图 5-2 对应不同参数 θ 的动态收费随时间变化的情况

5.4 本章小结

经典瓶颈模型清晰地刻画了高峰期内出行者在瓶颈道路上的通勤问题。模型从解析角度阐述了瓶颈处排队拥挤的产生和消散的过程，以及均衡状态下出行者的出发时间选择行为。然而，模型中的假设条件过于严格，可能导致模型结论与现实情形不一致。本章考虑瓶颈通行能力的随机退化特性，在随机性瓶颈模型的基础上引入动态收费机制，以达到减少排队时间和缓解瓶颈拥堵的目的。

在动态收费机制中，假设所有出行者的出发率与瓶颈处的平均通行能力相等，以此产生相应的出行成本和均衡的解析结果。在该机制下，通过收取差额费用来使出行者的均衡出行成本等于不收费条件下的均衡出行成本。因此，与不收费均衡模型相比，虽然动态收费机制下均衡出发模式发生了变化，但高峰期时间区间保存不变，均衡出行成本保持不变。动态收费模型下的解析和数值结论表明，在确定性瓶颈模型中，即参数 $\theta=1$ 时，排队可以完全消除；然而在随机性瓶颈模型中，由于瓶颈通行能力的随机退化性导致了排队时间的不确定，动态收费机制下不能完全消除排队，但能极大地减少排队，从而缓解交通拥堵。值得注意的是，最晚出发的出行者所承担的平均排队时间不因是否收费而发生变化。

第 6 章

单阶段收费下的交通出行

第 5 章所讨论的动态收费是随出行者到达瓶颈口的时间不同而不断变化的收费方式。当假定出行环境确定时，该动态收费机制可以消除收费前全部通勤者在瓶颈处的总排队等待时间。然而，在不确定性条件下，随机性瓶颈模型中采用的动态收费机制却只能极大地减少瓶颈处的排队，缓解交通拥挤。此外，由于动态收费在实践中存在很多技术难题，复杂多变的动态收费架构降低了其实际的可行性。鉴于此，本章将介绍一种可行性较高的阶梯式收费机制。

Arnott 等[19]基于用户均衡，提出了最优单阶段拥挤收费模型，即在某个确定的时间区间内收取固定的费用值，而在该时间区间之外不收费。该收费模型中，假定出行者对单阶段收费机制的反应为：在高峰期末端有一个集聚出发的行为，以达到均衡。最优单阶段收费结论表明，与不收费均衡相比，高峰期长度减小且均衡出行成本下降。

本章基于 Arnott 等[19]所提出的单阶段收费模型，假设存在出行者集聚出发现象，在不确定性条件下，提出了单阶段收费均衡模型。此外，根据参数关系 $\alpha<\gamma$ 和 $\alpha\geqslant\gamma$ 两种情形，分别探讨不确定性条件下单阶段收费模型的均衡解。

6.1 模型分析

第 2 章介绍的不收费均衡模型定义了参数 α，γ 分别表示单位走行时间成本和单位迟到时间成本，清晰地论述了排队拥挤的消涨过程，以及出行者对出发时间的决策。在确定性条件下，Arnott 等[19]提出的单阶段收费模型中，当参数 $\alpha<\gamma$ 时，通勤者会在收费终止时集聚出发从而产生排队拥挤，以均衡收费值。集聚出发之后，再没有出行者从生活区出发，系统达到均衡，高峰期出行

结束。然而，当$\alpha \geqslant \gamma$时，则在集聚出发现象之后，还会有出行者从生活区出发，直至高峰期结束。关于出行者在收费终止时集聚出发的行为假设，可以理解为：收费终止之前，最后一个选择付费通过瓶颈的出行者与收费终止之后选择出发的通勤者相比，二者应具有相同的均衡出行成本。因为前者与后者同时到达工作地，产生相同的计划延误成本，但前者付费出行，而后者不需要，那么后者必须承担额外的排队成本使之等同于收费值。因此，出行者借助集聚出发行为产生额外的排队成本，最终达到均衡。

类似地，本章基于 Arnott 等[19]的行为假设，在随机性瓶颈模型中提出了最优单阶段收费模型，探讨出行者的出行选择行为。首先，定义收费区间$[t^+,t^-]$，选择在该区间内从生活区出发的出行者，将被收取固定的费用值τ，t^+和t^-分别表示高峰期收费开始时刻和收费终止时刻。在不确定条件下，瓶颈通行能力随机退化，令参数θ表示通行能力的退化程度。接下来，将分析基于随机通行能力η（$\eta \in [\theta \overline{s}, \overline{s}]$）的最优单阶段收费。

直观上看，如果单阶段收取的费用值太高或者收费时间区间太长，都可能导致在收费时间段内没有通勤者通过瓶颈。因此，本章从理论上寻求最优单阶段收费值和收费时间区间，以实现整个系统出行成本最小的目的。

为简化理论分析过程，将出行者分成三类：N_0表示收费开始前出发的出行者总人数；N_1表示高峰期内付费通过瓶颈的出行者总人数；N_2表示在收费终止后出行者的总人数。

6.1.1 $\alpha < \gamma$时的均衡分析

首先，考虑收费开始之前的出行者出发时间选择模式。为此，定义通勤时间区间为$[t_0', t^+]$，其中t_0'为单阶段收费模型中高峰期开始时刻，t^+为收费开始时刻。在均衡状态下，该区间内出行的通勤者，其均衡出行成本应等同于第一个付费出行者的出行成本。那么，要实现该结果，瓶颈必须在收费开始时刻之前有一个闲置时间区间，即没有通勤者选择在该时间区间内从生活区出发。由于在t^+时刻之前出发的出行者不需要付费通过瓶颈，且其计划延误成本只有早到惩罚，所以该情况类似于不收费均衡下的早到出行者出发时间选择模式，即有相同的出发率（详见式（2.13））。由于出发率大于瓶颈通行能力，则在瓶颈处形成排队。此后，通勤者停止出发一段时间，排队在该区间内逐渐消散，直至收费开始时刻t^+。在均衡状态下，所有出行者都具有相同的期望出行成本，那么等同于第一个出行者的出行成本，即

$$E[c(t)] = -t_0'\beta \tag{6.1}$$

由于该时间区间内出行者总人数为 N_0，则满足守恒条件

$$N_0 = \eta(t^+ - t_0') \tag{6.2}$$

其中，随机通行能力 $\eta \in [\theta\overline{s}, \overline{s}]$ 服从均匀分布。在均衡状态下，在收费开始时刻出发的出行者，期望出行成本为 $E\left[c(t^+,\eta)\right] + \tau = E\left[c(t_0')\right]$，$E\left[c(t^+,\eta)\right]$ 表示不包括收费值的期望出行成本。由以上公式可得 t_0'，t^+ 和收费值 τ 三者之间的关系

$$t_0' = \frac{\tau}{(\alpha-\beta)\psi - \beta} + t^+ \tag{6.3}$$

其中，参数 $\psi = \left[\eta(\ln\eta - \ln\theta\overline{s}) - (\eta - \theta\overline{s})\right] / \left[\overline{s}(1-\theta)\right]$。

其次，考虑收费时间区间 $[t^+, t^-]$ 内的均衡解的情况。由于收费开始之前出行者的出发率大于通行能力，所以形成排队。然后，在一段时间区间内没有出行者出发，排队逐渐消散直至收费开始时刻 t^+。在确定性瓶颈模型中，最优单阶段收费使得 t^+ 时刻出发的出行者没有排队成本，即收费前的排队在收费开始时刻正好完全消散。然而，在随机性瓶颈模型中，收费开始时刻点不确定，且随着瓶颈通行能力 (η) 的退化而变化。此外，由于通行能力的随机退化，排队消散至时刻 t^+ 时，不一定能够完全消失。对于收费时间区间内的出行者来说，收费值固定，那么该区间内的出发模式类似于不收费瓶颈均衡模型。根据 3.1 节关于不确定性条件下不收费均衡模型的解析探讨，本节基于图 3-2（b）的情形，研究单阶段收费策略对通勤者出行选择行为的影响。类似地，在收费时间区间内有 4 种出行时间选择模式：肯定早到；依赖于瓶颈随机通行能力，可能早到也可能迟到；肯定迟到；肯定迟到，但可能没有排队。注意，这里的 4 个时间选择区间依次出现，定义 t_1'，t_2' 和 t_3' 分别为各时间区间的临界点，以示区分。

下面给出前三个时间区间内的出发率表达式。该结论的推导类似于 3.1 节不收费均衡下的分析过程。

$$r(t) = \frac{\alpha}{\alpha-\beta} \cdot \frac{\overline{s}(1-\theta)}{\ln\theta^{-1}},\ t \in [t^+, t_1'] \tag{6.4}$$

$$r(t) = \frac{\alpha}{A + B\left[\ln R(t) + 1\right]},\ t \in [t_1', t_2'] \tag{6.5}$$

其中，参数 A 和 B 表达式见式（3.6）。另有

$$r(t) = \frac{\alpha}{\alpha+\gamma} \cdot \frac{\overline{s}(1-\theta)}{\ln\theta^{-1}},\ t \in [t_2', t_3'] \tag{6.6}$$

以上只给出了收费区间内的前 3 种情形的出发率，对于第 4 种情形

$t \in [t_3', t^-]$，在收费终止时刻t^-出发的出行者，肯定产生迟到成本，但排队可能存在也可能不存在。考虑其边界条件$r(t^-)=0$，以及瓶颈通行能力(η)的随机退化特性，可得

$$r(t)=\begin{cases}\left[\dfrac{R(t)-N_0}{(t-t^+)}-\hat{s}\right]\Big/\ln\dfrac{R(t)-N_0}{(t-t^+)\theta\overline{s}}, & \eta\leqslant\hat{s}\\[2ex] \left[\dfrac{R(t)}{(t-t_0')}-\hat{s}\right]\Big/\ln\dfrac{R(t)}{(t-t_0')\theta\overline{s}}, & \eta>\hat{s}\end{cases} \tag{6.7}$$

同时，在收费区间$[t^+, t^-]$内出发的通勤者人数满足

$$N_1=\begin{cases}\hat{s}(t^- - t^+), & \eta\leqslant\hat{s}\\ \hat{s}(t^- - t_0')-\eta(t^+ - t_0'), & \text{其他}\end{cases} \tag{6.8}$$

最后，设置如下收费机制，以得到最优的收费时间：

$$\tau=E\left[c(t)\right]-E\left[c(t^-,\eta)\right] \tag{6.9}$$

$$\tau=E\left[c(t)\right]-E\left[c(t^+,\eta)\right] \tag{6.10}$$

由于在均衡状态下，所有出行者具有相同的期望出行成本，因此对于任意的瓶颈通行能力(η)，都有等式$E\left[c(t^-,\eta)\right]=E\left[c(t^+,\eta)\right]$成立。

定义参数：

$$\psi=\frac{\eta\left[\ln\eta-\ln(\theta\overline{s})\right]-(\eta-\theta\overline{s})}{\overline{s}(1-\theta)} \tag{6.11}$$

$$\phi=\frac{\hat{s}\left[\ln\hat{s}-\ln(\theta\overline{s})\right]-(\hat{s}-\theta\overline{s})}{\overline{s}(1-\theta)} \tag{6.12}$$

当$\eta\leqslant\hat{s}$时，可得

$$\begin{aligned}E[c(t^+,\eta)]&=\alpha E[T(t^+,\eta)]-\beta E[T(t^+,\eta)+t^+]\\&=(a-\beta)\int_{\theta\overline{s}}^{\eta}\left(\frac{N_0}{s}-t^+ + t_0'\right)f(s)\mathrm{d}s-\beta\int_{\theta\overline{s}}^{\overline{s}}t^+ f(s)\mathrm{d}s\\&=(\alpha-\beta)(t^+ - t_0')\psi-\beta t^+\end{aligned} \tag{6.13}$$

$$\begin{aligned}E[c(t^-,\eta)]&=\alpha E[T(t^-,\eta)]+\gamma E[T(t^-,\eta)+t^-]\\&=(\alpha+\gamma)\left[\int_{\theta\overline{s}}^{\eta}\frac{N_1+N_0-s(t^- - t_0')}{s}f(s)\mathrm{d}s+\int_{\eta}^{\hat{s}}\frac{N_1-s(t^- - t^+)}{s}f(s)\mathrm{d}s\right]+\\&\quad\gamma\int_{\theta\overline{s}}^{\overline{s}}t^- f(s)\mathrm{d}s\\&=(\alpha+\gamma)(t^+ - t_0')\psi+(\alpha+\gamma)(t^- - t^+)\phi+\gamma t^-\end{aligned} \tag{6.14}$$

根据关系式$E\left[c(t^+,\eta)\right]=E\left[c(t^-,\eta)\right]$，整理可得

$$t^-=\frac{\dfrac{\tau(\beta+\gamma)\psi}{(\alpha-\beta)\psi-\beta}+\left[(\alpha+\gamma)\phi-\beta\right]t^+}{\gamma+(\alpha+\gamma)\phi} \tag{6.15}$$

当$\eta>\hat{s}$时，可推知$E\left[c(t^+,\eta)\right]=(\alpha-\beta)(t^+-t_0')\psi-\beta t^+$，与$\eta\leqslant\hat{s}$情形下的结论一致。然而，$t^-$对应的期望出行成本（不包括收费值）为

$$\begin{aligned}E\left[c(t^-,\eta)\right]&=(\alpha+\gamma)\int_{\theta\bar{s}}^{\hat{s}}\left[\frac{R(t^-)}{s}-(t^--t_0')\right]f(s)\mathrm{d}s+\gamma\int_{\theta\bar{s}}^{\bar{s}}t^-f(s)\mathrm{d}s\\&=(\alpha+\gamma)(t^--t_0')\phi+\gamma t^-\end{aligned} \tag{6.16}$$

将如上公式代入等式$E\left[c(t^-,\eta)\right]=E\left[c(t^+,\eta)\right]$，得以下关系式

$$t^-=\frac{\dfrac{(\alpha+\gamma)\phi-(\alpha-\beta)\psi}{(\alpha-\beta)\psi-\beta}\tau+\left[(\alpha+\gamma)\phi-\beta\right]t^+}{\gamma+(\alpha+\gamma)\phi} \tag{6.17}$$

最后，分析收费终止后的出行者出发时间选择。在确定性瓶颈模型中，最优单阶段收费策略的实施主要体现在如何确定t^+，t^-和τ的值。一方面，收费值τ使得在收费开始时刻(t^+)和收费终止时刻(t^-)出发的出行者没有排队。另一方面，为了达到均衡，在收费开始时刻t^+之前，有一段时间没有出行者出发，该时间区间的长度为τ/α。同时，在收费结束时刻t^-之后，出行者采用集聚出发的方式达到均衡状态。那么，在确定性瓶颈模型中，收费值τ与集聚出发的出行者总人数的关系应满足等式$\tau=(\alpha+\gamma)N_2/(2\bar{s})$。基于 Arnott 等[19]确定性瓶颈模型中的假设，在随机性瓶颈模型中，类推可得关系式

$$\tau=(\alpha+\gamma)\int_{\theta\bar{s}}^{\bar{s}}\frac{N_2}{2s}f(s)\mathrm{d}s \tag{6.18}$$

其中，$f(s)$为瓶颈通行能力的概率分布函数。为简单起见，这里假设瓶颈通行能力服从均匀分布。因此，收费终止后集聚出发的出行者总数可转换为

$$N_2=\frac{2\bar{s}(1-\theta)\tau}{(\ln\bar{s}-\ln\theta\bar{s})(\alpha+\gamma)} \tag{6.19}$$

根据以上三个时间区间的分析，利用数量守恒条件$N_2=N-N_0-N_1$，并结合式（6.2）、式（6.8）和式（6.19），则收费开始时刻t^+与收费值τ之间的关系可表示为

$$t^+=\frac{N-\kappa_2\tau}{\kappa_1} \tag{6.20}$$

其中，

$$\kappa_1=\frac{(\beta+\gamma)\hat{s}}{\gamma+(\alpha+\gamma)\phi}$$

$$\kappa_2=\begin{cases}\dfrac{2\overline{s}(1-\theta)}{(\ln\overline{s}-\ln\theta\overline{s})(\alpha+\gamma)}+\dfrac{(\beta+\gamma)\psi\hat{s}-\eta(\alpha+\gamma)\phi-\eta\gamma}{\gamma+(\alpha+\gamma)\phi}\dfrac{1}{(\alpha-\beta)\psi-\beta}, & \eta\leqslant\hat{s},\\ \dfrac{2\overline{s}(1-\theta)}{(\ln\overline{s}-\ln\theta\overline{s})(\alpha+\gamma)}+\dfrac{(\beta-\alpha)\psi\hat{s}-\hat{s}\gamma}{\gamma+(\alpha+\gamma)\phi}\dfrac{1}{(\alpha-\beta)\psi-\beta}, & 其他\end{cases}$$

由以上结论可知，只要给定收费值τ和参数η，通过式（6.20）就可以得到t^+；通过式（6.15）和式（6.17）就可以得到t^-；由式（6.19）可以得到N_2；由式（6.3）可以得到t_0'；通过式（6.4）可以得到N_0；由数量守恒关系式$N_1=N-N_0-N_2$，可以得N_1。此外，还可以得到三个时间区间内的出发率表达式。最后，通过最小化系统总成本，可以得到最优的收费值和最优的随机瓶颈通行能力η。

接下来，通过最小化系统总成本来求单阶段收费均衡模型中的最优收费值。首先，定义系统总出行成本函数$G(\eta,\tau)$，且

$$\min G(\eta,\tau)=E\left[c(t)\right]N-\tau N_1 \tag{6.21}$$

其中，$E[c(t)]$为单阶段收费策略下的出行者均衡出行成本，τ为固定收费值，且有$N\geqslant 0, N_1\geqslant 0$。将式（6.1）和式（6.3）代入式（6.21），利用数量守恒等式$N_1=N-N_0-N_2$，则式（6.21）可转化为

$$G(\eta,\tau)=-\beta N\left[\frac{\tau}{(\alpha-\beta)\psi-\beta}+t^+\right]-(N-N_0-N_2)\tau \tag{6.22}$$

另外，分别将式（6.2）和式（6.19）中的N_0和N_2代入总出行成本函数，再利用式(6.3)，式(6.22）可转换成

$$G(\eta,\tau)=-\beta Nt^+-\frac{(\alpha-\beta)\psi}{(\alpha-\beta)\psi-\beta}N\tau-\tau^2\left[\frac{\eta}{(\alpha-\beta)\psi-\beta}-\frac{2\overline{s}(1-\beta)}{(\ln\overline{s}-\ln\theta\overline{s})(\alpha+\gamma)}\right] \tag{6.23}$$

令式（6.23）关于变量t^+的一阶导数为零，即

$$\frac{\partial G(\eta,\tau)}{\partial t^+}=0 \tag{6.24}$$

然后，将式（6.20）代入式（6.24)，根据$\partial\tau/\partial t^+=-\kappa_1/\kappa_2$，得

$$-\kappa_2^2\beta N+\frac{\kappa_2\kappa_1(\alpha-\beta)\psi N}{(\alpha-\beta)\psi-\beta}+2(N-\kappa_1 t^+)\kappa_1\left[\frac{\eta}{(\alpha-\beta)\psi-\beta}-\frac{2\overline{s}(1-\theta)}{(\ln\overline{s}-\ln\theta\overline{s})(\alpha+\gamma)}\right]=0 \tag{6.25}$$

定义函数表达式

$$g_1(\eta)=\left[\frac{\kappa_2(\alpha-\beta)\psi/2\kappa_1}{(\alpha-\beta)\psi-\beta}-\frac{\kappa_2^2\beta}{2\kappa_1^2}\right]\Bigg/\left[\frac{\eta}{(\alpha-\beta)\psi-\beta}-\frac{2\overline{s}(1-\theta)}{(\ln\overline{s}-\ln\theta\overline{s})(\alpha+\gamma)}\right]+\frac{1}{\kappa_1}$$

由式（6.25）可得最优的 t^+ 值如下：

$$t^+=g_1(\eta)N \tag{6.26}$$

再定义函数 $g_2(\eta)=\dfrac{1-\kappa_1 g_1(\eta)}{\kappa_2}$，将式（6.26）代入式（6.20），则最优的单阶段收费值可表示为

$$\tau=g_2(\eta)N \tag{6.27}$$

最后将式（6.2）、式（6.3）、式（6.8）、式（6.20）和式（6.27）代入式（6.22），系统总出行成本（不包括收费）函数可以简化为

$$G(\eta,\tau)=g(\eta)N^2$$

其中，

$$g(\eta)=-\beta g_1(\eta)-\frac{(\alpha-\beta)\psi}{(\alpha-\beta)\psi-\beta}g_2(\eta)-\left[\frac{\eta}{(\alpha-\beta)\psi-\beta}-\frac{2\overline{s}(1-\theta)}{(\ln\overline{s}-\ln\theta\overline{s})(\alpha+\gamma)}\right]g_2(\eta)^2$$

本节针对参数 $\alpha<\gamma$ 的情形推导了最优单阶段收费的均衡结论。关于 $\alpha\geqslant\gamma$ 的情形，将在下节讨论。

6.1.2　$\alpha\geqslant\gamma$ 时的均衡分析

本节考虑当 $\alpha\geqslant\gamma$ 时最优单阶段收费均衡模型的相关解析结论。

基于确定性瓶颈模型的最优单阶段收费策略，如果参数满足 $\gamma\leqslant\alpha$，Lindsey[55]认为，在集聚出发后排队消散的过程中，仍然有通勤者选择从 t_d' 开始出发，且 $t^-<t_d'<t_e$，那么根据均衡理论，该时刻出发的通勤者与单阶段收费终止时刻 t^- 出发的出行者应具有相同的出行成本，即 $c(t_d')=c(t^-)$，具体表达式为

$$\gamma t_d'+(\alpha+\gamma)\left[N_2-s(t_d'-t^-)\right]/\overline{s}=\gamma t^-+(\alpha+\gamma)N_2/(2\overline{s}) \tag{6.28}$$

类似地，对于随机性瓶颈模型，在均衡状态下，如果有通勤者选择在聚集排队还没有完全消散的过程中出发，则其期望出行成本满足

$$\gamma t'_d + (\alpha+\gamma)\int_{\theta\overline{s}}^{\overline{s}} \frac{N_2 - s(t'_d - t^-)}{s} f(s)\mathrm{d}s = \gamma t^- + (\alpha+\gamma)\int_{\theta\overline{s}}^{\overline{s}} \frac{N_2}{2s} f(s)\mathrm{d}s \quad (6.29)$$

整理可得

$$t'_d = \frac{(\alpha+\gamma)}{\alpha} \cdot \frac{N_2 \ln\theta^{-1}}{2\overline{s}(1-\theta)} + t^- \quad (6.30)$$

基于 Arnott 等[19]提出的最优单阶段收费策略，可知在收费终止时刻之前，参数条件$\alpha<\gamma$和$\alpha\geqslant\gamma$不影响出行者的出发率模式，故有出发率如式（6.4）～（6.7）所示。在随机性瓶颈模型中，出行者选择在收费终止时刻聚集出发，以均衡之前收费时刻出发的出行者成本。显然，在集聚出发后瓶颈处排队开始逐渐消散。在消散过程中，由于参数$\alpha\geqslant\gamma$成立，导致在排队消散过程中仍然有出行者选择出发。同样地，定义t'_d和t'_s为临界点时刻，N_3，N_4分别为集聚出发的人数和最后出发的总数人数。

1. 在时间区间$[t'_d, t'_s]$内出发的出行者肯定迟到

根据分析可知，在t'_d时刻之后出发的出行者肯定迟到，且该时刻出发的出行者不需要承担费用，根据不收费均衡，该时间区间内的出发率为

$$r(t) = \frac{\alpha}{\alpha+\gamma} \cdot \frac{\overline{s}(1-\theta)}{\ln\theta^{-1}},\ t'_d \leqslant t \leqslant t'_s \quad (6.31)$$

分析可知，该时间区间的边界条件为$N_2 + N_3 = \overline{s}(t'_s - t^-)$，即当瓶颈的通行能力$s=\overline{s}$时，$t'_s$时刻的排队长度为零。

2. 在时间区间$[t'_s, t'_e]$内出发的出行者肯定迟到，可能排队也可能不排队

与“1.”不同的是，由于瓶颈通行能力随机变化，且出行者的出发率随时间逐渐减小，故在t'_s时刻之后出发的出行者可能排队也可能不排队，那么该时间区间内的出发率为

$$r(t) = \begin{cases} \left[\dfrac{R(t)-(N_0+N_1)}{(t-t^-)} - \hat{s}\right] \Big/ \ln\dfrac{R(t)-(N_0+N_1)}{(t-t^-)\theta\overline{s}}, & \eta \leqslant \hat{s} \\ \left[\dfrac{R(t)}{(t-t_0)} - \hat{s}\right] \Big/ \ln\dfrac{R(t)}{(t-t_0)\theta\overline{s}}, & \text{其他} \end{cases} \quad (6.32)$$

由式（6.32）可知，在t'_e时刻的出发率为零，即$r(t'_e)=0$。那么，在出发终止时刻t'_e，所有出行者都已出发，则有$N_2 + N_3 + N_4 = \hat{s}(t'_e - t^-)$。

根据“1.”中的边界条件$N_3 + N_2 = \overline{s}(t'_s - t^-)$，以及该时间区间$[t'_d, t'_s]$内的出发率$r(t)$可知

$$t_s' = \frac{N_2 - r(t)t_d' + \overline{s}t^-}{\overline{s} - r(t)} \tag{6.33}$$

最后，联立t_d'和t_s'的表达式，以及式（6.3）、式（6.8）、式（6.15）、式（6.16）和式（6.17）代入式（6.22），且令式（6.22）关于t^+的一阶导数为零，得

$$t^+ = g_1(\eta)N \tag{6.34}$$

其中，

$$g_1(\eta) = \begin{cases} \dfrac{-\beta(\hat{s}\sigma_3 - \eta\sigma_1)/(\hat{s}\sigma_2 - \eta\sigma_1)}{2\sigma_4\hat{s}(1-k_0)[\psi\hat{s}(\beta+\gamma)+\hat{s}\sigma_2 - \eta\sigma_1]} - \dfrac{\sigma_1[2\psi\hat{s} + (\hat{s}\sigma_2 - \eta\sigma_1)/(\beta+\gamma)]}{2[\psi\hat{s}(\beta+\gamma)+\hat{s}\sigma_2 - \eta\sigma_1]}, \eta \leqslant \hat{s} \\ \dfrac{1}{\hat{s}(k_0 - 1)} - \dfrac{1/2}{\hat{s}\sigma_4/\sigma_2 - \eta}, \text{其他} \end{cases}$$

且参数$\sigma_1 = (\alpha+\gamma)\psi - \beta$，$\sigma_2 = (\alpha+\gamma)\phi + \gamma$，$\sigma_3 = (\alpha+\gamma)\phi - \beta$，$\sigma_4 = (\alpha-\beta)\psi - \beta$。

最后，为了进一步分析单阶段收费策略的有效性，定义单阶段收费策略的相对效用如下。

$$\omega_\eta = \frac{\mathrm{TC_{NT}} - \mathrm{TC}_\eta}{\mathrm{TC_{NT}} - \mathrm{TC_{TV}}} \tag{6.35}$$

其中，$\mathrm{TC_{NT}}$、$\mathrm{TC_{TV}}$分别表示不收费均衡策略下的系统总出行成本和动态收费策略下的系统总出行成本（不包括收费值）。TC_η的值等同于式（6.22）中的$G(\eta,\tau)$，且下标η表示基于瓶颈通行能力(η)的最优单阶段收费策略。同样地，基于平均通行能力的最优单步收费策略，其相对效用值也可以依据上述表达式求解。由于瓶颈通行能力随机退化，故基于某个通行能力的单步收费策略，无法得到其相对于动态收费策略的系统总出行成本差值的解析解，因此在后续小节中通过数值算例，分析均衡结论。

6.2 模型均衡解的性质

本节重点研究在单阶段收费策略下得到的相关均衡结果的性质。为了与动态收费的函数表达式区分开来，采用参数η作为下标，表示基于通行能力(η)的单阶段收费策略下得到的均衡结论。

引理 6.1 单阶段收费策略下，系统最优的瓶颈通行能力η^*与出行总需求N无关。

证明：根据 6.1 节的分析，可以解析推导出基于随机变量$\eta \in [\theta\overline{s}, \overline{s}]$的最优单阶段收费，且系统总出行成本表示为$G(\eta,\tau) = g(\eta)N^2$。那么，要推导出最优的瓶颈通行能力，使得系统总出行成本最小，可令函数$G(\eta,\tau)$关于η的一阶导数为零，即$\partial\left(g(\eta)N^2\right)/\partial\eta = 0$。根据系统总出行成本函数的表达式，可知$\partial g(\eta)/\partial\eta = 0$。由于$g(\eta)$与$N$无关，故满足该等式的参数$\eta^*$即为最优瓶颈通行能力，且与出行总需求$N$无关，得证。

引理 6.2 在均衡状态下，当瓶颈通行能力的退化程度参数θ趋于 1 时，单阶段收费策略下的最早出发时刻t_0'要大于不收费均衡下的最早出发时刻t_0。

证明：在不收费均衡条件下，当瓶颈通行能力的退化程度参数θ趋于 1 时，最早出发时刻的极限值为$t_0 = -\dfrac{\gamma}{\beta+\gamma}\cdot\dfrac{N}{\overline{s}}$。同样地，在最优单阶段收费均衡条件下，令参数$\theta$趋于 1，利用洛必达法则可得

$$\lim_{\theta\to1}\psi = \lim_{\theta\to1}\frac{\eta(\ln\eta - \ln\theta\overline{s}) - (\eta - \theta\overline{s})}{\overline{s}(1-\theta)} = 0, \quad \lim_{\theta\to1}\phi = \lim_{\theta\to1}\frac{\hat{s}(\ln\hat{s} - \ln\theta\overline{s}) - (\hat{s} - \theta\overline{s})}{\overline{s}(1-\theta)} = 0$$

且有

$$\lim_{\theta\to1}\kappa_1 = \lim_{\theta\to1}\frac{(\beta+\gamma)\hat{s}}{\gamma+(\alpha+\gamma)\phi} = \frac{\beta+\gamma}{\gamma}\overline{s}, \quad \lim_{\theta\to1}\kappa_2 = \left(\frac{2}{\alpha+\gamma}+\frac{1}{\beta}\right)\overline{s}$$

将以上 4 式代入式（6.3）、式（6.15）、式（6.17）、式（6.18）、式（6.19），可得

$$\tau = \frac{\beta\gamma}{2(\beta+\gamma)}\cdot\frac{N}{\overline{s}}, \quad t_0' = -\frac{\gamma}{(\beta+\gamma)}\cdot\frac{N}{\overline{s}} + \frac{\gamma-\alpha}{(\beta+\gamma)(\alpha+\gamma)}\tau$$

$$t^+ = t_0' + \frac{\tau}{\beta}, \quad t^- = -\frac{\beta}{\gamma}t^+, \quad N_2 = \frac{2\overline{s}\tau}{(\alpha+\gamma)}$$

显然可得

$$-t_0'\beta = \frac{\gamma\beta}{(\beta+\gamma)}\cdot\frac{N}{\overline{s}} - \frac{(\gamma-\alpha)\beta}{(\beta+\gamma)(\alpha+\gamma)}\tau \leqslant \frac{\gamma\beta}{(\beta+\gamma)}\cdot\frac{N}{\overline{s}} = -t_0\beta$$

因此，当参数θ趋于 1 时，有$t_0' > t_0$成立，得证。

同时，引理 6.2 还展示了另一个有趣的结论，即在均衡状态下，当瓶颈通行能力的退化程度参数θ趋于 1 时，最优单阶段收费策略中的通勤者平均出行成本要比不收费策略下的出行成本小。根据 3.2 节中对不收费策略均衡结论的分析，可知参数θ趋于 1 时，即随机性瓶颈模型趋于确定性瓶颈模型。因此，引理 6.2 的结论对于确定性瓶颈模型也适用。值得注意的是，该结论不是对所有的随机通行能力都适用。由于无法得到解析结论，下面将求助于数值方法，

对该结论展开分析讨论。

6.3 数值算例

本数值算例中参数设置如下：$\alpha=6.4$ 美元/h，$\beta=3.9$ 美元/h，$\gamma=15.21$ 美元/h，$N=6\,000$ 人，$\bar{s}=4\,000$ 辆/h。对任意的参数 θ，在最优单阶段收费策略下，系统总出行成本随随机通行能力 η 的变化情况如图 6-1 所示。图 6-1 中粗线和细线相交的点，即为固定参数 θ 时，系统总出行成本的最小值，各括号内的值分别表示最低点的最优通行能力 η^* 及其对应的系统总出行成本。由图 6-1 可知，系统总出行成本随参数 θ 的减小而增大，且当 $\theta=1$ 时，系统最优所对应的最优出发率就是最大瓶颈通行能力。该结论与确定性瓶颈模型所得到的结论一致。

为了进一步分析出行总需求对单阶段收费策略的影响，令图 6-1（a）中的出行者总需求从 6 000 人增长到图 6-1（b）中的 7 000 人。比较图 6-1（a）和图 6-1（b）可知，当 N 增大时，同一参数 (θ) 值下，括号内的最优瓶颈通行能力保持不变，但纵坐标的最小系统总出行成本增大。该结论与引理 6.1 的结论一致。

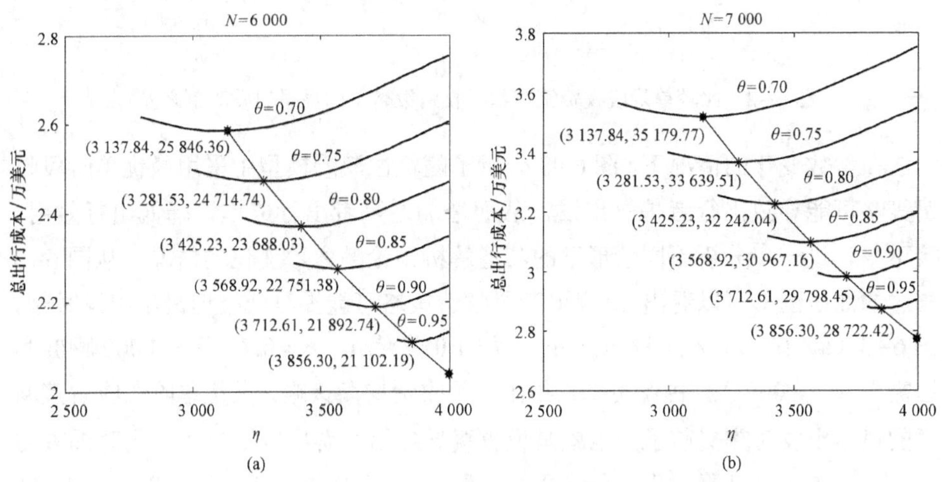

图 6-1　对应不同参数 θ 和 N 的系统总出行成本

下面分析不收费策略和最优单阶段收费策略下，两类最早出发时刻的差值（$t_0'-t_0$）随参数变化的情况。图 6-2 描述了变量 $t_0'-t_0$ 随参数 β，γ 和 θ 变化的情况。当参数 $\theta = 0.7$，$\alpha = 6.4$ 时，图 6-2（a）中变量 $t_0' - t_0$ 关于其他参数变化的曲线显示，该差值可能大于零也可能小于零，故表明最优单阶段收费策略导致出行者的均衡出行成本可能增大也可能减少。然而，图 6-2（b）中描述的确定性瓶颈模型（$\theta = 1.0$），令参数 $\alpha = 6.4$ 不变，当其他参数随机变化时，$t_0' - t_0$ 的值始终大于零，该结论与引理 6.2 相符。因此，可以得知，在确定性瓶颈模型中，最优单阶段收费策略能够减少出行者平均成本，该结论与 Arnott 所描述的结论一致。但是，对于随机性瓶颈模型，该收费策略可能减少也可能增大出行者的均衡出行成本。

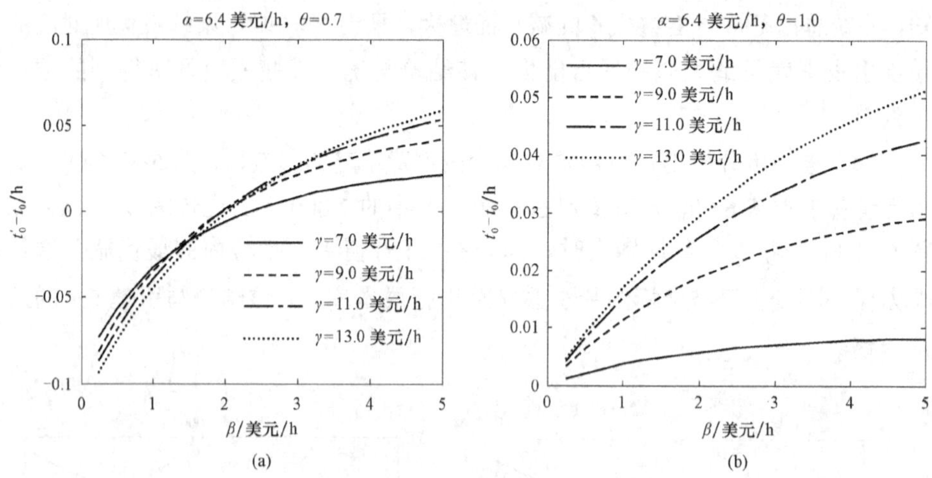

图 6-2 比较单阶段收费策略和不收费策略下的最早出发时刻之差

在参数变化的情况下，图 6-3 分析了随机性瓶颈模型中采用最优单阶段收费策略可能导致出行者提早出发，从而增加通勤者出行成本，降低出行效用。接下来，进一步分析不同情形下的其他解析结论随参数变化的情况。从图 6-3 描述的曲线图形可以看出，最优单阶段收费策略可能提早或推迟最早出发时刻。图 6-3（a）中，令 $\alpha = 6.4$ 美元/h，$\beta = 1.0$ 美元/h，$\theta = 0.7$，$\overline{s} = 4\,000$ 辆/h 和总需求 $N = 6\,000$ 人，由图可知，相比于不收费均衡策略，最优单阶段收费策略下的最早出发时刻提前了，也就是说收费导致出行者出发更早了。同时图 6-3（b）取参数 $\alpha = 6.4$ 美元/h，$\beta = 3.9$ 美元/h，$\gamma = 15.21$ 美元/h，$\theta = 0.9$，$\overline{s} = 4\,000$ 辆/h 和 $N = 6\,000$ 人，可知最优收费策略使得通勤者的最早出发时刻推迟。

前面通过图像描述了最优单阶段收费策略对出行者出行特征的影响。接下来，进一步对比分析不收费策略、动态收费策略和最优单阶段收费策略对出行

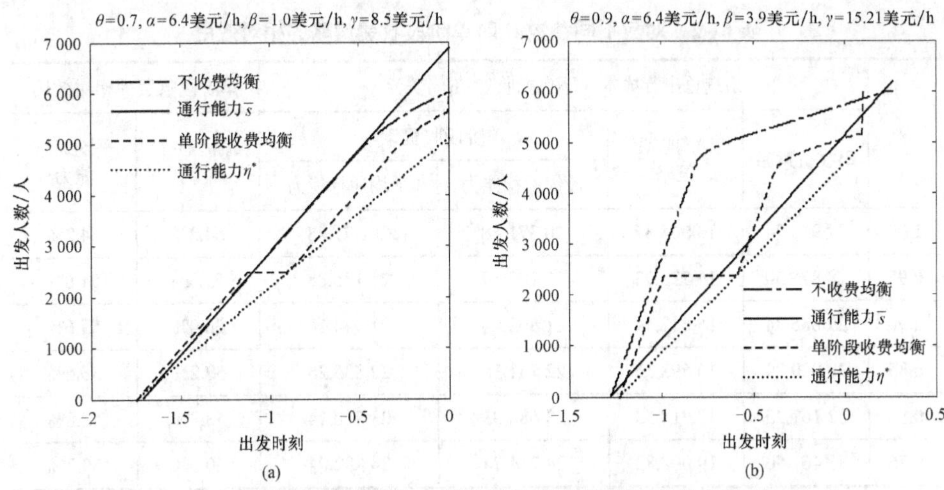

图 6-3 对应不同的模型参数，单阶段收费下的累计出发人数（$\alpha<\gamma$）

者的相关出行特征的影响。表 6-1 和表 6-2 分别列举了三种策略下，出行者均衡成本和系统总出行成本随瓶颈通行能力退化程度参数 θ 的变化情况。从表中可以看出，无论采取哪种策略，出行者的平均出行成本和系统总出行成本都随参数 θ 的减小而增大，表明瓶颈通行能力随机性越大，系统越不稳定，效用越低。该数值结果与前面的解析结论相符。三种策略下，对任意的参数 θ，动态收费策略下的总出行成本最小，其次是最优单阶段收费策略，最后是不收费策略。从表 6-1 中可知，动态收费策略不改变随机性瓶颈模型的均衡出行成本，但是最优单阶段收费策略相对于不收费策略，会导致出行成本增大或者减小。此外，随着参数 θ 的减小，出行成本之间的差值越来越大。此外，表 6-1 和表 6-2 还列举了基于平均通行能力的最优单阶段收费下的个人成本和系统总出行成本随参数变化的情况。值得注意的是，相对于平均通行能力，基于最优瓶颈通行能力的单阶段收费策略更有效。

表 6-1 收费策略下对应不同 θ 时的主要输出结果

出行者均衡出行成本/美元				
θ	不收费策略	动态收费策略	单阶段收费策略	
			最优通行能力	平均通行能力
1.00	4.66	4.66	4.46	4.46
0.95	4.81	4.81	4.62	4.61
0.90	4.98	4.98	4.79	4.77
0.85	5.16	5.16	4.98	4.95
0.80	5.36	5.36	5.18	5.14
0.75	5.58	5.58	5.40	5.34

表 6-2 对应不同参数 θ 时单阶段收费策略的相对效用

<table>
<tr><th rowspan="3">θ</th><th colspan="4">系统总出行成本（不包括收费值）/美元</th><th colspan="2">单阶段收费的相对效用</th></tr>
<tr><th rowspan="2">不收费策略</th><th rowspan="2">动态收费策略</th><th colspan="2">单阶段收费策略</th><th rowspan="2">最优通行能力</th><th rowspan="2">平均通行能力</th></tr>
<tr><th>最优通行能力</th><th>平均通行能力</th></tr>
<tr><td>1.00</td><td>27 936.74</td><td>13 968.37</td><td>20 371.48</td><td>20 371.48</td><td>54.2%</td><td>54.2%</td></tr>
<tr><td>0.95</td><td>28 875.50</td><td>14 738.73</td><td>21 102.19</td><td>21 125.88</td><td>55.0%</td><td>54.8%</td></tr>
<tr><td>0.90</td><td>29 886.84</td><td>15 612.44</td><td>21 892.74</td><td>21 944.14</td><td>56.0%</td><td>55.6%</td></tr>
<tr><td>0.85</td><td>30 980.29</td><td>16 598.36</td><td>22 751.38</td><td>22 835.26</td><td>57.2%</td><td>56.6%</td></tr>
<tr><td>0.80</td><td>32 167.25</td><td>17 718.53</td><td>23 688.03</td><td>23 810.14</td><td>58.7%</td><td>57.8%</td></tr>
<tr><td>0.75</td><td>33 461.50</td><td>19 000.82</td><td>24 714.74</td><td>24 882.04</td><td>60.5%</td><td>59.3%</td></tr>
</table>

图6-4给出了最优单阶段收费策略相对于不收费策略成本的减少百分比随参数θ变化的情况。该百分比由公式（6.35）计算得来，其中曲线①表示基于最优瓶颈通行能力的单阶段收费，曲线②表示基于平均通行能力的单阶段收费策略。由图 6-4 可知，基于平均通行能力的总出行成本减少百分比要小于基于最优通行能力的减少百分比，且两百分比的差值随着参数θ的增大而减小。当$\theta=0.75$时，该差值达到 1.2%。这就是说，当随机瓶颈通行能力退化的越大，基于最优瓶颈通行能力的单阶段收费策略相对要更好。而当参数θ逼近 1 时，两百分比的差值就逐渐减小直至消失，当$\theta=1$时，两种单阶段收费策略的有效性百分比ω_η都为 54.2%（见表 6-2）。

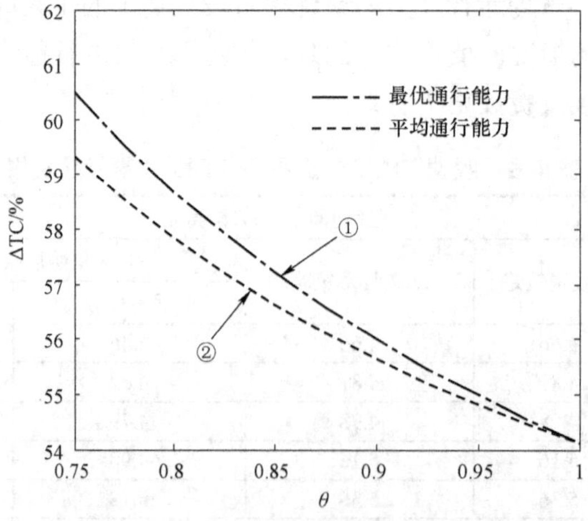

图 6-4 对应不同参数θ，单阶段收费策略下的系统总出行成本相对减少率

下面关于参数β和γ，对不同瓶颈通行能力的单阶段收费策略的相对效用进行敏感性分析。固定参数$\alpha=6.4$美元/h，$\beta=3.9$美元/h，$s=4\,000$辆/h和$N=6\,000$人。图6–5的横坐标为比值γ/β在区间[0.5,4]内变化，纵坐标为基于平均通行能力的单阶段收费策略的有效性与基于最优通行能力的单阶段收费策略的有效性的比值，即ω_a/ω_o，ω_a，ω_o分别表示平均通行能力和最优通行能力。ω_i（i=a 或者o）的定义见式（6.35）。由图6–5可知，当γ/β等于1.5时，该百分比等于1。

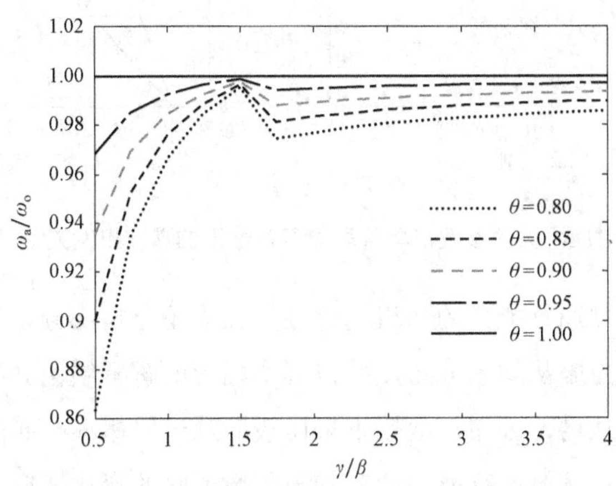

图6–5 比较基于最优通行能力和平均通行能力下的单阶段收费效用

基于单阶段收费策略，为了从图像上描述参数$\alpha\geqslant\gamma$情形下的均衡出行成本，同样令$\alpha=6.4$美元/h，$\beta=\gamma=3.9$美元/h，$\bar{s}=4\,000$辆/h，总需求$N=6\,000$人。图6–6(a)和图6–6(b)分别描述了在确定性瓶颈模型($\theta=1$)和随机性瓶颈模型($\theta=0.9$)中，采取最优单阶段收费策略后的累计出发人数的分布情况。与$\alpha<\gamma$的情形相比，图6–6不仅描述了出行者在收费终止时刻聚集出发的现象，而且还描述了一部分出行者在集聚排队消散过程中的选择出发行为。此外，与图6–6（a）相比，图6–6（b）描述的单阶段收费均衡模型考虑了瓶颈通行能力随机退化会导致出行者的出行选择行为发生变化，且出行成本增大。

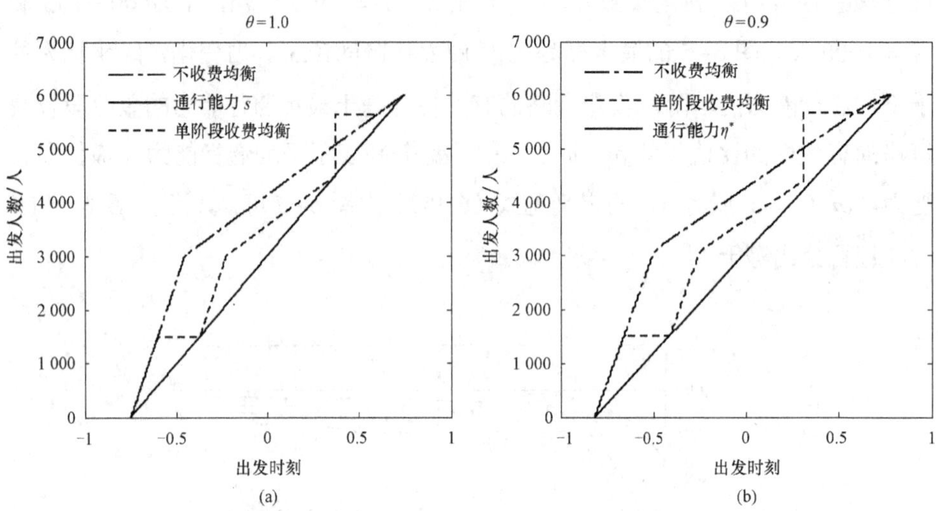

图 6–6　对应不同的参数，单阶段收费策略下的累计出发人数（$\alpha \geqslant \gamma$）

通过假设瓶颈通行能力的随机退化性，在理论分析部分，为了简单起见，假设瓶颈通行能力服从均匀分布，并得到了相应的解析结论。事实上，瓶颈通行能力不一定服从均匀分布，故接下来比较服从一般概率分布的随机通行能力与服从均匀分布的随机通行能力的瓶颈模型数值解的变化情况。假定将基于一般概率分布的随机性瓶颈模型，简化为基于平均通行能力的确定性瓶颈模型。表 6–3 总结了随机性瓶颈模型和确定性瓶颈模型中两种收费策略（动态收费、最优单阶段收费）的系统总出行成本，同时还分别讨论了基于平均通行能力和基于最优通行能力的单阶段收费策略。从表 6–3 可知，无论基于哪种分布的通行能力，单阶段收费策略下所得的总收费值总是随参数 θ 的减小而增大。该结论表明，瓶颈通行能力退化越大，单阶段收费总值也就越大。在动态收费策略下，随机性瓶颈模型中的出行者收费总值小于被处理为基于平均通行能力的确定性瓶颈模型收费总值。然而，在最优单阶段收费策略中，该结论却相反，即在基于平均通行能力的确定性瓶颈模型中，总收费值反而更大。

表 6-3 对应不同参数θ的两种收费策略下的系统总出行成本

θ	随机通行能力 $\hat{s}$	平均通行能力 $\bar{s}(1+\theta)/2$	系统总收费值/美元			
			动态收费策略		最优单阶段收费策略	
			随机通行能力	平均通行能力	最优通行能力	平均通行能力
1.00	4 000.00	4 000.00	13 968.37	13 968.37	6 403.10	6 403.10
0.95	3 940.77	3 900.00	14 136.72	14 326.53	6 618.98	6 567.28
0.90	3 881.54	3 800.00	14 274.40	14 703.54	6 850.45	6 740.10
0.85	3 822.30	3 700.00	14 381.94	15 100.94	7 099.30	6 922.27
0.80	3 763.07	3 600.00	14 448.73	15 520.41	7 378.83	7 114.55
0.75	3 703.84	3 500.00	14 460.68	15 963.84	7 672.92	7 317.83

6.4 本章小结

关于不确定性瓶颈模型，本章重点讨论了最优单阶段收费对出行者出行特征的影响。在确定性瓶颈模型中，最优单阶段收费策略会推迟出行者出行，提高了整个系统的总效用。然而，在不确定性条件下，与不收费均衡相比，采用最优单阶段收费策略可能导致出行者提早或者推迟出发，从而增大或者减少出行者的平均出行成本和系统总出行成本。由于瓶颈通行能力随机退化，本章通过解析和数值方法证明了单阶段收费策略的最优瓶颈通行能力不随出行者总需求的变化而变化，同时比较了单阶段收费策略下的最优瓶颈通行能力与瓶颈平均通行能力对系统总效用的影响。结果显示，基于最优通行能力的单阶段收费策略总是优于基于平均通行能力的收费策略，该结论与现实相符。此外，当瓶颈通行能力退化程度参数θ越小时，两种收费模型的效用差值反而越大，在$\theta=1$时（确定性瓶颈模型）效用值相等。最后，假设瓶颈模型的通行能力服从一般随机概率分布，讨论了两种收费策略对出行者特征的影响，并与均匀分布假设下的瓶颈模型进行了分析比较。结果表明，最优通行能力与平均通行能力的影响效果是不一样的，在随机性瓶颈模型中不能简单地由平均通行能力取而代之。

第7章

合流网络下的不确定性交通出行

前面章节针对单一瓶颈模型，考虑了早高峰通勤问题中关于出行者出发时间选择的问题，即一个起点（生活区）和一个终点（工作区）由一条瓶颈道路所连接的交通网络。在现实生活中，出行者在高峰期通勤时，可能经过一个或两个，甚至多个瓶颈，且每个瓶颈的通行能力不同；或者，有两个或多个生活区的出行者，在高峰期共用某个瓶颈道路到达同一工作地。近年来，研究者们开始放松假设条件，通过建立具有两个瓶颈的通勤网络来研究出行者的均衡出发模式。Kuwahara[142]分析了一条路上依次有两个瓶颈的通勤者均衡行为。Arnott 等[143]在 Kuwahara 工作的基础上加入第三个瓶颈，在考虑 Y 形合流网络的情况下研究通勤走廊问题。该合流网络的两个起点和一个终点由 3 个路段相连。同时，考虑两类出行者分别从两个不同的起点出发，通过各自对应的上游道路汇集到下游道路上，然后共同通过下游瓶颈到达目的地。对于包含匝道和主干道的合流网络，通常只有当匝道受控制管理时形成瓶颈，因此当图 7–1 所描述的两个上游路段处于控制管理情况下，可以理解为两条瓶颈道路。Lago 和 Daganzo[144]针对该 Y 形合流网络，讨论因物理排队引起的排队溢出现象。Daniel[87]

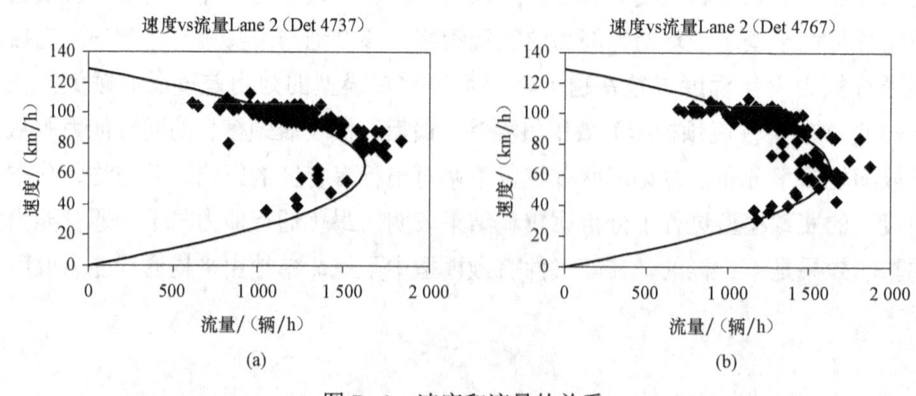

图 7–1　速度和流量的关系

通过实证分析方法，研究出行者在 Y 形合流网络中的出发时间选择，并通过实证数据验证了 Braess 悖论的存在性。

现实中，合流区的道路可能受通勤合流行为影响，导致通行能力下降。换句话说，合流模型中，合流区的通行能力可能随机变化。近年来，越来越多的学者开始关注该类问题的研究，且多数模型提到合流区通行能力下降的情况[64–67][70–71]。图 7–1 针对英国编码为 M25 的高速公路，描述了速度与流量之间的关系。该数据是由 MIDAS（HA，1994）线圈采集获得，且是基于 5 min 频率整合而得的速度和流量数据。从图 7–1 中可以看出最大流量的随机变化性。

在不确定性条件下，目前较少有关于连续瓶颈网络均衡建模问题的相关研究。因此，本章主要基于如图 7–2 所示的合流网络，研究早高峰通勤者在随机环境下的出发时间选择问题，提出不同的交通控制策略，分析均衡解的特征和不确定性因素对均衡解的影响。

7.1 网络模型背景

1968 年，德国数学家 Dietrich Braess 提出了 Braess 悖论。Braess 悖论是指在交通网络上增加一条路段，或者提高某条已有路段的局部通行能力，反而使所有出行者的出行时间增加了，这种为了改善通行能力的投入不但没有减少交通延误，反而降低了整个交通网络的服务水平。学者们对这个问题做过许多研究，在城市建设中也应尽量避免这种现象的发生[87][143][145]。

本章将经典瓶颈理论应用到 Y 形合流网络中，探讨出行者早高峰的通勤行为选择问题。该合流网络的两个起点（origin）和一个终点（destination）之间，由两条上游路段和一条下游路段连接构成，且假定下游路段因各种因素导致通行能力存在随机退化。针对两种不同的合流策略，分析比较两类通勤者的出行行为选择。本章中的合流网络模型类似于 Arnott 等[143]研究的 Y 形合流网络（见图 7–2），两类出行者分别通过各自上游路段，汇集到下游路段，并通过瓶颈到达工作地。Arnott 等[143]人发现，在该合流网络中存在 Braess 悖论，即增大瓶颈通行能力反而会降低合流网络的效用。注意，他们对出行者出发时间选择行为的均衡分析是基于确定性条件进行的，且模型中没有考虑出行者迟到惩罚因素。

类似于 Daniels[87]的工作，本章考虑早高峰通勤过程中，通勤者可能产生的计划延误成本（包括早到成本和迟到成本）。与他们的不同之处在于，本章考虑下游瓶颈路段通行能力因不确定因素影响而存在随机退化的情况，该不确定因素主要指两类通勤者的合流行为。此外，本章假设下游瓶颈通行能力是逐日退化的，但在同一天中的通行能力是固定不变的。通行能力的随机退化，导致通勤者在下游瓶颈口的排队长度、走行时间和出行成本产生随机变化，由此影响出行者出发时间的选择。本章提出了两种不同的合流策略：优先合流策略和比率合流策略，从解析角度推导合流模型的均衡解，并分析相关特征。

本章的目的是在不确定性条件下，基于不同的合流策略，研究早高峰通勤者出发时间选择均衡，探讨增大瓶颈通行能力对出行者行为选择可能产生的影响。需要指出的是，本章应用经典的用户均衡理论（Hendrickson 和 Kocur[146]）研究通勤者出发时间选择问题。此外，还有很多学者应用可靠性理论展开过相关的研究[82][90]。本章在不确定性条件下讨论早高峰通勤问题，希望通过对复杂问题的研究与推导，进一步提出有效的交通拥挤管理对策。

7.2 确定性合流模型

如上所述，本章讨论的合流模型由两条上游路段和一条下游路段构成，如图 7–2 所示。上游路段 1 和路段 2 可能存在两处瓶颈，通行能力分别为 s_1 和 s_2；下游瓶颈路段的原始设计通行能力为 s_d。模型中有两类通勤者，出行需求分别为 N_1 和 N_2，每天早上通过该 Y 形合流网络抵达工作地（CBD）。两类出行者以出发率 $d_1(t)$ 和 $d_2(t)$ 分别从生活区出发，并在 t 时刻到达各自上游瓶颈口。每个通勤者可能通过两个瓶颈，即一个上游瓶颈，一个下游瓶颈；下游瓶颈路段是两类通勤者的公用部分。为简单起见，假设出行者的自由流时间为零，也就是说通勤者从生活区出发后即刻到达上游瓶颈口，从下游瓶颈口出来后即刻达到工作地。那么，出行者在整个通勤过程中的走行时间只由排队时间构成。当瓶

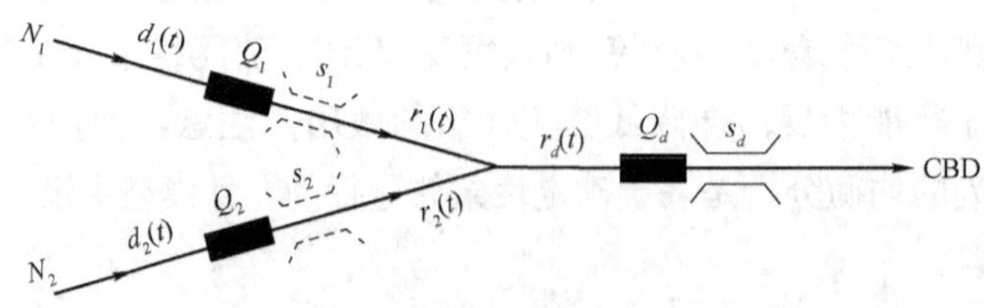

图 7–2 合流网络通勤出行图

颈口的到达率超过瓶颈通行能力时，则在瓶颈口出现排队，产生排队等待时间成本。此外，该合流模型是基于点排队理论，故不考虑物理排队和排队溢出（spill back）现象。

定义 $R(t)$ 为 t 时刻到达瓶颈处的累计人数，$r(t)$ 为 t 时刻的到达率，t^0 为最早出发时刻，故累计人数函数可表示为

$$R(t)=\int_{t^0}^{t} r(x)\mathrm{d}x \tag{7.1}$$

令 $T_g(t)$ 为第 g 类出行者在 t 时刻从生活区出发所经历的排队时间，则公式

$$T_g(t)=\frac{Q_g(t)}{s_g}+\frac{Q_d\left[t+Q_g(t)/s_g\right]}{s_d},\ g=1,2 \tag{7.2}$$

其中，$Q_g(\bullet)$ 为上游瓶颈路段 g 的排队长度，$Q_d(\bullet)$ 为下游瓶颈路段 d 的排队长度。由点排队理论，可得各瓶颈处的排队长度公式为

$$Q_d(t)=\max\left\{R_d(t)-s_d(t-t^0),0\right\} \tag{7.3}$$

$$Q_g(t)=\max\left\{R_g(t)-s_g(t-t^0),0\right\},g=1,2 \tag{7.4}$$

其中，$R_d(\bullet)$ 为到达下游路段 d 的累计人数，$R_g(\bullet)$ 为到达上游路段 g 的累计人数。

在确定性条件下研究早高峰通勤问题，出行者的出行成本由走行时间成本和计划延误成本共同构成，采用简单的线性关系表达式，有

$$C_g(t)=\alpha T_g(t)+\beta\max\left\{0,t^*-t-T_g(t)\right\}+\gamma\max\left\{t+T_g(t)-t^*,0\right\} \tag{7.5}$$

其中，α 为单位走行时间成本，β 为单位时间早到惩罚成本，γ 为单位时间迟到惩罚成本，t^* 为工作地上班时间。根据 Small[132]的实证分析可知参数之间满足 $\beta<\alpha<\gamma$。在均衡状态下，所有人的出行成本相等，任何出行者都不能通过单方面改变出发时间来减少出行成本。

7.3 随机性合流模型

7.2 节描述了确定性合流模型：各条路段的通行能力确定，通勤者基于确定的出行成本选择其最优的出发时间，以达到均衡。然而，在现实生活中，多条道路汇聚到同一条道路上，往往会因为通勤者之间的相互作用而导致合流路段的通行能力随机退化时有发生。本节中，讨论图 7–2 中的合流模型，假设下游合流路段的通行能力随机退化，探讨两种不同合流策略下通勤者出发时间选

择问题。

下面给出基本假设。

假设 1 假设所有通勤者都是同质的，即具有相同的时间价值和单位计划延误成本。

假设 2 下游路段上的瓶颈通行能力逐日随机退化，但每天的通行能力为固定常数。瓶颈通行能力的随机退化不受出行者出发时间选择行为的影响。也就是说，只考虑发生在高峰期之前导致通行能力退化的因素，而对高峰期内影响通行能力退化的因素不予考虑。同样的处理方式可见参考文献[32]和[146]。

假设 3 事实上，瓶颈通行能力是非负变量，在一定范围内随机变化。根据 Li[126]的研究，假设随机瓶颈通行能力 s 在区间 $[\theta s_d, s_d]$ 内服从均匀分布，s_d 为最大瓶颈通行能力，即道路原始设计通行能力。参数 $\theta(\leqslant 1)$ 为正数，反映瓶颈通行能力的退化程度。

假设 4 假设瓶颈通行能力的退化程度信息对所有的出行者是公开的，通勤者基于期望出行成本相等的用户均衡理论选择最优的出发时间。

假设 5 假设瓶颈通行能力的随机性不因合流策略的变化而变化。下游瓶颈路段的排队长度不会超过合流点，避免发生排队溢出现象。

从微观层面分析，导致通勤者减速行驶的因素有多种，如出行者受交通事故、恶劣天气和车辆照明条件的影响采取降低车速的行为反应等，这些最终导致了出行者出行时间的不可预测性和不可靠性。本节中讨论的出行时间的不确定性，主要起源于瓶颈通行能力的随机退化。不同于 Vickrey 瓶颈模型，本章假设瓶颈通行能力随机退化，从而导致出行时间与计划延误时间也随机变化，但通勤者的选择是确定的。通勤者每天从生活区出发，通过合流网络抵达工作地上班，虽然瓶颈通行能力逐日退化，但出行者已知通行能力随机分布情况，他们通过选择最优的出发时间，达到最小化期望出行成本的目的。

在不确定性条件下，公式（7.1）～（7.4）仍然适用。式（7.5）表示在确定性条件下，出行者的出行成本函数。那么，在随机瓶颈通行能力假设条件下，选择 t 时刻出发的出行者，其期望出行成本函数可表示为

$$E\left[C_g(t)\right]=E\left[\alpha T_g(t)+\beta \overline{\mathrm{SDE}}_g(t)+\gamma \overline{\mathrm{SDL}}_g(t)\right] \tag{7.6}$$

其中，$\overline{\mathrm{SDE}}_g(t)$ 和 $\overline{\mathrm{SDL}}_g(t)$ 分别表示 t 时刻出发的 g 类出行者所承担的计划延误时间，可详细表示为

$$\overline{\mathrm{SDE}}_g(t)=\max\left\{0, t^*-t-T_g(t)\right\}，\ \overline{\mathrm{SDL}}_g(t)=\max\left\{t+T_g(t)-t^*, 0\right\} \tag{7.7}$$

为简单起见，令C_g^*为第g类出行者的均衡出行成本。根据前面对于用户均衡的理解，即所有出行者具有相同的期望出行成本，且该成本不随出发时间的变化而变化，故

$$\mathrm{d}E\left[C_g(t)\right]/\mathrm{d}t=0 \tag{7.8}$$

$$E\left[C_g(t)\right]=C_g^*,\quad g=1,2 \tag{7.9}$$

下面引入两种合流策略，即优先合流策略和比率合流策略。在这两种策略下，考虑下游瓶颈能力的随机退化性，分别讨论合流策略对出行者出发时间选择的影响，解析推导相应的均衡结论。

7.3.1 合流策略的定义

如图 7–2 所示，$d_1(t)$和$d_2(t)$分别定义为从第一个生活区和第二个生活区出发的出行者在t时刻的出发率，同时令$r_1(t)$和$r_2(t)$分别为路段 1 和路段 2 流向下游路段的到达率。从上游路段出来的通勤者汇集于下游路段，定义$r_d(t)$为到达下游瓶颈处的整合到达率，故有$r_d(t)=r_1(t)+r_2(t)$。

首先，定义优先合流策略为：① 路段 2 受匝道控制，故从该路段到达下游路段的到达率不超过路段 2 的通行能力，即$r_2(t)\leqslant s_2$；② 路段 1 不受匝道控制，故通过该路段的出行者不受通行能力的限制，可以直接到达下游路段。这就意味着，通过路段 1 的出行者优先于通过路段 2 的出行者，可以不受上游路段限制，直接到达下游路段。另外，定义比率合流策略为：两条上游路段都受到匝道控制的影响，通过上游路段的出行者汇集到达下游路段，形成的到达率不超过各自路段的通行能力s_1和s_2，即有不等式$r_1(t)\leqslant s_1$和$r_2(t)\leqslant s_2$成立。

注意，如果上游路段受匝道控制，该路段可以看成是具有有限通行能力的瓶颈路段，从而可以应用确定性瓶颈模型进行分析求解。因此，根据以上两种合流策略的定义，可知图 7–2 中的合流网络在上游路段可能有一个瓶颈（优选合流策略）和两个瓶颈（比率合流策略）。此外，通勤者的合流行为可能导致下游瓶颈通行能力随机退化。为简单起见，假设该随机通行能力s服从均匀分布（定义详见 7.3 节中的“假设 3”）。

7.3.2 优先合流策略

本节针对优先合流策略进行均衡建模。根据前面对优先合流策略的定义，在 Y 形合流网络中，只有上游路段 2 受匝道控制形成瓶颈，设其通行能力为s_2；

在下游瓶颈路段，设其通行能力为s（随机退化）。由于第一类出行者在上游路段不需要排队，即从生活区出发，可直接到达下游瓶颈处，故有等式$Q_1(t)=0$成立。那么第一类出行者和第二类出行者的期望排队时间可以表示为

$$E\left[T_1(t)\right]=E\left[\frac{Q_d(t)}{s}\right] \tag{7.10}$$

$$E\left[T_2(t)\right]=\frac{Q_2(t)}{s_2}+E\left[\frac{Q_d(t+Q_2(t)/s_2)}{s}\right] \tag{7.11}$$

然后，令τ_g为第g类出行者的高峰期长度，且$\tau_g=\left[t_g^0,t_g^e\right]$，$g=1,2$。其中，$t_g^0$和$t_g^e$分别表示高峰期开始时刻和终止时刻。根据优先合流策略的定义，两类出行者之间的出行成本显然满足不等式$C_2 \geqslant C_1$。因为路段1的通行能力足够大，第一类通勤者不需要排队就可以直接到达下游路段。对于通过路段2的出行者，由于受到有限通行能力的限制，必须排队通过瓶颈2到达下游路段。相对于同一时刻抵达下游路段的第一类出行者来说，第二类出行者还需在路段2上花费额外的排队时间。因此，第二类出行者的出行成本要大于第一类出行者的出行成本，即$C_2>C_1$，或者两类出行者的出行成本相等，即$C_1=C_2$（注意，这两种情形类似于Kuwahara[142]中提到的Case 3；Arnott等[143]中讨论的Case B）。本章在考虑瓶颈通行能力随机退化情形时，分别讨论以上两种情况的均衡解。

情形1：$C_2>C_1$

在该情形下，整个系统中最早出发时刻和最晚出发时刻由第二类通勤者确定，也就是说，整个高峰期时间区间应该表示为$\left[t_2^0,t_2^e\right]$，该区间也是通勤者到达下游路段的到达时间区间。此外，推导模型的均衡解必须分开考虑$s_2 \geqslant s_d$和$s_2<s_d$两种情形。这里首先考虑$s_2 \geqslant s_d$的情形，也就是说，在高峰期一开始下游瓶颈路就出现拥挤，该条件下可能存在因扩充瓶颈通行能力而产生的悖论现象。

情形2：$C_2>C_1$，$s_2 \geqslant s_d$

在3.1节中，考虑了通勤者每天早上通过一条含有瓶颈的高速公路的通勤问题，在假设瓶颈通行能力随机退化的情形下，解析推导了通勤者出发时间选择均衡模型。类似地，本章中所讨论的Y形合流网络通勤问题，出行者根据下游路段瓶颈通行能力的随机退化信息，基于用户均衡理论选择出发时间，以达到最小化其期望出行成本的目的。模型中，通勤者到达下游瓶颈路段，排队通过瓶颈d的时间区间可类似分为4种情形：肯定早到；可能早到也可能迟到；肯定迟到；肯定迟到，但可能排队也可能不排队，具体取决于瓶颈d随机变化

的通行能力。上述 4 种情形依次出现，且对应 4 个时间区间。为简单起见，假设 t_β，t_γ 和 t_s 为分隔 4 个时间区间的临界点。下面推导在高峰期出行的通勤者从生活区的出发率和到达下游瓶颈路段的到达率。

为简化模型，假设各路段的自由流时间为零，根据优先合流策略的定义，路段 1 的通行能力不受限制，通勤者在该路段上行驶没有排队等候时间。对于第一类出行者来说，其高峰期出发时间区间 $\left[t_2^0, t_2^e\right]$ 也是其到达下游瓶颈 d 处的时间区间。为简化模型均衡解的推导，假设 $t^*=0$，且该假设不影响均衡解的相关性质。

1. 在时间区间 $\left[t_2^0, t_\beta\right]$ 内到达瓶颈 d，则肯定早到

在该时间区间内到达下游瓶颈路段，无论随机瓶颈通行能力在 $[\theta s_d, s_d]$ 内如何变化，出行者肯定早到。故该情形的边界条件为：当随机通行能力满足 $s=\theta s_d$ 时，$\overline{\mathrm{SDE}}_1(t_\beta)=0$，且瓶颈 d 处的累计到达人数在 t_β 时刻为 $R_d(t_\beta)=-t_2^0\theta s_d$。

根据分析可知，第二类出行者早于第一类出行者出发，故在第一类出行者出发之前，即 $t_2^0 \leqslant t < t_1^0$，$t$ 时刻出发的期望出行成本函数可表示为

$$E\left[C_2(t)\right]=\alpha\int_{\theta s_d}^{s_d} T_2(t) f(s)\mathrm{d}s+\beta\int_{\theta s_d}^{s_d} -\left[t+T_2(t)\right] f(s)\mathrm{d}s \tag{7.12}$$

其中，$f(s)$ 为随机通行能力的概率密度函数。由于 $s_2 \geqslant s_d$，且在该时间区间内没有第一类出行者出发，则 t 时刻瓶颈 d 处的排队长度为 $Q_d(t)=(s_2-s)(t-t_2^0)$。将式（7.2）代入式（7.12），期望成本函数可转化为

$$E[C_2(t)]=\alpha\int_{\theta s_d}^{s_d}\frac{Q_2(t)+(s_2-s)(t-t_2^0)}{s} f(s)\mathrm{d}s-\beta\int_{\theta s_d}^{s_d}\frac{Q_2(t)+s_2(t-t_2^0)+st_2^0}{s} f(s)\mathrm{d}s \tag{7.13}$$

根据均衡条件，将式（7.13）关于 t 求导，同时利用微分等式 $\mathrm{d}Q_2(t)/\mathrm{d}t=d_2(t)-s_2$，对任意的 $t\in[t_2^0, t_1^0)$，可得

$$d_2(t)=\frac{\alpha}{\alpha-\beta}\tilde{\theta}s_d \tag{7.14}$$

其中，$\tilde{\theta}=(1-\theta)/\ln\theta^{-1}$，$0<\tilde{\theta}<1$。

由上面的推导过程可得各类通勤者从生活区出发进入上游路段的出发率，同时可得从两条上游路段流入下游路段的整合到达率，分别表示为

$$d_1(t)=0 \tag{7.15}$$

$$d_2(t)=\frac{\alpha}{\alpha-\beta}\tilde{\theta}s_d \tag{7.16}$$

$$r_d(t)=s_2 \tag{7.17}$$

当第一类通勤者开始出发时，即$t_1^0 \leqslant t \leqslant t_\beta$，肯定早到，则第一类通勤者的期望出行成本可表示为

$$E[C_1(t)]=\alpha\int_{\theta s_d}^{s_d}\left[\frac{R_d(t)}{s}+t_2^0-t\right]f(s)\mathrm{d}s+\beta\int_{\theta s_d}^{s_d}-\left[\frac{R_d(t)}{s}+t_2^0\right]f(s)\mathrm{d}s \tag{7.18}$$

其中，函数$R_d(t)$为t时刻累计到达瓶颈d处的通勤者人数。根据用户均衡准则，第一类出行者的期望成本相等，不随出发时间的变化而变化，即$\mathrm{d}E[C_1(t)]/\mathrm{d}t=0$，整理可得

$$r_d(t)=\frac{\alpha}{\alpha-\beta}\tilde{\theta}s_d,\quad t_2^0 \leqslant t \leqslant t_\beta \tag{7.19}$$

考虑到第二类出行者在该时间区间内到达瓶颈d处的到达率为

$$d_2(t)=s_2 \tag{7.20}$$

再根据合流关系，故可推知第一出行者从生活区的出发率为

$$d_1(t)=\frac{\alpha}{\alpha-\beta}\tilde{\theta}s_d-s_2 \tag{7.21}$$

2. 在时间区间$(t_\beta, t_\gamma]$内到达瓶颈d处，则可能早到也可能迟到

在该时间区间内到达下游路段瓶颈处，由于瓶颈d的通行能力随机退化，通勤者可能早到也可能迟到，故该情形的临界条件满足：当$s=s_d$时，$\overline{\mathrm{SDE}}_1(t_\gamma)=\overline{\mathrm{SDL}}_1(t_\gamma)=0$，且有$R_d(t_\gamma)=-t_2^0 s_d$。此外，由于通行能力随机退化，每天在$t$时刻到达下游的通勤者可能早到也可能迟到。根据等式$T_g(t)+t=0$，得到$t$时刻的临界通行能力为$s=-R_d(t)/t_2^0$，以区别该时刻出发的出行者是早到还是迟到。接下来的解析推导可分为两个时间区间来讨论：$\left[t_\beta, t_1^e\right]\cup\left(t_1^e, t_\gamma\right]$。

首先，在时间区间$\left[t_\beta, t_1^e\right]$内，第一类出行者在任意时刻$t$到达下游路段，其期望出行成本可表示为

$$E[C_1(t)]=\alpha\int_{\theta s_d}^{s_d}\left[\frac{R_d(t)}{s}+t_2^0-t\right]f(s)\mathrm{d}s+\beta\int_{-R_d(t)/t_2^0}^{s_d}-\left[\frac{R_d(t)}{s}+t_2^0\right]f(s)\mathrm{d}s+$$
$$\gamma\int_{\theta\overline{s}}^{-R_d(t)/t_2^0}\left[\frac{R_d(t)}{s}+t_2^0\right]f(s)\mathrm{d}s \tag{7.22}$$

根据均衡理论，令$\mathrm{d}E[C_1(t)]/\mathrm{d}t=0$，得合流率为

$$r_d(t)=\frac{\alpha}{A+B[\ln R_d(t)+1]},\quad t_\beta < t \leqslant t_\gamma \tag{7.23}$$

其中

$$A=\frac{(\alpha+\gamma)\ln\theta^{-1}-(\beta+\gamma)\left[\ln(-t_2^0 s_d)+1\right]}{(1-\theta)s_d}，\ B=\frac{\beta+\gamma}{(1-\theta)s_d}$$

对于第二类出行者，在该时间区间内始终有出发率$d_2(t)=s_2$；再根据前面定义的等式$r_d(t)=d_1(t)+d_2(t)$，可得第一类出行者的出发率为

$$d_1(t)=\frac{\alpha}{A+B\left[\ln R_d(t)+1\right]}-s_2 \tag{7.24}$$

其次，在时间区间$(t_1^e,t_\gamma]$内，第一类出行者已经全部出发，即$d_1(t)=0$，$t_1^e<t\leqslant t_\gamma$。网络中只剩下第二类出行者继续出发，则其期望出行成本函数可表示为

$$E\left[C_2(t)\right]=\alpha\int_{\theta s_d}^{s_d}\left[\frac{R_d(t)}{s}+t_2^0-t\right]f(s)\mathrm{d}s+\beta\int_{-R_d(t)/t_2^0}^{s_d}-\left[\frac{R_d(t)}{s}+t_2^0\right]f(s)\mathrm{d}s+\gamma\int_{\theta\overline{s}}^{-R_d(t)/t_2^0}\left[\frac{R_d(t)}{s}+t_2^0\right]f(s)\mathrm{d}s \tag{7.25}$$

其中$R_d(t)=R_2(t)+N_1$，为t时刻第二类出行者累计出发人数与第一类出行者总人数之和。在均衡状态下，令出行成本函数关于时间t的一阶导数为零，得出发率为

$$d_2(t)=r_d(t)=\frac{\alpha}{A+B\left[\ln R_d(t)+1\right]} \tag{7.26}$$

3. 在时间区间$(t_\gamma,t_s]$内到达瓶颈d处，则肯定迟到

类似于第1种情形，第二类出行者在时间区间$\left(t_\gamma,t_s\right]$内到达下游瓶颈路段，排队通过瓶颈$d$后肯定迟到，且当瓶颈通行能力取最大值时，$t_s$时刻瓶颈$d$处的排队等待时间为零，故该时间区间的边界条件应满足：当$s=s_d$时，$R_d(t_s)=s_d(t_s-t_2^0)$。因此，均衡的期望出行成本可表示为

$$E\left[C_2(t)\right]=\alpha\int_{\theta s_d}^{s_d}\left[\frac{R_d(t)}{s}+t_2^0-t\right]f(s)\mathrm{d}s+\gamma\int_{\theta s_d}^{s_d}\left[\frac{R_d(t)}{s}+t_2^0\right]f(s)\mathrm{d}s \tag{7.27}$$

令$\mathrm{d}E\left[C_2(t)\right]/\mathrm{d}t=0$，得

$$r_d(t)=\frac{\alpha}{\alpha+\gamma}\cdot\frac{s_d(1-\theta)}{\ln\theta^{-1}}=\frac{\alpha}{\alpha+\gamma}\theta s_d,\ t_\gamma<t\leqslant t_s \tag{7.28}$$

由于$s_d\leqslant s_2$，可推知$r_d(t)<s_d\leqslant s_2$，并可得

$$d_2(t)=r_d(t) \tag{7.29}$$

4. 在时间区间$(t_s, t_2^e]$内到达瓶颈d处，肯定迟到，但由于瓶颈d的通行能力随机退化，出行者可能排队也可能不排队

类似于第 2 种情形，由于瓶颈d处的通行能力随机退化，导致在该时间区间内到达下游的通勤者，可能排队也可能不排队。那么对于任意时刻t，存在分隔排队与不排队情形的通行能力临界点。根据$R_d(t)=s(t-t_2^0)$，可得临界通行能力为$R_d(t)/(t-t_2^0)$。该时间区间内的期望出行成本为

$$E\left[C_2(t)\right]=\alpha\int_{\theta s_d}^{\frac{R_d(t)}{t-t_2^0}}\left[\frac{R_d(t)}{s}+t_2^0-t\right]f(s)\mathrm{d}s+\gamma\int_{\theta s_d}^{\frac{R_d(t)}{t-t_2^0}}\left[\frac{R_d(t)}{s}+t_2^0\right]f(s)\mathrm{d}s+\gamma\int_{\frac{R_d(t)}{t-t_2^0}}^{s_d}tf(s)\mathrm{d}s \tag{7.30}$$

令$\mathrm{d}E\left[C_2(t)\right]/\mathrm{d}t=0$，得

$$r_d(t)=\frac{(\alpha+\gamma)R_d(t)/(t-t_2^0)-(\alpha\theta+\gamma)s_d}{(\alpha+\gamma)\left[\ln R_d(t)-\ln\left(\theta s_d(t-t_2^0)\right)\right]}，\quad t_s<t\leqslant t_2^e \tag{7.31}$$

该情形的边界条件为：在高峰期终点时刻t_2^e，出发率为$r_d(t_2^e)=0$，故可推知该时刻的累计出发人数$R_d(t_2^e)=s_d\xi(t_2^e-t_2^0)$，$\xi=(\alpha\theta+\gamma)/(\alpha+\gamma)$。

根据前面的分析可知当$t>t_2^e$时，到达率为$r_d(t)=0$。也就是说，在t_2^e时刻出行者累计出发人数为出行总需求，即$R_d(t_2^e)=N_1+N_2$。根据第 4 种情形的边界条件$R_d(t_2^e)=s_d\xi(t_2^e-t_2^0)$，整理可得$t_2^e=t_2^0+(N_1+N_2)/\hat{s}_d$，$\hat{s}_d=\xi s_d$。然后，根据用户均衡准则可得在均衡状态下，期望出行成本不随出发时间的不同而不同。那么，最早出发和最晚出发的通勤者具有相同的期望出行成本，即$E\left[C_2(t_2^0)\right]=E\left[C_2(t_2^e)\right]=-t_2^0\beta$。联立以上结论可得

$$t_2^0=\frac{N_1+N_2}{s_d}\bullet\frac{1}{(k_2-1)\xi}，\quad t_2^e=\frac{N_1+N_2}{s_d}\bullet\frac{k_2}{(k_2-1)\xi} \tag{7.32}$$

其中，

$$k_2=\frac{(\alpha+\gamma)\omega-\beta}{(\alpha+\gamma)\omega+\gamma}，\quad \omega=\frac{\xi(\ln\xi-\ln\theta)-\xi+\theta}{(1-\theta)} \tag{7.33}$$

再利用第 1～3 种情形的边界条件，可得其他临界时间点为

$$t_\beta=k_\beta t_2^0，\quad t_\gamma=k_\gamma t_2^0，\quad t_s=k_s t_2^0 \tag{7.34}$$

同时有

$$k_\beta=1-\frac{\alpha-\beta}{\alpha}\tilde{\theta}\theta，\quad k_\gamma=\frac{\alpha+\beta+\gamma}{\alpha}-\frac{\alpha+\gamma}{\tilde{\theta}\alpha}，\quad k_s=1+\frac{\gamma+\beta}{\alpha-\tilde{\theta}(\alpha+\gamma)} \tag{7.35}$$

根据第 2 种情形可知，在 t_1^e 时刻第一类出行者已全部出发完全，故在该时刻的出发率等于零，即 $d_1(t_1^e)=0$。将 $d_1(t_1^e)=0$ 代入式（7.24）可得在 t_1^e 时刻累计到达下游瓶颈 d 处的出行者人数为

$$R_d(t_1^e)=\exp\left[\frac{\alpha/s_2-(A+B)}{B}\right] \tag{7.36}$$

然后，将数量守恒条件 $R_d(t_1^e)=N_1+s_2(t_1^e-t_2^0)$ 代入式（7.36），整理可得第一类出行者中最后一个出发者的出发时刻表达式为

$$t_1^e=\frac{N_1^e-N_1}{s_2}+\frac{N_1+N_2}{s_d}\bullet\frac{1}{(k_2-1)\xi} \tag{7.37}$$

为简单起见，式（7.37）中定义 $N_1^e=R_d(t_1^e)=\exp\left[\frac{\alpha/s_2-(A+B)}{B}\right]$。

最后，利用期望出行成本相等条件 $E\left[C_1(t_1^0)\right]=E\left[C_1(t_1^e)\right]$ 推出第一类出行者的最早出发时刻表达式为

$$t_1^0=\frac{(\beta+\gamma)N_1^e}{(1-\theta)\varphi s_d}+\frac{\alpha N_1}{\varphi s_2}+\frac{\varphi-\theta(\beta+\gamma)/(1-\theta)}{(k_2-1)\xi}\bullet\frac{N_1+N_2}{\varphi s_d} \tag{7.38}$$

其中 $\varphi=\frac{(\alpha-\beta)s_2}{\tilde{\theta}s_d}-\alpha$。

在均衡状态下，同类出行者具有相同的期望出行成本。故对于第二类出行者，其均衡出行成本 C_2^* 可表示为

$$C_2^*=E\left[C_2(t_2^0)\right]=-\beta t_2^0 \tag{7.39}$$

将式（7.32）代入均衡出行成本函数，整理得

$$C_2^*=\frac{N_1+N_2}{s_d}\bullet\frac{-\beta}{(k_2-1)\xi} \tag{7.40}$$

上述公式表明，系统总需求为 N_1+N_2 个出行者，早高峰选择出发时间通过 Y 形合流网络到达工作地所产生的高峰期区间为 $[t_2^0,t_2^e]$。类似地，第一类出行者的均衡出行成本 C_1^* 可表示为

$$C_1^*=E\left[C_1(t_1^0)\right]=\left[(\alpha-\beta)\left(s_2/(\tilde{\theta}s_d)\right)-\alpha\right](t_1^0-t_2^0)-\beta t_2^0 \tag{7.41}$$

比较式（7.39）和式（7.41），可得两类出行者在均衡状态下的成本之差为

$$C_2^*-C_1^*=\left[\alpha-(\alpha-\beta)\left(s_2/(\tilde{\theta}s_d)\right)\right](t_1^0-t_2^0) \tag{7.42}$$

整个系统的总出行成本可表示为

$$\mathrm{TC} = N_1 C_1^* + N_2 C_2^* \tag{7.43}$$

此外，由于出行者的出发率必须为正数，那么在高峰期时间内，第一类出行者的出发率满足 $d_1(t) \geqslant 0$，$t \in [t_1^0, t_1^e]$。分析式（7.21）和式（7.24），可得瓶颈通行能力之间必须满足如下不等式：

$$\frac{s_2}{s_d} \leqslant \frac{\alpha}{\alpha - \beta} \tilde{\theta} \tag{7.44}$$

$$\frac{s_d}{s_2} \leqslant \frac{(\beta + \gamma) N_1^e}{\alpha(1 - \theta) N_1} - \frac{\theta[(\alpha + \gamma)\omega + \gamma]}{\xi(1 - \theta)\alpha} \cdot \frac{N_1 + N_2}{N_1} \tag{7.45}$$

以上基于优先合流策略分析推导了随机 Y 形合流网络中通勤问题的均衡解。接下来，将以引理和定理的形式给出这些均衡解的相应性质。

引理 7.1　基于优先合流策略，第二类出行者要早于第一类出行者出发，即 $t_2^0 < t_1^0$。

证明：用反证法证明。假如第一类出行者早于第二类出行者出发，即 $t_1^0 < t_2^0$ 成立。那么，根据优先合流策略的定义和自由流时间为零的假设可知，第一类通勤者在上游路段不受道路通行能力限制，从生活区一出发就可以直接到达下游路段瓶颈口。而对于第一个出发的出行者来说，在下游路段没有排队，可直接到达工作区，故第一类出行者的均衡出行成本可表示为 $C_1 = \beta(t^* - t_1^0)$。根据假设第二类出行者比第一类出行者出发晚和不等式 $s_2 \geqslant s$ 可知，当第二类出行者开始出发时，在下游路段出现排队，则第二类出行者的均衡出行成本满足 $C_2 \geqslant \beta(t^* - t_2^0)$。再根据 7.3 节的解析结论有 $C_1 < C_2$，表明 C_1 肯定小于 C_2 的最小值，即 $C_1 = \beta(t^* - t_1^0) < \beta(t^* - t_2^0)$。显然，得 $t_1^0 > t_2^0$，而该结论与之前假设的结论正好相反，故假设不成立，原命题成立，得证。

因此，由引理 7.1 可知，第一类出行者最早出发时刻要晚于第二类出行者的最早出发时刻。该结论与 Arnott 等[143]中的 L1 结论一致。

引理 7.2　基于优先合流策略，第二类出行者的最晚出发时刻要晚于第一类出行者的最晚出发时刻，即 $t_1^e < t_2^e$。

证明：用反证法证明。假设第二类出行者中最后一个出行者要早于第一类出行者中最后一个出行者出发，考虑到 s_1 充分大，第一类出行者从生活区出发可直接到达下游路段瓶颈 d 处，经过排队等候到达目的地。对式（7.6）进行求导，并应用式（7.10），根据均衡条件式（7.9），可得

$$r_d(t)=\frac{\alpha}{\alpha+\gamma}\tilde{\theta}s_d<s_2 \tag{7.46}$$

式（7.46）表明，上游路段出发率小于通行能力，通勤者在该路段没有排队延迟。那么，第二类出行者将与第一类出行者类似，从生活区出发可直接到达下游路段瓶颈处等待通过，并同时到达工作区，产生相同的计划延误成本。因此，该结论与前提条件 $C_1<C_2$ 相违背，即假设不成立，原命题成立，得证。

引理 7.1 和引理 7.2 表明，采用优先合流策略，第二类出行者中的第一个出行者要比第一类出行者更早从生活区出发，而第二类出行者中的最后一个出行者也要比第一类出行者中最后一个出行者晚。因此，第二类出行者的高峰期时间长度要大于第一类出行者的高峰期时间长度。

引理 7.3 在均衡状态下，对于情形 2：$C_1<C_2$，$s_2\geqslant s_d$，第二类出行者的最早出发时刻和最晚出发时刻不随 s_2 的变化而变化，即 $\partial t_2^0/\partial s_2=0$，$\partial t_2^e/\partial s_2=0$。此外，增大上游路段瓶颈 2 的通行能力 s_2，导致第一类出行者提前出发，即 $\partial t_1^0/\partial s_2<0$，$\partial t_1^e/\partial s_2<0$。

证明：由式（7.32）可知 t_2^0 和 t_2^e 与瓶颈通行能力 s_2 无关，即 $\partial t_2^0/\partial s_2=0$，$\partial t_2^e/\partial s_2=0$。此外，根据式（7.37）和式（7.38），对第一类出行者的最早出发时刻和最晚出发时刻关于 s_2 微分，有

$$\frac{\partial t_1^e}{\partial s_2}=\frac{\partial N_1^e/\partial s_2-(N_1^e-N_1)}{(s_2)^2}$$

$$\frac{\partial t_1^0}{\partial s_2}=\frac{\beta+\gamma}{(1-\theta)\varphi s_d}\bullet\frac{\partial N_1^e}{\partial s_2}-\frac{\alpha N_1}{\varphi(s_2)^2}$$

根据定义 $N_1^e=\exp\left[\frac{\alpha/s_2-(A+B)}{B}\right]$ 得其一阶微分为 $\partial N_1^e/\partial s_2=-\alpha N_1^e/B(s_2)^2$，且 $N_1^e>N_1$。将结果代入以上微分方程，显然有 $\partial t_1^0/\partial s_2<0$，$\partial t_1^e/\partial s_2<0$，得证。

引理 7.4 当出行总需求固定时，增大参数 θ 的值会使高峰期时间长度减小。

证明：根据定义 $\xi=(\alpha\theta+\gamma)/(\alpha+\gamma)$ 得其一阶导数 $\mathrm{d}\xi/\mathrm{d}\theta=\alpha/(\alpha+\gamma)>0$。该不等式表明，参数 ξ 随 θ 的增大而增大。再由式（7.32）可得高峰期长度表达式为

$$t_2^e - t_2^0 = \frac{N_1 + N_2}{s_d} \bullet \frac{k_2}{(k_2 - 1)\xi} - \frac{N_1 + N_2}{s_d} \bullet \frac{1}{(k_2 - 1)\xi} = \frac{N_1 + N_2}{\xi s_d} \tag{7.47}$$

由于N_1，N_2，s_d固定，ξ关于参数θ单调递增，显然可得$t_2^e - t_2^0$关于参数θ单调递减，得证。

引理 7.5 在优先合流策略下，当参数θ逼近 1 时，随机 Y 形合流模型逐渐趋于确定性合流模型。

证明：根据洛必达法则可得$\lim\limits_{\theta \to 1}(1-\theta)/\ln\theta^{-1} = 1$。那么可推知如下极限值成立：

$$\lim_{\theta \to 1}\xi = 1,\ \lim_{\theta \to 1}\omega = 0,\ \lim_{\theta \to 1}k_\beta = \lim_{\theta \to 1}k_\gamma = \frac{\beta}{\alpha},\ \lim_{\theta \to 1}k_s = \lim_{\theta \to 1}k_2 = -\frac{\beta}{\gamma} \tag{7.48}$$

此外，出发率和到达率的极限值为

$$\lim_{\theta \to 1}r_d(t) = \begin{cases} s_2, & t_2^0 \leqslant t < t_1^0 \\ \alpha s_d/(\alpha - \beta), & t_1^0 \leqslant t \leqslant t_\beta \\ \alpha s_d/(\alpha + \gamma), & t_\gamma < t \leqslant t_s \end{cases} \tag{7.49}$$

$$\lim_{\theta \to 1}d_2(t) = \begin{cases} \alpha s_d/(\alpha - \beta), & t_2^0 \leqslant t < t_1^0 \\ s_2, & t_1^0 \leqslant t \leqslant t_1^e \\ r_d(t), & t_1^e < t \leqslant t_2^e \end{cases} \tag{7.50}$$

$$\lim_{\theta \to 1}d_1(t) = r_d(t) - s_2,\ t_1^0 \leqslant t \leqslant t_1^e \tag{7.51}$$

然后，将式（7.48）～（7.51）代入式（7.34）～（7.38）可得各时间临界点的极限值为

$$t_2^0 = -\frac{\gamma}{\beta + \gamma} \bullet \frac{N_1 + N_2}{s_d},\ t_\beta = t_\gamma = -\frac{\beta\gamma}{\beta + \gamma} \bullet \frac{N_1 + N_2}{\alpha s_d},\ t_s = t_2^e = \frac{\beta}{\beta + \gamma} \bullet \frac{N_1 + N_2}{s_d} \tag{7.52}$$

$$t_1^e = t_2^0 + \frac{N_2 - s_d t_2^e}{s_2},\ t_1^0 = t_1^e - \frac{N_1}{d_1} \tag{7.53}$$

最后，可发现以上结论与 Daniel[87]讨论的确定性网络均衡解一致。

引理 7.3 和引理 7.4 表明，第二类出行者的出发时间区间与下游路段瓶颈d的通行能力相关，但与上游路段瓶颈的通行能力无关。主要是由于模型中的假设$s_2 \geqslant s_d$导致第二类出行者的通行能力限制由上游大容量瓶颈转换为下游相对较小容量瓶颈。

定理 7.1 在均衡状态下，整个系统的总出行成本随下游瓶颈通行能力s_d

单调递减，但随上游路段 2 的瓶颈通行能力 s_2 单调递增，即 $\partial \mathrm{TC}/\partial s_d<0$，$\partial \mathrm{TC}/\partial s_2>0$（TC 表示系统总出行成本）。

证明：首先，第二类出行者的期望出行成本 C_2^* 如式（7.40）所示，对该出行成本函数分别关于 s_2 和 s_d 求微分，可得

$$\partial C_2^*/\partial s_2=0 \tag{7.54}$$

$$\partial C_2^*/\partial s_d=\frac{N_1+N_2}{(s_d)^2}\bullet\frac{\beta}{(k_2-1)\xi} \tag{7.55}$$

其中，$\xi=(\alpha\theta+\gamma)/(\alpha+\gamma)$。因此，要证明 $\partial C_2^*/\partial s_d<0$，只需证明 $k_2-1<0$ 成立。根据 $\beta<\gamma$，且各参数都大于零，故有 $-\beta<\gamma$。由式（7.33）可得

$$k_2=\frac{(\alpha+\gamma)\phi-\beta}{(\alpha+\gamma)\phi+\gamma}<\frac{(\alpha+\gamma)\phi+\gamma}{(\alpha+\gamma)\phi+\gamma}=1 \tag{7.56}$$

因此，得证 $k_2-1<0$ 成立。

此外，将式（7.26）和式（7.38）代入式（7.41），重新整理可得第一类出行者的均衡出行成本为

$$C_1^*=-\frac{\beta+\gamma}{1-\theta}\bullet\left(\frac{N_1^e}{s_d}+\theta t_2^0\right)+\alpha\frac{N_1}{s_2}-\beta t_2^0 \tag{7.57}$$

其中，$N_1^e=\exp\left[\frac{\alpha/s_2-(A+B)}{B}\right]$。将 C_1^* 分别关于 s_d 和 s_2 求微分，得

$$\partial C_1^*/\partial s_d=-\frac{\beta+\gamma}{1-\theta}\left[\frac{\partial(N_1^e/s_d)}{\partial s_d}\right] \tag{7.58}$$

$$\partial C_1^*/\partial s_2=-\frac{\beta+\gamma}{s_d(1-\theta)}\bullet\frac{\partial N_1^e}{\partial s_2}-\alpha\frac{N_1}{(s_2)^2} \tag{7.59}$$

根据式（7.58），要证明 $\partial C_1^*/\partial s_d<0$，必须首先证明 N_1^e/s_d 为正数。显然，

$$\frac{\partial\left(N_1^e/s_d\right)}{\partial s_d}=\frac{2-(1-\theta)[\alpha/(\beta+\gamma)](s_d/s_2)}{(s_d)^2}N_1^e>\frac{N_1^e}{(s_d)^2}>0 \tag{7.60}$$

因此，$\partial C_1^*/\partial s_d<0$ 成立。

将 N_1^e 代入 C_1^* 中，应用方程 $R_d(t_1^e)=N_1+s_2(t_1^e-t_2^0)>N_1$，同时将 C_1^* 关于 s_2 求微分，得

$$\partial C_1^*/\partial s_2=-\frac{\beta+\gamma}{s_d(1-\theta)}\bullet\frac{\partial N_1^e}{\partial s_2}-\alpha\frac{N_1}{(s_2)^2}=N_1^e\frac{\alpha}{(s_2)^2}-N_1\frac{\alpha}{(s_2)^2}>0 \tag{7.61}$$

注意到，系统总出行成本为$\mathrm{TC}=N_1C_1^*+N_2C_2^*$，则有

$$\frac{\partial \mathrm{TC}}{\partial s_d}=N_1\frac{\partial C_1^*}{\partial s_d}+N_2\frac{\partial C_2^*}{\partial s_d}<0 \tag{7.62a}$$

$$\frac{\partial \mathrm{TC}}{\partial s_2}=N_1\frac{\partial C_1^*}{\partial s_2}+N_2\frac{\partial C_2^*}{\partial s_2}>0 \tag{7.62b}$$

得证。

该定理说明，以提高系统效用为目的，扩充上游瓶颈道路通行能力反而导致整个网络总成本上升，效用下降。这就是著名的 Braess 悖论。该结论表明不充分考虑出行者的行为反应，片面扩充网络通行能力可能会带来相反的结果。

情形 3： $C_2>C_1$，$s_2<s_d$

首先，在该情形下有相同的结论$t_1^0>t_2^0$，也就是，第一类最早出发的出行者早于第二类最早出发的出行者。由于$s_2<s_d$，选择在$t>t_1^0$时刻出发的第二类出行者，在下游瓶颈路段的排队等待时间因随机通行能力s的不同，可分情况讨论。当$s_2\leqslant\theta s_d<s_d$时，在时间区间$[t_2^0,t_1^0)$内出发的第二类出行者到达下游路段时不需要排队等待，可以直接通过瓶颈抵达目的地。当$\theta s_d<s_2<s_d$时，同样在$[t_2^0,t_1^0)$内出发的出行者，在下游路段可能承担排队等待时间成本。因此，在该时间区间内，第二类出行者的期望排队时间可以表示为

$$E\left[T_2(t)\right]=\frac{Q_2(t)}{s_2},\quad s_2\leqslant\theta s_d<s_d \tag{7.63}$$

$$E\left[T_2(t)\right]=\frac{Q_2(t)}{s_2}+\int_{\theta s_d}^{s_2}\frac{Q_d\left[t+Q_2(t)/s_2\right]}{s}f(s)\mathrm{d}s,\quad \theta s_d<s_2<s_d \tag{7.64}$$

将式（7.63）和式（7.64）代入式（7.6），再利用用户均衡理论可知在时间区间$[t_2^0,t_1^0)$内，第二类出行者的出发率为

$$d_2(t)=\frac{\alpha}{\alpha-\beta}s_2,\quad s_2\leqslant\theta s_d<s_d \tag{7.65}$$

$$d_2(t)=\frac{\alpha}{\alpha-\beta}\bar{\theta}s_d,\quad \theta s_d<s_2<s_d \tag{7.66}$$

其中$\bar{\theta}=\dfrac{1-\theta}{\ln\left[s_2/(\theta s_d)\right]+s_d/s_2-1}$。

其次，在第一类出行者开始出发时，即$t>t_1^0$，第一类出行者和第二类出行者的出发率及到达下游路段瓶颈处的到达率结论与情形 2 中的第 1 种情形和第 4 种情形相同。由于合流处瓶颈通行能力在θ值的范围内随机变化，导致在

第一类出行者出发之前，第二类出行者到达下游路段后可能排队也可能不排队。该情形使得各时间临界点的推导变得极为复杂，无法得到解析结论。因此，该情形条件下无法分析扩充上游路段通行能力是否会引起系统效应下降的悖论现象发生。

情形 4： $C_2 = C_1$

在均衡状态下，第一类出行者与第二类出行者具有相同的期望出行成本，只有当两条上游路段都不受匝道控制且通行能力足够大时，所有通勤者才能从生活区一出发，即刻就可到达下游路段瓶颈口处。那么，在该情形下，出行者从生活区的出发率就等于到达下游合流处的到达率。显然，此时 Y 形合流网络退化为简单的单起点、单终点的简单通勤问题，其解析推导如同第 2 章所得结论。最后，可得该系统的总出行成本为

$$\mathrm{TC} = \frac{\beta}{(1-k_2)\xi} \cdot \frac{(N_1+N_2)^2}{s_d} \tag{7.67}$$

显然，由该式可得 $\partial \mathrm{TC}/\partial s_d < 0$，$\partial \mathrm{TC}/\partial s_2 = 0$，表明该情形下不存在悖论现象，且该结论与 Arnott 等[143]所讨论的确定性条件下 Y 形合流网络模型的结论一致。

7.3.3 比率合流策略

为了研究通勤者在合流路段是如何相互影响的，本节进一步考虑上游两条路段都受匝道控制的情形，设其通行能力分别为 s_1，s_2。同时，假设第一条路段的通行能力满足不等式：

$$s_1 < \frac{\alpha}{\alpha-\beta}\tilde{\theta} s_d - s_2$$

注意，$s_2 \geqslant s_d$。在该情形下，两类出行者在上游路段都面临瓶颈排队，故其期望排队时间可表示为

$$E\left[T_g(t)\right] = E\left\{\frac{Q_g(t)}{s_g} + \frac{Q_d\left[t + Q_g(t)/s_g\right]}{s}\right\},\quad g = 1,2 \tag{7.68}$$

此外，令 N_g 为出行需求，s_g 为路段 g 的瓶颈通行能力，定义 η_g 为该瓶颈的拥挤程度，表示为

$$\eta_g = \frac{N_g}{s_g},\quad g = 1,2 \tag{7.69}$$

由于两条上游路段的通行能力都受匝道控制，故根据瓶颈拥挤程度的不

同，本节讨论两种情形：① 上游路段 1 的瓶颈拥挤程度小于上游路段 2（$\eta_1<\eta_2$），在均衡状态下，第一类出行者的出行成本小于第二类出行者的出行成本，即$C_2>C_1$，因此第二类最早的出行者要早于第一类的最早出行者；② 路段 1 的拥挤程度大于路段 2 的拥挤度（$\eta_1>\eta_2$），则有$C_2<C_1$和$t_1^0>t_2^0$成立。由分析可知，上述两种情形具有对称性，由其中一种情形的结论可推导出另一种情形的相关性质。所以，以下仅讨论第一种情形。

类似于前面讨论的优先合流策略，当上游路段通行能力都受匝道控制的影响时，针对$C_2>C_1$的情形，当通勤者到达下游瓶颈路段时，排队通过瓶颈d处的时间区间同样可分为 4 种情形：肯定早到；可能早到也可能迟到；肯定迟到；肯定迟到，但可能排队也可能不排队，具体取决于瓶颈d的通行能力的随机退化情况。4 种情形依次出现，对应于 4 个时间区间，假设t_β，t_γ和t_s为分隔 4 个时间区间的临界点。接下来推导在高峰期出行的通勤者从生活区出发的出发率和到达下游路段瓶颈口的到达率。

此外，假设各路段的自由流时间为零，根据比率合流策略的定义，可知上游两条路段的通行能力都受匝道限制，故可以看成两条瓶颈道路，分别以s_1，s_2表示其道路通行能力。由合流策略的定义可知，两类出行者在通勤过程中都通过两个瓶颈，且每天通过选择出发时间来权衡排队时间与计划延误时间。为简化模型均衡解的推导，在不影响均衡解相关性质的前提下，假设道路自由流时间为零，即$t^*=0$。

1. 在时间区间$[t_2^0,t_\beta]$内到达瓶颈d，则肯定早到

在该时间区间内到达下游路段瓶颈口，无论随机瓶颈通行能力在$[\theta s_d,s_d]$内如何变化，出行者肯定早到。故该情形的边界条件为：当随机通行能力满足$s=\theta s_d$时，$\overline{\mathrm{SDE}}_1(t_\beta)=0$，且瓶颈$d$处的累计到达人数在$t_\beta$时刻为$R_d(t_\beta)=-t_2^0\theta s_d$。

根据前面的分析可知第二类出行者早于第一类出行者出发，故在第一类出行者出发之前，即$t_2^0\leqslant t<t_1^0$，出行者的均衡结论等同于 7.3.2 节中的式（7.15）～（7.17）。

对任意的$t\in[t_2^0,t_1^0)$时刻，可得

$$d_2(t)=\frac{\alpha}{\alpha-\beta}\tilde{\theta}s_d\text{，}\ d_1(t)=0\text{，}\ d_2(t)=\frac{\alpha}{\alpha-\beta}\tilde{\theta}s_d\text{，}\ r_d(t)=s_2 \tag{7.70}$$

然后，当第一类通勤者开始出发时，即 $t_1^0 \leqslant t \leqslant t_\beta$，出行者肯定早到。首先，定义函数 $R_1(t)$ 为 t 时刻从生活区累计出发的第一类通勤者人数，并将 $R_1(t)$ 代入式（7.68），则第一类通勤者的期望出行成本可表示为

$$E[C_1(t)]=\alpha\int_{\theta s_d}^{s_d}\left[\frac{R_d(t)}{s}+t_2^0-t\right]f(s)\mathrm{d}s+\beta\int_{\theta s_d}^{s_d}\left[-\left(\frac{R_d(t)}{s}+t_2^0\right)\right]f(s)\mathrm{d}s \tag{7.71}$$

其中，表达式 $R_d(t)=(s_1+s_2)\dfrac{R_1(t)}{s_1}+s_2(t_1^0-t_2^0)$。根据用户均衡准则，第一类出行者的期望出行成本相等，不随出发时间的变化而变化，即 $\mathrm{d}E[C_1(t)]/\mathrm{d}t=0$。根据 $\mathrm{d}R_1(t)/\mathrm{d}t=d_1(t)$，整理可得

$$d_1(t)=\frac{\alpha}{\alpha-\beta}\cdot\frac{s_1}{s_2+s_1}\tilde{\theta}s_d \tag{7.72}$$

第二类出行者在 t_1^0 之后出发的期望出行成本为

$$E[C_2(t)]=\alpha\int_{\theta s_d}^{s_d}\left[\frac{R_d(t)}{s}+t_2^0-t\right]f(s)\mathrm{d}s+\beta\int_{\theta s_d}^{s_d}\left[-\left(\frac{R_d(t)}{s}+t_2^0\right)\right]f(s)\mathrm{d}s \tag{7.73}$$

在均衡状态下得

$$d_2(t)=\frac{\mathrm{d}R_2(t)}{\mathrm{d}t}=\frac{\alpha}{\alpha-\beta}\cdot\frac{s_2}{s_2+s_1}\tilde{\theta}s_d \tag{7.74}$$

根据合流策略的定义可知合流下游路段的到达率为

$$r_d(t)=s_1+s_2 \tag{7.75}$$

2. 在时间区间 $(t_\beta,t_\gamma]$ 内到达瓶颈 d，则可能早到也可能迟到

在该时间区间内到达下游路段瓶颈口，随着瓶颈 d 的通行能力的随机退化，通勤者可能早到也可能迟到，故该情形的临界条件为：当 $s=s_d$ 时，$\overline{\mathrm{SDE}}_1(t_\gamma)=\overline{\mathrm{SDL}}_1(t_\gamma)=0$，且有 $R_d(t_\gamma)=-t_2^0 s_d$。该时间区间内，两类出行者各自从生活区出发，排队通过上游瓶颈路段，然后合流到下游瓶颈路段，且该时间区间内，合流处的到达率始终为 $r_d(t)=s_1+s_2$。此外，在构造出行者的期望出行成本函数时，考虑到通行能力随机退化，那么每天 t 时刻到达下游路段的通勤者可能早到也可能迟到。根据等式 $T_g(t)+t=0$ 得 t 时刻的临界通行能力为 $s=-R_1(t)/t_0^2$。

在该时间区间内通勤的第 $g\ (g=1,2)$ 类出行者，其期望出行成本函数可统一表示为

$$E\left[C_g(t)\right]=\alpha\int_{\theta s_d}^{s_d}\left[\frac{R_d(t)}{s}+t_2^0-t\right]f(s)\mathrm{d}s+\beta\int_{-R_d(t)/t_2^0}^{s_d}\left[-\left(\frac{R_d(t)}{s}+t_2^0\right)\right]f(s)\mathrm{d}s+$$
$$\gamma\int_{\theta\bar{s}}^{-R_d(t)/t_2^0}\left[\frac{R_d(t)}{s}+t_2^0\right]f(s)\mathrm{d}s \tag{7.76}$$

对于第一类出行者，即取 $g=1$，在均衡状态下，令 $\mathrm{d}E\left[C_1(t)\right]/\mathrm{d}t=0$，其出发率为

$$d_1(t)=\frac{s_1\alpha/(s_1+s_2)}{A+B\left[\ln R_d(t)+1\right]} \tag{7.77}$$

对于第二类出行者，即 $g=2$，求导得其出发率为

$$d_2(t)=\frac{s_2\alpha/(s_1+s_2)}{A+B\left[\ln R_d(t)+1\right]} \tag{7.78}$$

3. 在时间区间 $(t_\gamma,t_s]$ 内到达瓶颈 d，则肯定迟到

类似于第 1 种情形，第二类出行者在该时间区间内到达下游瓶颈路段，排队通过瓶颈 d 后肯定迟到，且当瓶颈通行能力取最大值时，t_s 时刻瓶颈 d 处的排队等待时间为零，故该时间区间的边界条件为：当 $s=s_d$ 时，$R_d(t_s)=s_d(t_s-t_2^0)$。因此，期望出行成本可统一表示为

$$E\left[C_g(t)\right]=\alpha\int_{\theta s_d}^{s_d}\left[\frac{R_d(t)}{s}+t_2^0-t\right]f(s)\mathrm{d}s+\gamma\int_{\theta s_d}^{s_d}\left[\frac{R_d(t)}{s}+t_2^0\right]f(s)\mathrm{d}s \tag{7.79}$$

在比率合流策略下，仍有一部分第一类出行者在时间区间内到达下游路段瓶颈处，故接下来的解析推导可分为 $[t_\gamma,t_1^e]\cup(t_1^e,t_s]$ 两个时间区间来讨论。

首先，在时间区间 $[t_\gamma,t_1^e]$ 内，第一类出行者在任意时刻 t 到达下游路段。然后，令 $g=1$，在均衡状态下，得其出发率为

$$d_1(t)=\frac{\alpha}{\alpha+\gamma}\cdot\frac{s_1}{s_1+s_2}\tilde{\theta}s_d \tag{7.80}$$

同样地，对于第二类出行者，即 $g=2$，令其一阶微分为零，得第二类出行者的出发率为

$$d_2(t)=\frac{\alpha}{\alpha+\gamma}\cdot\frac{s_2}{s_1+s_2}\tilde{\theta}s_d \tag{7.81}$$

注意，在时间区间 $(t_\gamma,t_1^e]$ 内到达下游路段瓶颈处的两类出行者都是按照上游路段瓶颈通行能力进行合流，故始终有

$$r_d(t)=s_1+s_2 \tag{7.82}$$

其次，在时间区间 $(t_1^e,t_s]$ 内，只有第二类出行者到达下游合流路段，且第

一类出行者已经出发完全，即 $d_1(t)=0$，$t\in(t_1^e,t_s]$，那么有 $R_d(t)=N_1+R_2(t)$。再由第二类出行者在通勤过程中还需排队通过上游瓶颈路段，故下游瓶颈处的到达率为 $r_d(t)=s_2$。最后，在解析推导第二类出行者的出发率时，只需将 $R_d(t)=N_1+R_2(t)$ 代入期望出行成本函数表达式，然后令期望出行成本关于时间 t 的一阶导数为零，得

$$d_2(t)=\frac{\alpha}{\alpha+\gamma}\tilde{\theta}s_d \tag{7.83}$$

4. 在时间区间 $(t_s,t_2^e]$ 内到达瓶颈 d，肯定迟到但由于瓶颈 d 的通行能力随机退化，出行者可能排队也可能不排队

该情形类似于第 2 种情形，由于瓶颈 d 的通行能力随机退化，导致在该时间区间内到达下游路段的通勤者可能排队也可能不排队。那么任意时刻点 t，存在分隔排队与不排队情形的临界点，即瓶颈通行能力应满足 $R_d(t)=s\left(t-t_2^0\right)$，故可得临界通行能力为 $R_d(t)/\left(t-t_2^0\right)$，该时间区间内的期望出行成本为

$$E\left[C_2(t)\right]=\alpha\int_{\theta s_d}^{\frac{R_d(t)}{t-t_2^0}}\left[\frac{R_d(t)}{s}+t_2^0-t\right]f(s)\mathrm{d}s+\gamma\int_{\theta s_d}^{\frac{R_d(t)}{t-t_2^0}}\left[\frac{R_d(t)}{s}+t_2^0\right]f(s)\mathrm{d}s+\gamma\int_{\frac{R_d(t)}{t-t_2^0}}^{s_d}tf(s)\mathrm{d}s \tag{7.84}$$

将 $R_d(t)=N_1+R_2(t)$ 代入式（7.84），令 $\mathrm{d}E\left[C_2(t)\right]/\mathrm{d}t=0$，得

$$r_d(t)=d_2(t)=\frac{(\alpha+\gamma)R_d(t)/\left(t-t_2^0\right)-(\alpha\theta+\gamma)s_d}{(\alpha+\gamma)\left[\ln R_d(t)-\ln\left(\theta s_d\left(t-t_2^0\right)\right)\right]},\quad t_s<t\leqslant t_2^e \tag{7.85}$$

该情形的边界条件为：在高峰期终点 t_2^e 时刻，出发率为 $r_d(t_2^e)=0$，故可推知该时刻的累计到达下游路段人数 $R_d(t_2^e)=s_d\xi\left(t_2^e-t_2^0\right)$，其中 $\xi=(\alpha\theta+\gamma)/(\alpha+\gamma)$。

注意，本节中的参数 A，B 和 $\tilde{\theta}$ 与 7.3.2 节中的定义一致。

7.4 均衡解的分析

根据 7.3 节的分析可知当 $t>t_2^e$ 时，到达率为 $r_d(t)=0$。也就是说，在 t_2^e 时刻累计出发人数为出行总需求，即 $R_d(t_2^e)=N_1+N_2$。再根据第 4 种情形的边界条件有 $R_d(t_2^e)=s_d\xi\left(t_2^e-t_2^0\right)$，整理可得 $t_2^e=t_2^0+\left(N_1+N_2\right)/\hat{s}_d$，$\hat{s}_d=\xi s_d$。根据用户均衡准则可以得出：在均衡状态下，期望出行成本不随出发时间的不同而不同。那么，最早出发和最晚出发的通勤者具有相同的期望出行成本，即

$E\left[C_2(t_2^0)\right]=E\left[C_2(t_2^e)\right]=-t_2^0\beta$。联立以上结论可得

$$t_2^0=\frac{N_1+N_2}{s_d}\bullet\frac{1}{(k_2-1)\xi}，\ t_2^e=\frac{N_1+N_2}{s_d}\bullet\frac{k_2}{(k_2-1)\xi} \tag{7.86}$$

再利用各时间区间的边界条件可得$t_\beta=k_\beta t_2^0$，$t_\gamma=k_\gamma t_2^0$，$t_s=k_s t_2^0$。其中，参数k_2的表达式见式（7.33），k_β,k_γ和k_s见式（7.35）。

对于第一类出行者，有数量守恒等式$s_1\left(t_1^e-t_1^0\right)=N_1$，同时均衡条件使得最早出发和最晚出发的出行者满足等式$E\left[C_1(t_1^0)\right]=E\left[C_1(t_1^e)\right]$，联立可得

$$t_1^0=\frac{\tilde{\theta}\alpha s_d/s_2-(\alpha+\gamma)s_1/s_2-\alpha-\gamma}{\gamma+\beta}\bullet\frac{N_1}{s_1}+\frac{1-\tilde{\theta}s_d/s_2}{(k_2-1)\xi}\bullet\frac{N_1+N_2}{s_d} \tag{7.87a}$$

$$t_1^e=\frac{\tilde{\theta}\alpha s_d/s_2-(\alpha+\gamma)s_1/s_2-\alpha+\beta}{\gamma+\beta}\bullet\frac{N_1}{s_1}+\frac{1-\tilde{\theta}s_d/s_2}{(k_2-1)\xi}\bullet\frac{N_1+N_2}{s_d} \tag{7.87b}$$

考虑到第二类出行者的均衡出行成本与其第一个出行者的期望出行成本相等，故有

$$C_2^*=\frac{N_1+N_2}{s_d}\bullet\frac{-\beta}{(k_2-1)\xi} \tag{7.88}$$

同样地，对于第一类出行者也满足

$$C_1^*=E\left[C_1(t_1^0)\right]=\left[(\alpha-\beta)\left(s_2/(\tilde{\theta}s_d)\right)-\alpha\right]\left(t_1^0-t_2^0\right)-\beta t_2^0 \tag{7.89}$$

将t_1^0，t_2^0的表达式代入上式，简化可得

$$C_1^*=-\varphi\frac{\phi+(\alpha+\gamma)\tilde{\theta}s_1/s_d}{\phi-\varphi}\bullet\frac{N_1}{s_1}-\left(\varphi\frac{s_d}{\tilde{\theta}s_2}+\beta\right)\frac{N_1+N_2}{s_d}\bullet\frac{1}{\left(k_2-1\right)\xi} \tag{7.90}$$

其中，$\varphi=(\alpha-\beta)s_2\big/\left(\tilde{\theta}s_d\right)-\alpha$，$\phi=(\alpha+\gamma)s_2\big/\left(\tilde{\theta}s_d\right)-\alpha$。最后，可得系统总出行成本函数的表达式为

$$\mathrm{TC}=N_1C_1^*+N_2C_2^*$$

以上基于比率合流策略，分析推导了随机 Y 形合流网络模型中的均衡解。下面将以引理和定理的形式给出这些均衡解的相应性质。

引理 7.6 在比率合流策略下，当参数θ逼近 1 时，随机 Y 形合流网络模型逐渐趋于确定性合流模型。

证明：根据引理 7.3，可得

$$\lim_{\theta\to1}\xi=1,\ \lim_{\theta\to1}\omega=0,\ \lim_{\theta\to1}k_\beta=\lim_{\theta\to1}k_\gamma=-\frac{\beta}{\gamma},\ \lim_{\theta\to1}k_s=\lim_{\theta\to1}k_2=\frac{\beta}{\alpha}$$

那么在比率合流策略下，利用洛必达法则有

$$\lim_{\theta\to1} r_d(t)=\begin{cases} s_2, & t_2^0\leqslant t<t_1^0 \\ s_1+s_2, & t_1^0\leqslant t\leqslant t_1^e \\ s_2, & t_1^e<t\leqslant t_2^e \end{cases}$$

$$\lim_{\theta\to1} d_1(t)=\begin{cases} \alpha s_d s_1/\left[(\alpha-\beta)(s_1+s_2)\right], & t_1^0\leqslant t\leqslant t_\beta \\ \alpha s_d s_1/\left[(\alpha+\gamma)(s_1+s_2)\right], & t_\gamma<t\leqslant t_1^e \end{cases}$$

$$\lim_{\theta\to1} d_2(t)=\begin{cases} \alpha s_d/(\alpha-\beta), & t_2^0\leqslant t<t_1^0 \\ \alpha s_d s_2/\left[(\alpha-\beta)(s_1+s_2)\right], & t_1^0\leqslant t\leqslant t_\beta \\ \alpha s_d s_2/\left[(\alpha+\gamma)(s_1+s_2)\right], & t_\gamma<t\leqslant t_1^e \\ \alpha s_d/(\alpha+\gamma), & t_1^e<t\leqslant t_2^e \end{cases}$$

此外，对各时间区间的临界点，求极限之后有

$$t_2^0=-\frac{\gamma}{\beta+\gamma}\cdot\frac{N_1+N_2}{s_d},\ t_\beta=t_\gamma=-\frac{\beta\gamma}{\beta+\gamma}\cdot\frac{N_1+N_2}{\alpha s_d},\ t_s=t_2^e=\frac{\beta}{\beta+\gamma}\cdot\frac{N_1+N_2}{s_d}$$

$$t_1^0=\frac{\alpha s_d/s_2-(\alpha+\gamma)s_1/s_2-\alpha-\gamma}{\gamma+\beta}\cdot\frac{N_1}{s_1}+(1-s_d/s_2)t_2^0$$

$$t_1^e=\frac{\alpha s_d/s_2-(\alpha+\gamma)s_1/s_2-\alpha+\beta}{\gamma+\beta}\cdot\frac{N_1}{s_1}+(1-s_d/s_2)t_2^0$$

以上极限值为确定性 Y 形合流网络模型的均衡解，得证。

定理 7.2 在均衡状态下，基于比率合流策略，整个系统的总出行成本分别随上游路段瓶颈通行能力 s_1、下游路段瓶颈通行能力 s_d 单调递减，但随上游路段瓶颈通行能力 s_2 单调递增，即 $\partial \mathrm{TC}/\partial s_1<0$，$\partial \mathrm{TC}/\partial s_2>0$，$\partial \mathrm{TC}/\partial s_d<0$。

证明：根据 7.3.3 节的解析推导，可得

$$t_1^0-t_2^0=-\frac{\tilde{\theta}s_d}{s_2}t_2^0-\frac{(\alpha+\gamma)\left[s_2/(\tilde{\theta}s_d)\right]-\alpha+(\alpha+\gamma)\left[s_1/(\tilde{\theta}s_d)\right]}{\gamma+\beta}\cdot\frac{N_1}{s_1}\cdot\frac{\tilde{\theta}s_d}{s_2}$$

定义

$$h=-t_2^0-\frac{(\alpha+\gamma)\left[s_2/(\tilde{\theta}s_d)\right]-\alpha+(\alpha+\gamma)\left[s_1/(\tilde{\theta}s_d)\right]}{\gamma+\beta}\cdot\frac{N_1}{s_1}$$

故两类出行者中最早出发时间的差值可简化为 $t_1^0-t_2^0=h\tilde{\theta}s_d/s_2$。根据前提条件 $C_2^*>C_1^*$ 可知 $t_1^0-t_2^0>0$，那么 $h>0$。

第一类出行者的均衡出行成本$C_1^*=E\left[C_1(t_1^0)\right]$可具体表示为

$$C_1^*=\left[(\alpha-\beta)\left(s_2/(\tilde{\theta}s_d)\right)-\alpha\right]\left(t_1^0-t_2^0\right)-\beta t_2^0$$

注意$\partial t_2^0/\partial s_1=0$，$\partial t_2^0/\partial s_2=0$成立，则对期望出行成本$C_1^*$分别关于$s_1$和$s_2$求一阶微分，可得

$$\frac{\partial C_1^*}{\partial s_1}=\left[(\alpha-\beta)-\alpha\left(\tilde{\theta}s_d/s_2\right)\right]\frac{\partial h}{\partial s_1}$$

$$\frac{\partial C_1^*}{\partial s_2}=\alpha\frac{\tilde{\theta}s_d}{(s_2)^2}h+\left[(\alpha-\beta)\left(s_2/(\tilde{\theta}s_d)\right)-\alpha\right]\frac{\tilde{\theta}s_d}{s_2}\cdot\frac{\partial h}{\partial s_2}$$

由于$h>0$和$(\alpha-\beta)\left[s_2/(\tilde{\theta}s_d)\right]-\alpha<0$，那么有

$$\frac{\partial h}{\partial s_1}=\frac{(\alpha+\gamma)\left[s_2/(\tilde{\theta}s_d)\right]-\alpha}{\gamma+\beta}\cdot\frac{N_1}{(s_1)^2}>0$$

$$\frac{\partial h}{\partial s_2}=-\frac{\alpha+\gamma}{\gamma+\beta}\cdot\frac{1}{\tilde{\theta}s_d}\cdot\frac{N_1}{s_1}<0$$

整合以上结论，显然有$\partial C_1^*/\partial s_1<0$，$\partial C_1^*/\partial s_2>0$成立。

令$g=(\alpha-\beta)\left[s_2/\left(\tilde{\theta}s_d\right)\right]-\alpha$，则均衡出行成本$C_1^*$关于$s_d$的一阶微分为

$$\frac{\partial C_1^*}{\partial s_d}=\frac{\partial C_2^*}{\partial s_d}+\left(t_1^0-t_2^0\right)\frac{\partial g}{\partial s_d}+g\frac{\partial}{\partial s_d}\left(t_1^0-t_2^0\right)$$

由于$\partial\left(t_1^0-t_2^0\right)/\partial s_d=\alpha\tilde{\theta}N_1/\left[(\gamma+\beta)s_1s_2\right]>0$，$t_1^0-t_2^0>0$及$\partial g/\partial s_d=(\beta-\alpha)s_2/\left(\tilde{\theta}{s_d}^2\right)<0$，$g<0$，再根据式（7.88），可得$\partial C_2^*/\partial s_d<0$。因此，$\partial C_1^*/\partial s_d<0$成立。考虑到$\partial C_2^*/\partial s_1=0$及$\partial C_2^*/\partial s_2=0$，进一步可得

$$\frac{\partial \mathrm{TC}}{\partial s_1}=N_1\frac{\partial C_1^*}{\partial s_1}+N_2\frac{\partial C_2^*}{\partial s_1}<0$$

$$\frac{\partial \mathrm{TC}}{\partial s_2}=N_1\frac{\partial C_1^*}{\partial s_2}+N_2\frac{\partial C_2^*}{\partial s_2}>0$$

$$\frac{\partial \mathrm{TC}}{\partial s_d}=N_1\frac{\partial C_1^*}{\partial s_d}+N_2\frac{\partial C_2^*}{\partial s_d}<0$$

得证。

定理 7.2 表明，增大上游路段瓶颈通行能力s_2，会导致整个系统的出行成本上升。故在比率合流策略下，控制路段 2 的瓶颈通行能力反而会使出行者

获益。此外，系统总出行成本随上游路段通行能力s_1的增大而减少，表明控制上游路段的瓶颈通行能力，效果恰得其反。

7.5 数值算例

下面通过一个数值算例，探讨高峰期出行者在随机Y形合流网络模型中出发时间选择的均衡性质。首先，在7.5.1节中基于优先合流策略分析均衡模型的数值解及其性质；然后，在7.5.2节中基于比率合流策略探讨模型的数值解及其性质；最后，在7.5.3节中从解析和数值两个方面比较两种策略下的均衡解的性质。本算例的主要输入变量包括：α=6.4，β=3.9，γ=15.21。这些参数值的设定与Small[132]的实证分析结果相符。其他参数值的输入有：$N_1=0.5$，$N_2=1.0$，$s_1=0.8$，s_2=0.8或者1.0，以及$s_d=0.8$。在确定性条件下，根据Arnott的工作可知，出行需求与瓶颈通行能力的比值等于高峰期通勤时间长度。因此，本算例在确定性条件下的高峰期时间长度为$\left(N_1+N_2\right)/s_d=1.85\,\text{h}$。另外，$\hat{s}_d$可由$\hat{s}_d=s_d\left(\alpha\theta+\gamma\right)/\left(\alpha+\gamma\right)$得到。

在通行能力随机退化的情形下，为了了解不同合流策略对通勤者出发时间行为选择的影响，分别考虑优先合流策略和比率合流策略两种策略下的均衡模型，并对其数值结果进行比较。

7.5.1 优先合流策略

基于优先合流策略，图7–3描述了在通行能力随机退化的前提下，Y形合流网络模型中通勤者累计出发人数与累计到达人数随时间的变化情况。其中，在图7–3（a）中，设$s_2=s_d=0.8$，两类出行者的均衡出行成本分别为$E\left(C_1\right)=5.34$，$E\left(C_2\right)=6.23$，且系统总出行成本为$\text{TC}=8.91$。另外，图7–3（b）将上游路段瓶颈通行能力s_2扩充至1.0。从图可以看出，相对于图7–3（a）中的第一类出行者，其最早出发时间提前了，该数值结论与引理7.3的结论保持一致。扩充上游路段瓶颈通行能力s_2后，可得出行者的均衡出行成本分别为$E\left(C_1\right)=5.83$，$E\left(C_2\right)=6.23$及系统总出行成本$\text{TC}=9.14$。从数值结论上可知，扩充一个上游路段瓶颈通行能力并不会减少出行者的均衡出行成本，反而使整个系统总出行成本增大。故可以认为，不考虑出行者行为反应，单方面增大上游路段瓶颈通行能力反而导致系统效用下降，这就是前面所提到的Braess悖论现象。此外，还可以发现第二类出行者的均衡出行成本在两个图中保持不变，证实了第二类出行者的出行成本与上游路段瓶颈通行能力 s_2 的大小无关。

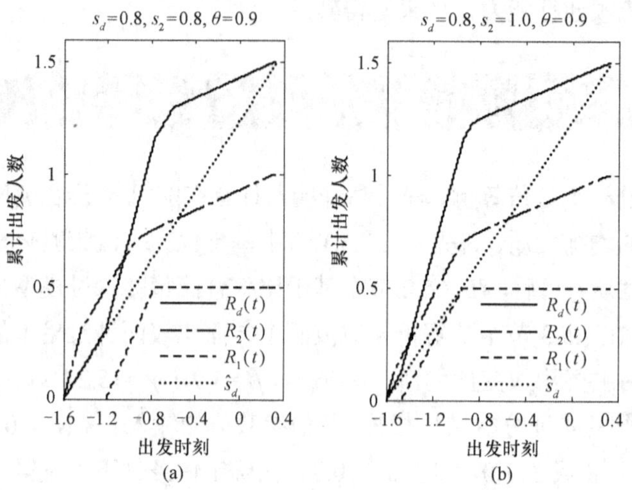

图 7–3　优先合流策略下累计出发人数

为了探讨 θ 对均衡解的影响，表 7–1 对参数 θ 进行了敏感性分析。设 $s_2=1.0$，$s_d=0.8$，且令参数 θ 在区间[0.8，1.0]内变化。根据不同的 θ 值，列出了两类出行者的均衡出行成本和各时间临界点的值。从表 7–1 中可以发现，当 $\theta=1.0$ 时（确定性合流网络模型），临界点满足关式 $t_\beta=t_\gamma=t_1^e$ 和 $t_s=t_2^e$，该数值结论与引理 7.5 的结论一致。此外，还可发现当 θ 值下降时，通勤者高峰期时间长度加长，该数值结论与引理 7.4 保持一致。出现该结论的原因是：减少 θ 值等同于增大出行时间的不确定性，那么通勤者必须提早出发，以避免出行环境的不确定所带来的额外损失。

表 7–1　对应不同参数 θ 的优先合流策略的主要输出结果

θ	$E(C_2)$	$E(C_1)$	t_2^0	t_1^0	t_β	t_γ	t_s	t_1^e	t_2^e	$t_1^e-t_1^0$	$t_2^e-t_2^0$
1.00	5.82	5.11	−1.49	−1.28	−0.80	−0.80	0.38	−0.80	0.38	0.48	1.88
0.95	6.02	5.46	−1.54	−1.37	−0.87	−0.81	0.33	−0.86	0.36	0.51	1.90
0.90	6.23	5.83	−1.60	−1.47	−0.94	−0.68	0.27	−0.93	0.34	0.54	1.93
0.85	6.45	6.23	−1.66	−1.58	−1.03	−0.54	0.20	−1.01	0.31	0.57	1.96
0.80	6.70	6.66	−1.72	−1.70	−1.11	−0.38	0.14	−1.91	0.28	0.61	1.99

图 7–4 描述了下游路段瓶颈 d 和上游路段瓶颈道路 2 的平均排队长度在高峰期内随时间的变化情况，注意两瓶颈口的平均排队长度测量分别相对于瓶颈通行能力 $\hat{s}_d$ 和 s_2。从图中可以发现，当 s_2 从 0.8 扩充至 1.0 时，第二类出行者

在上游瓶颈路段 2 的排队拥挤时间减少，然后在下游合流处的瓶颈排队时间增大。此外，上游路段瓶颈通行能力 s_2 的变化不影响高峰期通勤时间长度的大小，该结论与引理 7.4 相符。

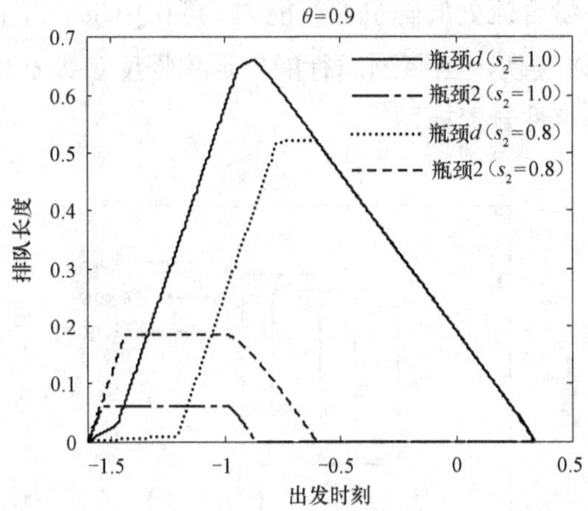

图 7-4　对应不同通行能力，优先合流策略下的排队长度

进一步地，从出行者均衡出行成本及系统总出行成本的变化情况验证 Braess 悖论的存在性。图 7-5 描述了在优先合流策略下，出行者均衡出行成本和系统总出行成本随上游路段瓶颈通行能力 s_2 的变化情况。图 7-5 中的两条虚线分别表示出行者的均衡出行成本，实线表示系统总出行成本。显然，第一类出行者的均衡出行成本和系统总出行成本随 s_2 的增大而增大，而第二类出行者的均衡出行成本保持不变。总之，扩充瓶颈通行能力 s_2 导致系统总出行成本 TC 增大，该结论与定理 7.1 相符。

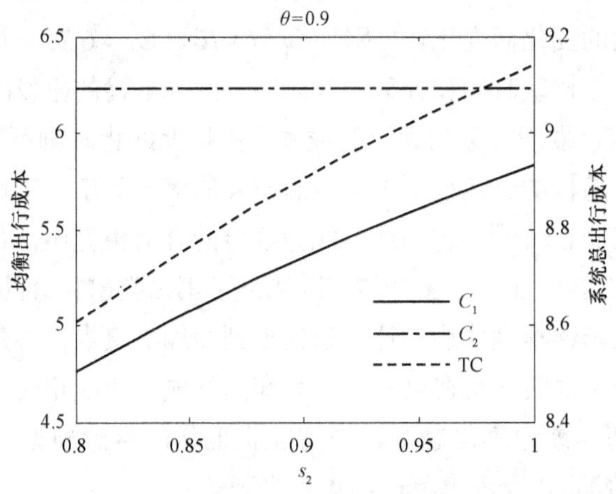

图 7-5　对应不同的通行能力 s_2，优先合流策略下的出行成本

图7–6描述了通行能力的随机退化性对系统出行者行为选择均衡结果的影响。首先，在不同的θ值下，到达率随时间变化的情况如图7–6所示。在该图中，设定上游路段瓶颈通行能力s_2和下游路段瓶颈原始设计通行能力s_d都等于0.8。那么，每天下游合流处的随机通行能力s可在$[0.8\theta,0.8]$内随机变化，其中$\theta \leqslant 1$。从图中可以发现，当瓶颈通行能力退化程度参数θ趋于1时，该随机合流模型就逼近确定性合流模型。

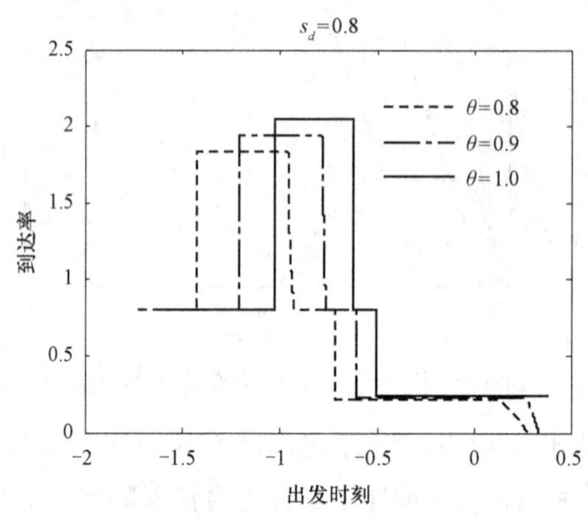

图7–6　优先合流策略下，高峰期内参数θ的变化对到达率r_d的影响

与图7–6中的参数保持一致，图7–7描述了两类出行者的均衡出行成本，包括均衡排队成本、均衡计划延误早到成本和均衡计划延误晚到成本（SDE成本和SDL成本），其中图7–7（a）描述的是第一类出行者，图7–7（b）描述的是第二类出行者。由图可知，在均衡状态下，高峰期内两类出行者的均衡出行成本不随时间的变化而变化，分别为$C_1^*=4.76$，$C_2^*=6.23$，该均衡出行成本是通过出行者权衡排队时间和计划延误时间，选择最优的出发时刻达到的。从图7–7（a）中可以发现计划延误迟到成本在高峰期终止时刻不为零。该现象表明，在通行能力随机的合流模型中，最后出发的第一类出行者可能早到也可能迟到。然而，在Daniel[87]描述的通行能力确定的合流模型中，最后出发的第一类出行者不可能迟到。此外，图7–7（b）描述了第二类出行者的均衡出行成本，可以看出在计划延误早到曲线和计划延误迟到曲线的交点，各延误成本值不为零且排队时间成本曲线没有在最高点与均衡出行成本曲线相交。因此，这些结论都表明，在高峰期通勤问题中，考虑随机退化的合流模型，其均衡结论与Daniel[87]假设的确定性合流模型的结论有显著差别。

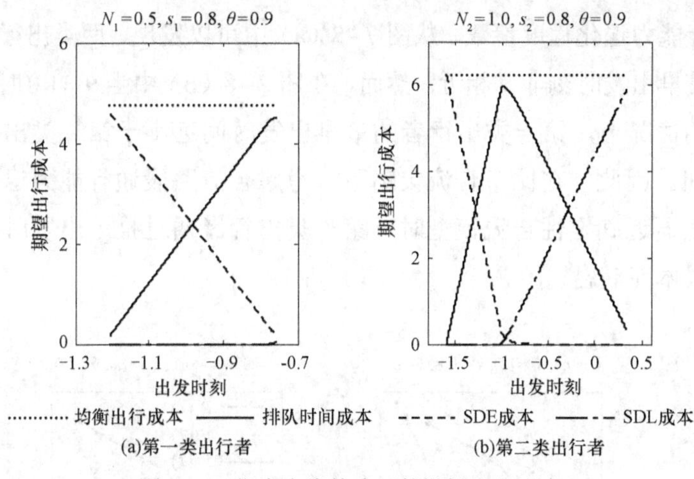

(a)第一类出行者 (b)第二类出行者

图 7-7 优先合流策略下的期望出行成本

7.5.2 比率合流策略

本节考虑比率合流策略。在该策略下，两上游路段受匝道控制，设其通行能力分别为$s_1=0.8$，$s_2=1.0$，其他参数设置参照 7.5.1 节。在比率合流策略下，表 7-2 列举了均衡出行成本和各时间临界点关于参数θ的变化结果。由表 7-2 可以发现，在该策略下高峰期第一类出行者的出行时间长度随参数θ的增大而减小，而第一类出行者的到达率时间跨度没有变化。此外，随着θ的减小，两类出行者的最早出发时间逐渐减小。该结论表明，随着出行环境不确定性的增强，出行者选择提早出发以最小化出行成本。

表 7-2 对应不同参数 θ 的比率合流策略的主要输出结果

θ	$E(C_2)$	$E(C_1)$	t_2^0	t_1^0	t_β	t_γ	t_s	t_1^e	t_2^e	$t_1^e-t_1^0$	$t_2^e-t_2^0$
1.00	5.82	5.53	−1.49	−1.40	−0.79	−0.79	0.38	−0.79	0.38	0.63	1.88
0.95	6.02	5.72	−1.54	−1.45	−0.85	−0.81	0.33	−0.83	0.36	0.63	1.90
0.90	6.23	5.98	−1.60	−1.52	−0.92	−0.68	0.27	−0.89	0.34	0.63	1.93
0.85	6.45	6.30	−1.66	−1.60	−1.01	−0.54	0.20	−0.98	0.31	0.63	1.96
0.80	6.70	6.66	−1.72	−1.71	−1.10	−0.38	0.14	−1.08	0.28	0.63	1.99

图7-8给出了比率合流策略下两类出行者的累计出发人数和累计到达人数随时间的变化情况。其中，图 7-8（a）设定$\theta=0.8$，为该合流模型中下游路

段瓶颈通行能力退化程度参数。从图 7–8（a）中可以发现，两类出行者从生活区出发的最早出发时刻非常相近。然而，在图 7–8（b）中当$\theta=1.0$时，在出行环境确定的情况下，第一类出行者的最早出发时间远小于第二类出行者的最早出发时间。因此，在比率合流策略下，考虑合流路段通行能力退化的随机性合流模型逼近确定性合流模型时，第一类出行者通过推迟出发时间，以降低其出行成本而获益。

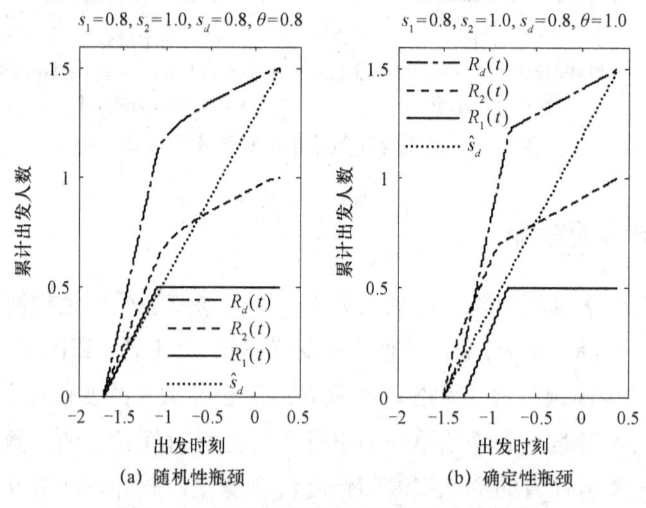

图 7–8　比率合流策略下的累计出发人数

图 7–8 讨论了两种情形的累计出发率和累计到达率的变化情况：一是通行能力随机退化（$\theta=0.8$）；二是通行能力确定不变（$\theta=1.0$）。图 7–9 分析了这两种情况所对应的平均排队长度的变化情况。从图 7–9（a）和图 7–9（b）可以发现，下游合流路段相对于平均通行能力$\hat{s}_d$所得的平均排队长度，在高峰期内最长；其次是上游瓶颈路段 2 相对通行能力s_2的排队长度，平均排队长度最小的就是上游瓶颈路段 1。此外，图 7–9（a）所描述的瓶颈通行能力随机退化情形下的排队延迟，要大于图 7–9（b）所描述的确定性合流模型，其中排队延迟分别为 0.705 9，0.586 5。该数值解表明，考虑瓶颈通行能力退化的随机性合流模型在合流路段的拥挤程度要高于确定性合流模型。换句话说，也就是在随机情形下，在合流路段的排队长度要远大于确定情形下的排队长度。

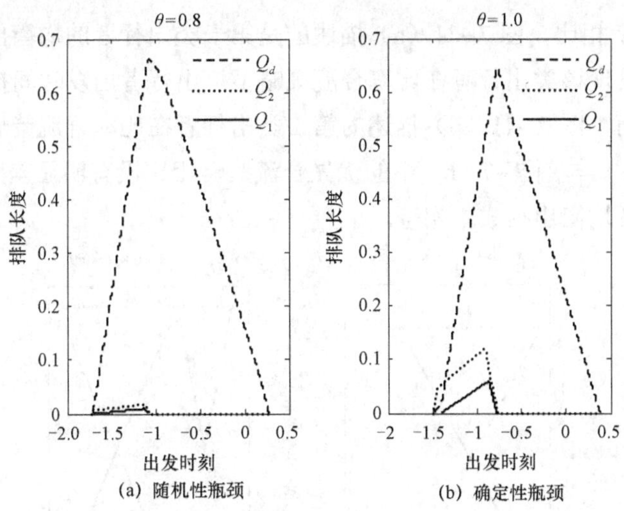

图7-9 比率合流策略下的排队长度

为了与优先合流策略相比较，图 7-10 基于比率合流策略描述了合流处的到达率随时间的变化情况。同样地，设参数$s_1=0.8$，$s_2=0.8$，$s_d=0.8$。显然，基于比率合流策略的模型中，从数值结论上可以看出，当θ趋于 1 时，出行者合流至下游路段的到达率逼近确定性合流模型的到达率。该结论与引理 7.6 一致。

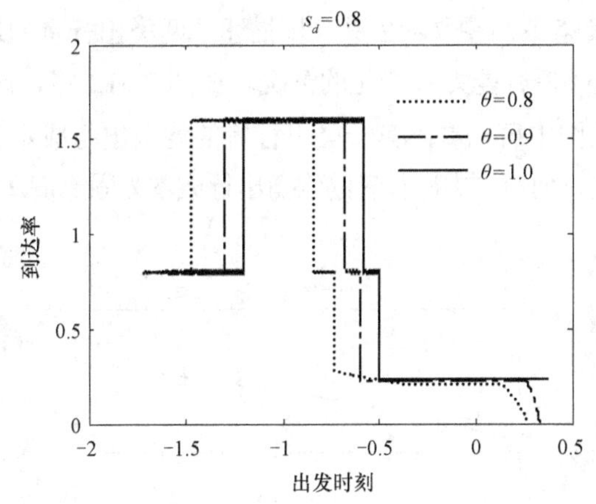

图7-10 对于不同的θ，比率合流策略下的到达率

采用图 7-7 中设置的参数值，考虑上游两条路段都受匝道控制的情形，那么两类出行者分别从生活区出发，都需要通过两个瓶颈才能到达工作地。图 7-11 描述了在比率合流策略下，出行者的均衡出行成本、排队时间成本、计划延误早到时间成本和计划延误迟到时间成本在高峰期内随时间变化的情

况。与图 7–7 相比，图 7–11（a）描述的是第一类出行者的均衡出行成本曲线图像，可以发现该类出行者在比率合流策略下，出行者出发时间提早且出行成本增大。然而，图 7–11（b）描述的第二类出行者在比率合流策略下的均衡出行成本曲线图，与图 7–7（b）中的优先合流策略相比没有明显差别，且两种策略下的出行者均衡出行成本相等。

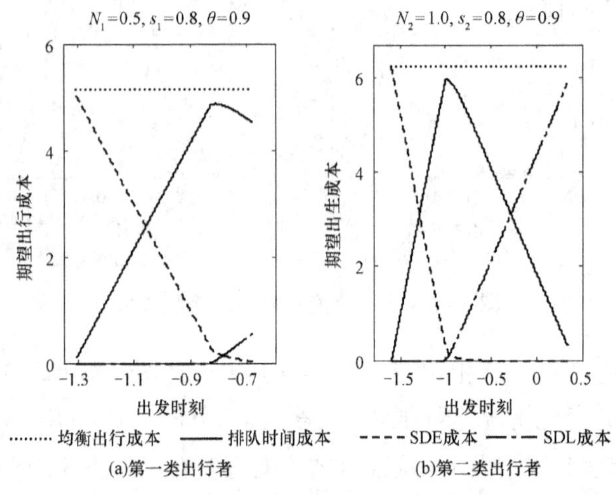

图 7–11　比率合流策略下的期望出行成本

在比率合流策略下，图 7–12 进一步描述了两类出行者的均衡出行成本和系统总出行成本随瓶颈通行能力 s_2 变化的情况。在图 7–12 中，虚线表示出行者的均衡出行成本，从图中可以看出第一类出行者的均衡出行成本和系统总出行成本随 s_2 的增大而增大，而第二类出行者的均衡出行成本为固定值。该数值结论与定理 7.2 的结论一致。

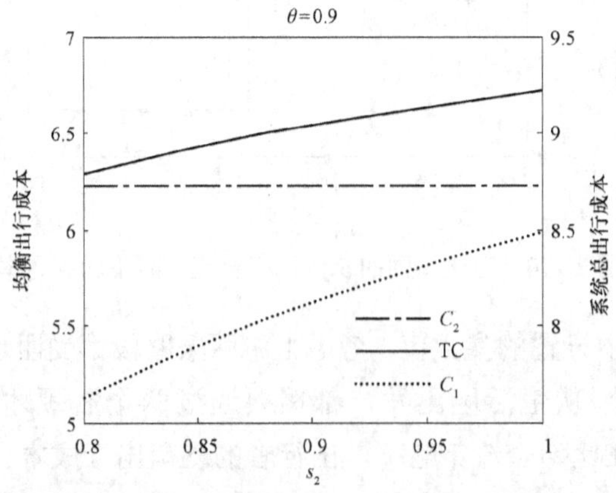

图 7–12　对应不同的通行能力 s_2，比率合流策略下的出行成本

图7-13比较了两种合流策略下，系统总出行成本随θ的变化情况。显然，无论是哪种合流策略，系统总出行成本都随θ的增大而减小。值得一提的是，两种合流策略所对应的系统总出行成本的差值随θ的增大而增大，且当$\theta=1$时，该差值达到最大。

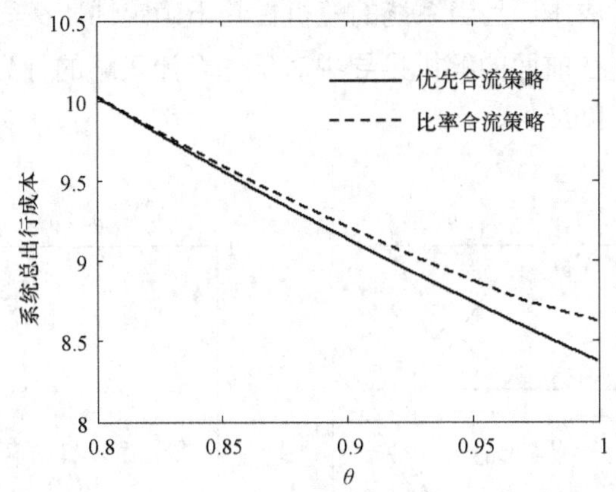

图7-13　对应不同θ，两种合流策略下的系统总出行成本

图7-14比较了两种合流策略下系统总出行成本随出行需求N_1和N_2的变化情况，本算例中设两个出行需求值分别在[0.5，0.8]和[1.0，2.1]内变化。其中，图7-14（a）表示优先合流策略，图7-14（b）表示比率合流策略。显然，在两种策略下，系统总出行成本都随出行需求的增大而增大。

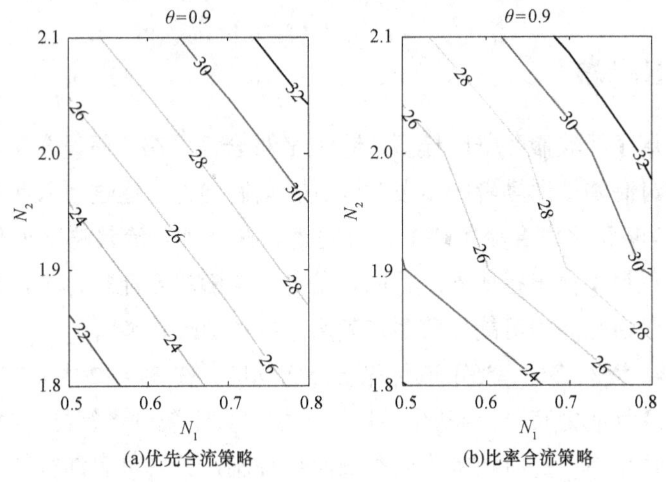

图7-14　对应于不同需求N_1和N_2的系统总出行成本

最后，从数值角度分析了两种合流策略下系统总出行成本之间的差值随两

类出行者需求变化的情况，同时比较了合流道路瓶颈通行能力退化的情况［见图 7–15（a)］及确定性条件的情况［见图 7–15（b)］。图 7–15 中给出了两种合流策略下系统总出行成本之间的差值随 N_1 和 N_2 变化的等高线。由等高线中给出的数字可知，基于优先合流策略的系统总出行成本总小于比率合流策略下的系统总出行成本，且当系统的随机性趋于确定性（$\theta=1$）时，该差值更大。注意，考虑到在前面的解析推导中对优先合流策略的行为假设，该结论只适用于条件 $N_1<s_1$ 和 $N_2>s_2$。

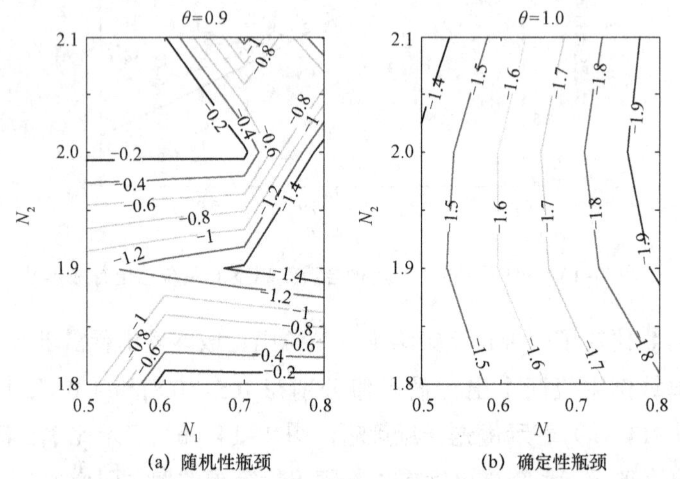

(a) 随机性瓶颈　　(b) 确定性瓶颈

图 7–15　对应于不同的需求 N_1 和 N_2，两合流策略下的系统总出行成本

7.5.3 对比分析

本章扩展了经典瓶颈排队模型，针对 Y 形合流网络，假设合流路段瓶颈随机退化，探讨高峰期通勤者的出发时间选择均衡问题。通过引入两种合流策略（优先合流策略和比率合流策略）分析通勤者在两种合流策略下如何选择出发时间，以实现最小化出行成本的目的。此外，在随机合流模型中，讨论了扩充上游瓶颈路段通行能力可能导致系统效用下降的 Braess 悖论。

在 Y 形合流网络中，当采取优先合流策略时，在图 7–2 中只有上游路段 2 受匝道控制通行能力有限，当从生活区的出发率大于瓶颈通行能力时形成排队。在比率合流策略下，上游两条路段都受匝道控制，分别具有通行能力 s_1，s_2，本章从解析和数值角度分析了模型的均衡解及其相关性质。

首先，讨论两类出行者在合流路段的到达率。在 Y 形合流网络中，无论是在哪种合流策略下，出行者的到达率都可分为 4 种不同的情形讨论：肯定早到、可能早到也可能迟到、肯定迟到、肯定迟到但可能排队也可能不排队。这 4 种情形依次出现，且对应 4 个不同的时间区间。在优先合流策略下，第一类出行者只经历前两种情形。然而，在比率合流策略下，第一类出行者会经历前面三种情形。

其次，通过解析和数值方法获知，当 Y 形合流网络模型考虑不确定性因素时，主要是指瓶颈通行能力的随机退化，通勤者会通过改变出行选择来补偿不确定性带来的潜在效用损失。因此，出行环境的不确定性会导致通勤者提前出发、高峰期长度增大和通勤者均衡出行成本增加。

在两种合流策略下都存在 Braess 悖论，即扩充上游瓶颈路段 2 的通行能力 s_2 反而会降低整个系统的效用。该现象的出现可以解释为：上游瓶颈路段 2 的通行能力增大，则第二类出行者到达下游合流处的到达率增大，虽然上游瓶颈路段 2 拥挤程度下降，但无法弥补下游合流路段增加的拥挤效应，从而导致系统总效用下降。此外，与优先合流策略相比，比率合流策略使得第一类出行者的最早出发时间提前，但第二类出行者的最早出发时间不变。

以上得到的结论，具有很强的政策指导意义。首先，不确定性条件下出行者均衡出行成本增加和高峰期出行时间长度增大，两者的变化对网络效用评估方面具有很大的影响作用，表明需要更加合理的拥挤网络评价系统及新的交通规划方案。其次，Braess 悖论表明，如果不充分考虑出行者行为反应，单方面扩充网络通行能力，会恰得其反，导致系统总效用下降。此外，在设计和构建交通网络模型时，尤其应当注意道路布局和控制规则的设定。

值得一提的是，本章考虑下游合流路段通行能力是随机退化的，为简单起见，假设其通行能力服从均匀分布。此外，采用线性的出行成本函数，基于用户均衡准则（user equilibirum principle）研究出行者出发时间选择。然而，这些假设都是为了推导出均衡解的解析表达式。也许，有些假设条件可以被放松，且这些内容可以作为以后的工作方向。

考虑通行能力随机退化，可以从以下 3 个方面拓展工作。第一，可以将本章中的分析方法用于更为一般的网络，探讨 Braess 悖论存在的可能性。第二，基于其他均衡原则，研究出行者行为选择的变化情况。比如，考虑出行者具有风险偏好的出行成本函数，进行出发时间选择和路径选择[90]。第三，在通行能力随机退化的情形中，考虑瓶颈口的物理排队现象[87]。对该问题进行全面研究，是清晰理解动态网络流性质不可缺少的部分。

7.6 本章小结

本章将经典瓶颈理论扩展到 Y 形合流网络，假设两类出行者从不同生活区出发，通过 Y 形合流网络抵达工作区。由于出行者在合流道路上的相互影响，导致合流路段的通行能力存在随机退化。假设通勤者具有相同的出行成本函数，该函数是随时间变化的，且由走行时间成本、计划延误早到成本和计划延误迟到成本组成。为了获得该模型的均衡解，假设下游路段瓶颈通行能力随机退化且服从均匀分布，并假设出行者基于用户均衡选择出发时间，使得均衡状态下，同类出行者具有相同的出行成本。

在早高峰通勤过程中，考虑出行者可能通过一个或者两个瓶颈才能抵达生活区，故本章对比讨论了两种不同的合流策略：优先合流策略和比率合流策略。基于这两种不同的合流策略，推导出相应的解析解和数值解。结果表明，考虑出行环境的不确定性，将增大出行者的均衡出行成本和延长高峰期时间长度。其次，发现在两类合流策略中存在 Braess 悖论，即扩充上游瓶颈路段 2 的通行能力，反而增大系统总出行成本，降低其效用。此外，通过对比分析两种合流策略，发现在比率合流策略下，第一类出行者的最早出发时间要提前，而第二类出行者的最早出发时间保持不变。

与已有的工作相比，本章的贡献主要体现为：在 Y 形合流网络模型中，考虑合流处瓶颈通行能力随机退化，基于两种不同的合流策略，分析出行者出发时间选择问题；同时，从数值角度分析了随机通行能力对均衡出行成本和出行者均衡模式的影响。理解这里面的因果关系，将有助于交通管理者更好地预测网络的不确定性对均衡出行模式和交通拥挤的影响。最后，结论还显示，扩充上游路段 2 的通行能力，反而会导致整个系统总出行成本增大。该悖论有很重要的现实指导意义，如决定是否扩充已有路段通行能力、扩充哪里的通行能力，就要考虑由此可能产生的结果与影响。

今后，将进一步扩展随机性合流模型，探讨各种拥挤收费方案和管理政策。此外，还可以通过考虑出行者的风险偏好、需求的不确定性、多种出行模式和灵活的工作时间来发展模型。

第 8 章

合流网络下的家庭成员交通出行

交通供需矛盾日趋激烈，已经成为制约我国城市可持续发展的瓶颈。实践表明，单纯地通过增大供给无法从根本上解决城市交通问题，于是学者们提出将城市交通发展理念转向交通需求管理。深入研究城市居民出行行为特征和出行规律，是制定科学有效的交通需求管理策略的关键。出行行为研究涉及出行需求的产生机理、出行行为选择的决策机理、出行选择行为偏好等相关内容。大多数的研究通常以个体的选择行为为假设前提，忽略了出行个体也是家庭中的成员。出行个体的行为在时空限制下，不仅受到自身活动需求的驱使，也受其他家庭成员的出行行为及家庭结构、家庭资源分配等因素的影响。因此，有必要针对家庭出行行为展开研究，区分通勤者的单个人出行决策与家庭成员的综合决策，剖析混合交通流下道路拥堵的形成机理，为进一步缓解高峰期交通拥堵、提高居民出行效率、提出科学有效的交通管理措施奠定基础。

基于家庭的城市居民出行行为研究，主要集中在出行调查数据挖掘、影响因素探究、出行决策过程分析与建模等方面[147-149]。然而，对城市家庭组织构成、居民出行活动差异和道路网络系统之间的互动关系，缺乏有针对性的研究。为此，本章基于 Y 形道路合流网络，考虑家庭成员的出行行为可能包含两个出行目的地（学校和 CBD）。同时假设两类出行者分别从居住地出发，第一类出行者经过上、下游路段直接抵达 CBD，而第二类出行者首先通过上游路段瓶颈到达学校，再经过下游路段抵达 CBD。此外，构建高峰期出行选择均衡模型，假设所有通勤者的出行成本函数相同，即由走行时间成本、进度延迟成本线性组成，且该函数随时间变化。通过分析上学时间与上班时间间隔的大小，探讨不同情形下，通勤者的出行选择问题，推导和分析均衡解的性质。通勤者通过选择出发时间来最小化其出行成本，在用户均衡状态下，当没有一个人能够单方面改变出发时间来降低出行成本时便达到均衡状态。

在均衡状态下，同类出行者具有相同的出行成本。最后，通过数值算例对理论结论进行验证和分析。

本章的研究成果，在理论上推动了我国基于家庭的出行行为研究的发展，丰富了城市居民出行需求分析方面的内容，在实践上为制定城市交通发展策略提供了科学有效的分析工具。

8.1 模型描述

8.1.1 基本符合描述

设α为单位走行时间成本，β为单位早到时间成本，γ为单位迟到时间成本，$C_i(t)$为t时刻第i类出发者的出行成本，$Q_i(t)$为t时刻在瓶颈i处的排队长度，N_i为第i类人的总出行人数，s_2为从居住地到学校的道路上，瓶颈处的通行能力，s_d为下游合流处瓶颈的通行能力，$d_i(t)$为第i类出行者的出发率，t_s^*为学校上课时间，t_w^*为工作地上班时间，$T_i(t)$为第i类出行者在t时刻出发的总走行时间，$T_a(t)$表示从居住地到学校的走行时间。

8.1.2 模型构建

本节讨论的Y形合流网络由两条上游路段和一条下游路段组成，如图8-1所示，针对上游路段1，即从住宅区到CBD（不经过学校），因主干道车道较多且道路较宽，通行能力充足，记为s_1；上游路段2即从住宅区到学校，该路段可能因道路狭窄、送学生上学的人流量增大而形成拥堵，通行能力降低，记为s_2。下游路段为合流路段，由于上游路段的车流在下游路段汇流而形成瓶颈，设通行能力为s_d。模型中考虑两类出行者，第一类出行者从住宅区出发直接前往CBD，途中经过上游路段1及下游路段；第二类出行者从住宅区出发到达学校，后通过下游瓶颈到达CBD。为简便起见，设出行者的自由流时间为0，即在不拥堵的情形下，出行者从住宅区出发即刻到达上游路段瓶颈口，通过下游路段瓶颈口后即刻到达CBD。当瓶颈处的到达率超过瓶颈通行能力时，瓶颈处产生排队。

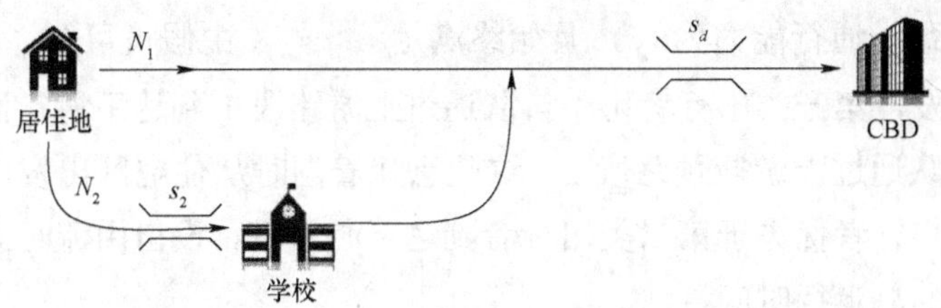

图 8-1 通勤通学的 Y 形合流网络结构

不失一般性，假设出行者的出行成本由走行时间成本和计划延误成本（早到或晚到）两部分构成。基于瓶颈模型，在 t 时刻出发的两类出行者的出行成本如下。

$$C_1(t)=\alpha T_1(t)+\beta \mathrm{SDE}_1(t)+\gamma \mathrm{SDL}_1(t) \tag{8.1}$$

$$C_2(t)=\alpha T_2(t)+\beta \mathrm{SDE}_2(t)+\gamma \mathrm{SDL}_2(t)+\beta\ \overline{\mathrm{SDE}}(t)+\gamma \overline{\mathrm{SDL}}(t) \tag{8.2}$$

其中，$T_i(t)$ 为第 i 类出行者在 t 时刻出发的总走行时间。假设参数之间满足关系式 $2\beta<\alpha<\gamma$[72]。

此外，第 i 类出行者的计划早到时间和计划迟到时间分别为

$$\mathrm{SDE}_i(t)=\max\{0,t_w^*-t-T_i(t)\}，\ \mathrm{SDL}_i(t)=\max\{0,t+T_i(t)-t_w^*\} \tag{8.3}$$

对于第二类通勤者来说，还需要承担由通学产生的计划延误成本

$$\overline{\mathrm{SDE}}(t)=\max\left\{0,t_s^*-t-T_a(t)\right\}，\ \overline{\mathrm{SDL}}(t)=\max\left\{0,t+T_a(t)-t_s^*\right\} \tag{8.4}$$

其中，$T_a(t)$ 为第二类出行者从居住地出发到学校的走行时间，t_w^* 为上班时刻，t_s^* 为上课时刻。

该合流模型基于点排队理论，故不考虑物理排队和排队溢出现象。因道路通行能力受限，每个人必须选择出行时间来最小化其出行成本，当没有一个出行者能够通过单方面改变出发时间来降低出行成本时，达到均衡状态，即每类出行者的出行成本相同，均衡条件为

$$\mathrm{d}C_i(t)/\mathrm{d}t=0 \tag{8.5}$$

其中，$i=1,2$，分别表示第一类出行者和第二类出行者。

8.2 合流网络均衡分析

关于合流网络的均衡分析，本章假设：上游路段 1 的通行能力足够大而不具有约束力；上游路段 2 受限形成瓶颈，通行能力为 s_2；同时，下游路段由于

合流产生瓶颈，通行能力为s_d，且始终满足$s_2 > s_d$。由假设可知，选择t时刻从住宅区出发，第一类出行者可不排队通过上游路段 1 到达下游，而第二类出行者则需排队通过上游瓶颈路段 2。这就意味着同时从住宅区出发的两类出行者，第一类出行者优先于第二类出行者到达下游路段。设自由流时间为 0，则两类出行者的总走行时间为

$$T_1(t) = Q_d(t)/s_d \tag{8.6}$$

$$T_2(t) = T_a(t) + Q_d[t + T_a(t)]/s_d \tag{8.7}$$

其中

$$T_a(t) = Q_2(t)/s_2 \tag{8.8}$$

然后，令τ_i为第i类出行者的高峰期时间长度区间，且$\tau_i = [t_0^i, t_e^i]$，$i = 1,2$。其中，t_0^i和t_e^i分别表示高峰期开始时刻和终止时刻。根据道路网络结构，相对于同一时刻抵达下游路段的第一类出行者来说，第二类出行者还需要在上游路段 2 上花费额外的排队时间，并且产生额外的计划延误成本（早于或晚于学校上课时间）。因此，第二类出行者的出行成本要大于第一类出行者的出行成本，即$C_2 > C_1$。在均衡状态下，由成本关系可得，最早出发的第一类出行者不早于第二类出行者，即$t_0^2 \leqslant t_0^1$。换言之，如果$t_0^1 < t_0^2$，第一类出行者总能通过推迟出发减少计划延误成本，来降低自己的出行成本，故在该不等式关系下，均衡不存在。因此，整个系统中最早出发时间和最晚出发时间可由第二类出行者确定，即高峰期区间为$[t_0^2, t_e^2]$。注意，该区间同时是出行者到达下游瓶颈路段的到达时间区间。

考虑到t_s^*与t_w^*的设置对出行者的出发时间选择及出发率产生影响，本章对出行者的行为选择分析可归纳为以下两种情形。

1. 通学－通勤的理想到达时间间隔较小

学校上课时间与上班时间之差较小，即$t_w^* - t_s^* < \bar{T}$（该临界值是第二类出行者准时到达学校和上班地的条件）。在用户均衡下，将会有一部分家庭出行者提前到达学校，但上班迟到。其中，

$$\bar{T} = [2N_1 + (s_2 - s_d)\eta]/(s_2 + s_d) \tag{8.9}$$

其中

$$\eta = (\alpha + \gamma)(N_1 + N_2)/[s_d(\beta + \gamma)] + (\gamma - \alpha)N_2/[s_2(\beta + \gamma)]$$

2. 通学－通勤的理想到达时间间隔较大

学校上课时间与上班时间之差较大，即$t_w^* - t_s^* > \bar{T}$。在均衡状态下，将会有

一部分家庭出行者提前到达上班地，但其小孩面临上学迟到。下面将对上述两种情形进行分析，推导其均衡结论。

8.2.1 通学–通勤的理想到达时间间隔较小

1. 出发率分析

首先根据不同出行情况将两类出行者的出发时间分为不同区间，分别计算出相应的出发率和下游排队率。对于第一类出行者，可能出现早到 CBD 和晚到 CBD 两种情形。定义 t_n 为准时到达 CBD 的出发时间，下面对出发率和排队率的均衡解给出具体推导。

1）早到 CBD

第一类出行者的出发时间区间为 $[t_0^1,t_n]$，其出行成本可以表示为

$$C_1(t)=\alpha T_1(t)+\beta[t_w^*-t-T_1(t)] \tag{8.10}$$

将式（8.6）代入式（8.10）并对 t 求导，可得下游排队率为

$$\mathrm{d}Q_d(t)/\mathrm{d}t=\beta s_d/(\alpha-\beta) \tag{8.11}$$

又由

$$\mathrm{d}Q_d(t)/\mathrm{d}t=r_d(t)-s_d \tag{8.12}$$

其中，$r_d(t)$ 为下游瓶颈路段的到达率，可表示为

$$r_d(t)=s_2+d_1(t) \tag{8.13}$$

可得该时间区间内第一类出行者的出发率为

$$d_1(t)=\alpha s_d/(\alpha-\beta)-s_2 \tag{8.14}$$

考虑到 $d_1(t)>0$，则必须满足如下条件

$$s_2/s_d<\alpha/(\alpha-\beta) \tag{8.15}$$

式（8.15）表明，相比于下游路段 s_d，上游路段 2 的瓶颈通行能力 s_2 不能过大。

2）晚到 CBD

第一类出行者的出发时间区间为 $t\in[t_n,t_e^1]$，其出行成本可以表示为

$$C_1(t)=\alpha T_1(t)+\gamma[t+T_1(t)-t_w^*] \tag{8.16}$$

将式（8.6）代入式（8.16）并对 t 求导，可得下游排队率为

$$\mathrm{d}Q_d(t)/\mathrm{d}t=-\gamma s_d/(\alpha+\gamma) \tag{8.17}$$

由式（8.12）、式（8.13）、式（8.17）可得第一类出行者的出发率为

$$d_1(t)=\alpha s_d/(\alpha+\gamma)-s_2 \tag{8.18}$$

根据 $s_2 > s_d$，$\alpha < \gamma$ 可知 $d_1(t) \leqslant 0$，即该时间区间内第一类出行者的出发率为 0。那么，由上面的分析可知，$t_e^1 = t_n$。

对于第二类出行者，首先定义 $\tilde{t}_s$ 为准时到达学校的理想出发时刻，$\tilde{t}_w$ 为准时到达 CBD 的理想出发时刻。当出发时刻 $t > \tilde{t}_w$ 时，则第二类出行者通过上游瓶颈路段 2 到达学校，可能早到也可能迟到。根据式（8.9），当学校上课时间与 CBD 上班时间间隔为 $\bar{T}$ 时，选择在 $t = \tilde{t}_s$ 时刻出发的第二类出行者，通过上游瓶颈路段 2 后准时到达学校，再通过下游瓶颈路段后准时到达 CBD。那么，当学校上课时间与 CBD 上班时间间隔较小时，即 $t_w^* - t_s^* < \bar{T}$，准时到达学校的出行者必定晚到 CBD。换言之，准时到达 CBD 的出行者必然早到学校。那么，在此情形下，总有不等式 $\tilde{t}_s > \tilde{t}_w$ 成立。同理，对于学校上课时间与 CBD 上班时间间隔较大的情形，不等式 $\tilde{t}_s < \tilde{t}_w$ 总成立。

由分析可知，当 $t_w^* - t_s^* < \bar{T}$ 时，第二类出行者可能依次面临三种情形：早到学校和 CBD；早到学校但晚到 CBD；晚到学校和 CBD。下面给出具体的均衡分析。

（1）早到学校和 CBD

第二类出行者的出发时间区间为 $[t_0^2, \tilde{t}_w]$，其出行成本为

$$C_2(t) = \alpha T_a(t) + \beta [t_s^* - t - T_a(t)] + \alpha Q_d[t + T_a(t)]/s_d + \beta [t_w^* - t - T_2(t)] \tag{8.19}$$

下游路段的排队率为

$$\frac{\mathrm{d}Q_d(t)}{\mathrm{d}t} = \begin{cases} s_2 - s_d, & t \in [t_0^2, t_0^1] \\ \beta s_d/(\alpha - \beta), & t \in [t_0^1, \tilde{t}_w] \end{cases} \tag{8.20}$$

根据上游路段的排队率

$$\mathrm{d}Q_2(t)/\mathrm{d}t = d_2(t) - s_2 \tag{8.21}$$

再将式（8.7）、式（8.8）、式（8.20）与式（8.21）同时代入式（8.19），并关于 t 求导，在均衡状态下，可得第二类出行者的出发率为

$$d_2(t) = \begin{cases} \alpha s_2 s_d / [(\alpha - \beta)s_2 - \beta s_d], & t \in [t_0^2, t_0^1] \\ \alpha s_2/(\alpha - \beta), & t \in [t_0^1, \tilde{t}_w] \end{cases} \tag{8.22}$$

（2）早到学校但晚到 CBD

第二类出行者的出发时间区间为 $[\tilde{t}_w, \tilde{t}_s]$，其出行成本为

$$C_2(t) = \alpha T_a(t) + \beta [t_s^* - t - T_a(t)] + \alpha Q_d[t + T_a(t)]/s_d + \gamma\ [t + T_2(t) - t_w^*] \tag{8.23}$$

下游路段的排队率为

$$\mathrm{d}Q_d(t)/\mathrm{d}t = s_2 - s_d \tag{8.24}$$

将式（8.7）、式（8.8）、式（8.21）、式（8.24）代入式（8.23）并对 t 求导，可得

$$d_2(t) = \alpha s_2 s_d / [(\alpha+\gamma)s_2 - \beta s_d] \tag{8.25}$$

（3）晚到学校和 CBD

第二类出行者的出发时间区间为$[\tilde{t}_s, t_e^2]$，其出行成本为

$$C_2(t) = \alpha T_a(t) + \gamma[t + T_a(t) - t_s^*] + \alpha Q_d[t + T_a(t)]/s_d + \gamma[t + T_2(t) - t_w^*] \tag{8.26}$$

结合式（8.7）、式（8.8）、式（8.21）、式（8.24）并对 t 求导，可得

$$d_2(t) = \alpha s_2 s_d / [(\alpha+\gamma)s_2 + \gamma s_d] \tag{8.27}$$

2. 均衡解分析

根据前文的分析可知，最早出发的第二类出行者在上、下游均无须排队，最晚出发的第二类出行者，根据 $s_2 > s_d$，在下游路段仍需排队。那么，最早出发和最晚出发的第二类出行者，其出行成本可分别表示为

$$C_2(t_0^2) = \beta(t_1^* - t_0^2) + \beta(t_2^* - t_0^2) \tag{8.28a}$$

$$C_2(t_e^2) = \gamma(t_e^2 - t_s^*) + \alpha Q_d(t_e^2)/s_d + \gamma(t_e^2 + Q_d(t_e^2)/s_d - t_w^*) \tag{8.28b}$$

根据最后一位出行者面临的排队长度

$$Q_d(t_e^2) = N_1 + N_2 - s_d(t_e^2 - t_0^2) \tag{8.29}$$

且

$$t_e^2 - t_0^2 = N_2 / s_2 \tag{8.30}$$

由均衡条件 $C_2(t_0^2) = C_2(t_e^2)$ 及式（8.25）、式（8.29）和式（8.30）得

$$t_0^2 = \frac{t_s^* + t_w^*}{2} - \frac{(\alpha+\gamma)(N_1+N_2)}{2s_d(\beta+\gamma)} - \frac{(\gamma-\alpha)N_2}{2s_2(\beta+\gamma)} \tag{8.31a}$$

$$t_e^2 = \frac{t_s^* + t_w^*}{2} - \frac{(\alpha+\gamma)(N_1+N_2)}{2s_d(\beta+\gamma)} + \frac{(2\beta+\gamma+\alpha)N_2}{2s_2(\beta+\gamma)} \tag{8.31b}$$

再将式（8.31a）代入式（8.28a），可得第二类出行者的均衡出行成本为

$$C_2 = \frac{\beta(\alpha+\gamma)(N_1+N_2)}{s_d(\beta+\gamma)} + \frac{\beta(\gamma-\alpha)N_2}{s_2(\beta+\gamma)} \tag{8.32}$$

值得注意的是，根据式（8.32）可知，第二类出行者的均衡出行成本与 t_s^*

和t_w^*无关。

对于第一类出行者，由$t_n = t_e^1$，可得

$$t_e^1 + Q_d(t_e^1)/s_d = t_w^* \tag{8.33}$$

其中，

$$Q_d(t_e^1) = \int_{t_0^2}^{t_0^1}(s_2 - s_d)\mathrm{d}t + \int_{t_0^1}^{t_e^1}\beta s_d/(\alpha-\beta)\mathrm{d}t \tag{8.34}$$

利用关系式

$$t_e^1 - t_0^1 = N_1/[\alpha s_d/(\alpha-\beta) - s_2] \tag{8.35}$$

再将式（8.34）、式（8.35）代入式（8.33），可得

$$t_0^1 = \frac{t_w^* + t_s^*}{2} + \frac{s_d(t_w^* - t_s^*)}{2s_2} - \frac{(s_2 - s_d)\eta}{s_2} - \frac{\alpha s_d N_1}{s_2[\alpha s_d - (\alpha-\beta)s_2]} \tag{8.36a}$$

$$t_e^1 = \frac{t_w^* + t_s^*}{2} + \frac{s_d(t_w^* - t_s^*)}{2s_2} - \frac{(s_2 - s_d)\eta}{2s_2} - \frac{N_1}{s_2} \tag{8.36b}$$

其中，$\eta = (\alpha+\gamma)(N_1+N_2)/[s_d(\beta+\gamma)] + (\gamma-\alpha)N_2/[s_2(\beta+\gamma)]$。

通学–通勤理想到达时间的间隔存在临界值，即在该临界值设置下，存在某一时刻t，在该时刻出发的家庭出行者，既能将孩子按时送到学校，同时又可以准时上班。根据前文分析，该出行者到达下游瓶颈路段的时刻正好等于学校的准时上课时间，即$t_e^1 = t_s^*$。由式（8.36b）可解得该临界条件为

$$t_w^* - t_s^* = \overline{T} = [2N_1 + (s_2 - s_d)\eta]/(s_2 + s_d) \tag{8.37}$$

根据均衡条件，该类出行者中所有人的出行成本相同。那么，对于最早出发的出行者，其出行成本为

$$C(t_0^1) = \alpha Q_d(t_0^1)/s_d + \beta\left[t_2^* - t_0^1 - Q_d(t_0^1)/s_d\right] \tag{8.38}$$

由式（8.20）可知$Q_d(t_0^1) = (s_2 - s_d)(t_0^1 - t_0^2)$，结合该式与式（8.31a）和式（8.36a）可得均衡出行成本为

$$C_1 = \frac{\alpha(s_2 - s_d)}{2s_2}(t_w^* - t_s^* + \eta) + \frac{\alpha N_1}{s_2} \tag{8.39}$$

于是，系统总出行成本为

$$\mathrm{TC} = \frac{\alpha(s_2 - s_d)N_1}{2s_2}(t_w^* - t_s^*) + \eta\left[\beta N_2 + \alpha(s_2 - s_d)N_1/2s_2\right] + \frac{\alpha N_1^2}{s_2} \tag{8.40}$$

其中，$\eta = (\alpha+\gamma)(N_1+N_2)/[s_d(\beta+\gamma)] + (\gamma-\alpha)N_2/[s_2(\beta+\gamma)]$。

定理 8.1 在均衡状态下，增大上游瓶颈路段 2 的通行能力s_2，会导致第二类出行者的出行时间区间缩小，即整个系统高峰期的通勤时间缩短。

证明：对式（8.31a）和式（8.31b）分别关于s_2求一阶微分，可得

$$\frac{\partial t_0^2}{\partial s_2}=\frac{(\gamma-\alpha)N_2}{2s_2^2(\gamma+\beta)},\quad \frac{\partial t_e^2}{\partial s_2}=-\frac{(2\beta+\gamma+\alpha)N_2}{2s_2^2(\gamma+\beta)} \tag{8.41}$$

根据参数关系式$\gamma>\alpha>2\beta>0$，可得$\partial t_0^2/\partial s_2>0$，$\partial t_e^2/\partial s_2<0$，得证。

定理 8.2 在均衡状态下，扩大下游瓶颈路段的通行能力s_d，可导致两类出行者的出行成本均减少。

证明：对式（8.32）和式（8.39）分别关于s_d求一阶微分，可得

$$\frac{\partial C_1}{\partial s_d}=-\frac{\alpha(t_w^*-t_s^*+\eta)}{2s_2}-\frac{\alpha(s_2-s_d)(\alpha+\gamma)(N_1+N_2)}{2s_2s_d{}^2(\gamma+\beta)},\quad \frac{\partial C_2}{\partial s_d}=-\frac{\beta(\alpha+\gamma)(N_1+N_2)}{(\gamma+\beta)s_d{}^2} \tag{8.42}$$

根据$\gamma>\alpha>2\beta>0$，可知$\partial C_1/\partial s_d<0$，$\partial C_2/\partial s_d<0$在该均衡状态下成立，得证。

由定理 8.2 可知，扩大下游瓶颈路段的通行能力，可以允许一定时间内有更多两类出行者通过下游路段，从而缓解高峰期交通拥堵。

定理 8.3 在均衡状态下，扩大上游瓶颈路段 2 的通行能力可能产生 Braess 悖论现象。但合理设置上学时间与上班时间可消除悖论，即扩大上游路段通行能力可以减少系统总出行成本。

证明：对式（8.40）关于s_2求一阶微分，可得

$$\frac{\partial \mathrm{TC}}{\partial s_2}=\frac{\alpha s_d N_1}{2s_2{}^2}(t_w^*-t_s^*+\eta)-\left[\beta N_2+\frac{\alpha(s_2-s_d)N_1}{2s_2}\right]\cdot\frac{(\gamma-\alpha)N_2}{s_2{}^2(\beta+\gamma)}-\frac{\alpha N_1^2}{s_2{}^2} \tag{8.43}$$

两目的地的理想到达时间间隔满足

$$t_w^*-t_s^*>\frac{2N_1}{s_d}-\eta+\theta\frac{(\gamma-\alpha)N_2}{N_1(\beta+\gamma)} \tag{8.44}$$

其中，$\theta=[2\beta s_2N_2+\alpha N_1(s_2-s_d)]/(\alpha s_2s_d)$，代入式（8.43），得$\partial\mathrm{TC}/\partial s_2>0$，即随着上游路段通行能力的扩大，系统总出行成本反而上升，Braess 悖论现象发生；反之，如果时间间隔缩小，则$\partial\mathrm{TC}/\partial s_2<0$，即随着上游路段通行能力的扩大，系统总出行成本下降，悖论消失。

定理 8.4 在均衡状态下，在高峰期内，第二类出行者的出发率$d_2(t)$不随时间的增大而增大。

证明：由式（8.22）可知第二类出行者在“早到学校和 CBD”情形下的出发率。对 $\forall t \in [t_0^2, t_0^1)$，令 $d_2(t) = d_2^1$，其中 $d_2^1 = \alpha s_2 s_d / [(\alpha - \beta)s_2 - \beta s_d]$；对 $\forall t \in [t_0^1, \tilde{t}_w]$，令 $d_2(t) = d_2^2$，其中 $d_2^2 = \alpha s_2 / (\alpha - \beta)$，显然有

$$d_2^1 / d_2^2 = (\alpha - \beta)s_d / [(\alpha - \beta)s_2 - \beta s_d] \tag{8.45}$$

同理，由式（8.25）和式（8.27），令 $d_2^3 = \alpha s_2 s_d / [(\alpha + \gamma)s_2 - \beta s_d]$，$d_2^4 = \alpha s_2 s_d / [(\alpha + \gamma)s_2 + \gamma s_d]$，可得

$$d_2^2 / d_2^3 = [(\alpha+\gamma)s_2 - \beta s_d] / [(\alpha - \beta)s_d] \tag{8.46a}$$

$$d_2^3 / d_2^4 = [(\alpha+\gamma)s_2 + \gamma s_d] / [(\alpha+\gamma)s_2 - \beta s_d] \tag{8.46b}$$

由式（8.15）可知，$d_2^1 / d_2^2 > 1$。再根据 $s_2 > s_d$ 和 $2\beta < \alpha < \gamma$，可知 $d_2^2 / d_2^3 > 1$ 和 $d_2^3 / d_2^4 > 1$。因此，在均衡状态下，第二类出行者的出发率满足不等式 $d_2^1 > d_2^2 > d_2^3 > d_2^4$，且在各个时间区间内出发率为常数，即在高峰期内出发率不随时间的增大而增大，得证。

8.2.2 通学–通勤的理想到达时间间隔较大

类似 8.2.1 节的分析，当学校上课时间与 CBD 上班时间间隔较大时，出行者在高峰期（$[t_0^2, t_e^2]$）依然面临排队，并遵循用户均衡原理。根据假设 $\gamma > \alpha > 2\beta > 0$，在该情形下，第一类出行者只有早到和准时到达 CBD 两种情形。然而，因为通学–通勤的理想到达时间间隔较大，在高峰期内第二类出行者可能依次面临三种情形：早到学校和 CBD；晚到学校但早到 CBD；晚到学校和 CBD。具体讨论如下。

（1）早到学校和 CBD

第二类出行者的出发时间区间为 $[t_0^2, \tilde{t}_s]$，其出行成本为

$$C_2(t) = \alpha T_a(t) + \beta [t_s^* - t - T_a(t)] + \alpha Q_d[t + T_a(t)]/s_d + \beta [t_w^* - t - T_2(t)] \tag{8.47}$$

下游路段的排队率为

$$\frac{\mathrm{d}Q_d(t)}{\mathrm{d}t} = \begin{cases} s_2 - s_d, & t \in [t_0^2, t_0^1] \\ \beta s_d / (\alpha - \beta), & t \in (t_0^1, \tilde{t}_s] \end{cases} \tag{8.48}$$

上游路段 2 的排队率为

$$\mathrm{d}Q_2(t)/\mathrm{d}t = d_2(t) - s_2 \tag{8.49}$$

将式（8.7）、式（8.8）代入式（8.47）并对 t 求导，则可得该时间区间内第二

类出行者的出发率为

$$d_2(t)=\begin{cases}\alpha s_2 s_d/[(\alpha-\beta)s_2-\beta s_d], & t\in[t_0^2,t_0^1]\\ \alpha s_2/(\alpha-\beta), & t\in\left(t_0^1,\tilde{t}_s\right]\end{cases} \tag{8.50}$$

（2）晚到学校但早到 CBD

第二类出行者的出发时间区间为$[\tilde{t}_s,\tilde{t}_w]$，其出行成本可表示为

$$C_2(t)=\alpha T_a(t)+\gamma[t+T_a(t)-t_s^*]+\alpha Q_d[t+T_a(t)]/s_d+\beta[t_w^*-t-T_2(t)] \tag{8.51}$$

下游路段的排队率为

$$\mathrm{d}Q_d(t)/\mathrm{d}t=d_1+s_2-s_d \tag{8.52}$$

将式（8.7）、式（8.8）代入式（8.51）并对 t 求导，可得该时间区间内第二类出行者的出发率为

$$d_2(t)=\alpha s_2/(\alpha+\gamma) \tag{8.53}$$

（3）晚到学校和 CBD

第二类出行者的出发时间区间为$[\tilde{t}_w,t_e^2]$，则出行成本可以表示为

$$C_2(t)=\alpha T_a(t)+\gamma[t+T_a(t)-t_s^*]+\alpha Q_d[t+T_a(t)]/s_d+\gamma[t+T_2(t)-t_w^*] \tag{8.54}$$

结合式（8.7）、式（8.8）、式（8.18）、式（8.27）并对t求导，可得该时间区间内第二类出行者的出发率为

$$d_2(t)=\alpha s_2 s_d/[(\alpha+\gamma)s_2+\gamma s_d] \tag{8.55}$$

同理可得，在均衡状态下两类出行者的均衡出行成本为

$$C_1=\frac{\alpha(s_2-s_d)}{2s_2}(t_w^*-t_s^*+\eta)+\frac{\alpha N_1}{s_2} \tag{8.56}$$

$$C_2=\frac{\beta(\alpha+\gamma)(N_1+N_2)}{s_d(\beta+\gamma)}+\frac{\beta(\gamma-\alpha)N_2}{s_2(\beta+\gamma)} \tag{8.57}$$

其中，$\eta=(\alpha+\gamma)(N_1+N_2)/[s_d(\beta+\gamma)]+(\gamma-\alpha)N_2/[s_2(\beta+\gamma)]$。

定理 8.5 在“晚到学校但早到 CBD”情形下，增大学校上课时间与 CBD 上班时间间隔，对家庭出行者无影响，但会增加个人出行者的出行成本，从而使系统总出行成本增大。

证明：将式（8.56）、式（8.57）关于$(t_w^*-t_s^*)$求微分，可得

$$\partial C_1/\partial\left(t_w^*-t_s^*\right)=\alpha(s_2-s_d)/(2s_2) \tag{8.58}$$

根据$s_2>s_d$可知$\partial C_1/\partial\left(t_w^*-t_s^*\right)>0$，$\partial C_2/\partial\left(t_w^*-t_s^*\right)=0$。注意到，系统总出行

成本为TC=$N_1C_1+N_2C_2$，则有$\partial \text{TC}/\partial\left(t_w^*-t_s^*\right)=N_1\left[\partial C_1/\partial\left(t_w^*-t_s^*\right)\right]>0$成立。

定理 8.5 表明，可以通过缩短准时上课与准时上班的时间间隔提高系统效用，降低系统总出行成本。

定理 8.6 在均衡状态下，在高峰期内，第二类出行者的出发率$d_2(t)$不随时间的增大而增大。

证明：该定理的证明类似于定理 8.4。由式（8.50），令时间区间$[t_0^2,t_0^1)$与$[t_0^1,\tilde{t}_s]$内的第二类出行者的出发率分别为$d_2^1=\alpha s_2 s_d/[(\alpha-\beta)s_2-\beta s_d]$，$d_2^2=\alpha s_2/(\alpha-\beta)$，则有如下比值：

$$d_2^1/d_2^2=(\alpha-\beta)s_d/[(\alpha-\beta)s_2-\beta s_d] \tag{8.59}$$

同理，结合式（8.53）、式（8.55），令$d_2^3=\alpha s_2/(\alpha+\gamma)$，$d_2^4=\alpha s_2 s_d/[(\alpha+\gamma)s_2+\gamma s_d]$，可得

$$d_2^2/d_2^3=(\alpha+\gamma)/(\alpha-\beta),\quad d_2^3/d_2^4=[(\alpha+\gamma)s_2+\gamma s_d]/[(\alpha+\gamma)s_d] \tag{8.60}$$

由式（8.15）可知，$d_2^1/d_2^2>1$，且根据$s_2>s_d, 2\beta<\alpha<\gamma$，可知$d_2^2/d_2^3>1$，$d_2^3/d_2^4>1$。因此可知，在均衡状态下，不等式$d_2^1>d_2^2>d_2^3>d_2^4$成立，且在各个时间区间内出发率为常数，即在高峰期内出发率不随时间的增大而增大，得证。

8.3 数值算例

本节将通过一个数值算例，探讨高峰期出行者在该合流网络中出发时间选择的均衡性质。设置参数为：$\alpha=0.3$，$\beta=0.1$，$\gamma=0.4$。两类出行者的出行人数分别设为$N_1=0.2$，N_2=1.2（此处数据做了同比例缩小处理），各路段通行能力分别设为$s_2=1.0$，$s_d=0.8$。其次，当通学与通勤的理想到达时间间隔较小时，设学校的理想到达时间为$t_s^*=8.0$，CBD 的理想到达时间为$t_w^*=8.5$；当二者时间间隔较大时，设$t_s^*=8.0$，$t_w^*=8.7$，计算结果由表 8–1 列出。

表 8–1 出行者在不同时间间隔下的出行时间与出行成本

分类	$t_w^*-t_s^*<\bar{T}$	$t_w^*-t_s^*>\bar{T}$
C_1	0.198 9	0.204 9
C_2	0.269 0	0.269 0
t_0^2	6.905 0	7.005 0
t_e^2	8.105 0	8.205 0

续表

分类	$t_w^*-t_s^*<\bar{T}$	$t_w^*-t_s^*>\bar{T}$
$\tilde{t}_w$	7.597 0	7.992 0
$\tilde{t}_s$	7.646 1	7.616 3
t_0^1	6.981 0	7.161 0
t_e^1	7.981 0	8.161 0

由表 8-1 可知，缩短通学与通勤的理想到达时间间隔对第一类出行者更有利，因为在该情形下第一类出行者的出行成本均小于在长时间间隔下的出行成本；而对于第二类出行者来说，其出行成本的变化不受两个目的地理想到达时间间隔的限制。同时，当通学与通勤的理想到达时间间隔设置较小时，家庭出行者担心晚出发可能造成上班迟到成本增加，就会选择更早出发，从而使得整个高峰期提前。

图8-2讨论了通学与通勤理想到达时间间隔较小时两类出行者的累计出发情况，图中设定通学与通勤的理想到达时间分别为$t_s^*=8.0$，$t_w^*=8.5$。从图中可以看到，第一类出行者的出发时间区间在第二类出行者的出发时间区间之内。同时，由于通学与通勤理想到达时间间隔较小，准时到达学校的家庭出行者，其出发时间要晚于准时上班者的出发时间（$\tilde{t}_w<\tilde{t}_s$）。此外，相比于经典瓶颈模型，最后一位出发的家庭出行者，因下游路段瓶颈处排队未消散，还需承担额外的排队延误成本。

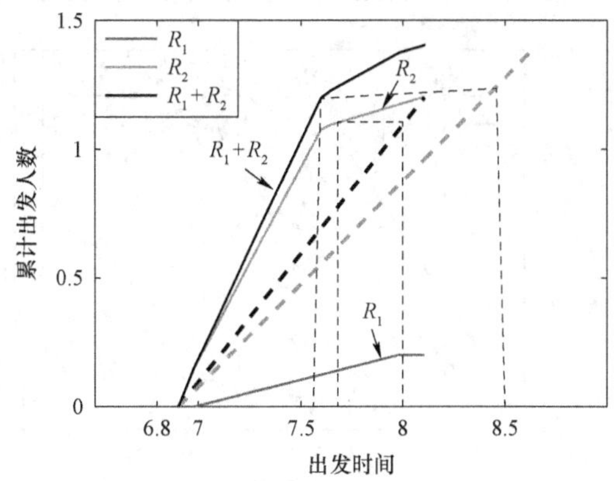

图 8-2　通学与通勤理想到达时间间隔较小时累计出发人数

图 8-3 描述了高峰期内，通学与通勤理想到达时间间隔较小时两类出行者的出发率随时间变化的情况。其中，第二类出行者的出发率依次分为三种情形：早到学校和 CBD，早到学校晚到 CBD，晚到学校和 CBD。而第一类出行者只存在早到 CBD 一种情形。从图 8-3 中可以发现，在高峰期内，家庭出行者的出发率随时间的增大而逐渐减小，与定理 8.4 的结论一致。

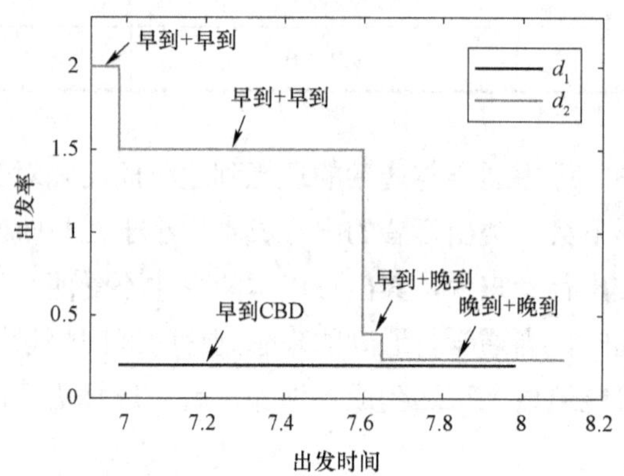

图 8-3　通学与通勤理想到达时间间隔较小时两类出行者的出发率

与图 8-2 相对应，图 8-4 描述了通学与通勤理想达到时间间隔设置较大时，两类出行者的累计出发人数随时间变化的情况。图中设定通学与通勤的理想到达时间分别为 $t_s^*=8.0$，$t_w^*=8.7$。与通学与通勤理想到达时间间隔较小的情形一样，家庭出行者的出发时间区间可细分为 4 个区间，但差别在于准时到达学校的家庭出行者，其出发时间要早于准时上班者的出发时间（$\tilde{t}_s<\tilde{t}_w$）。同时，最后一位家庭出行者在下游路段瓶颈处仍需承担排队延误成本。相对应地，

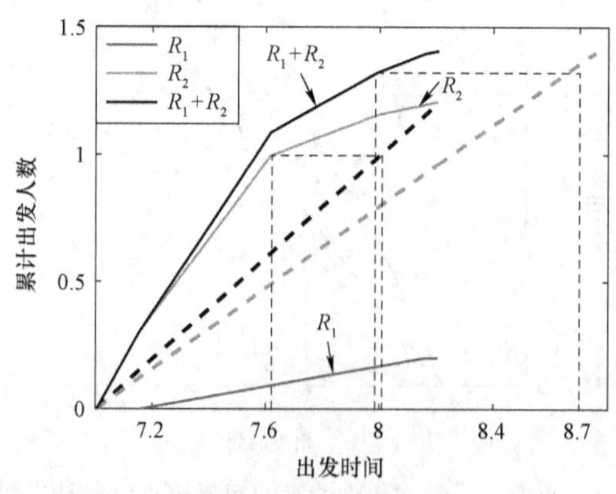

图 8-4　通学与通勤理想到达时间间隔较大时累计出发人数

图 8–5 给出了在通学与通勤理想到达时间间隔较大时两类出行者的出发率随时间变化的情况。与图 8–3 相比，图 8–5 中家庭出行者的出发率时间区间长度存在差异，但出发率都是随时间的增长而逐渐减小，与定理 8.6 的结论保持一致。

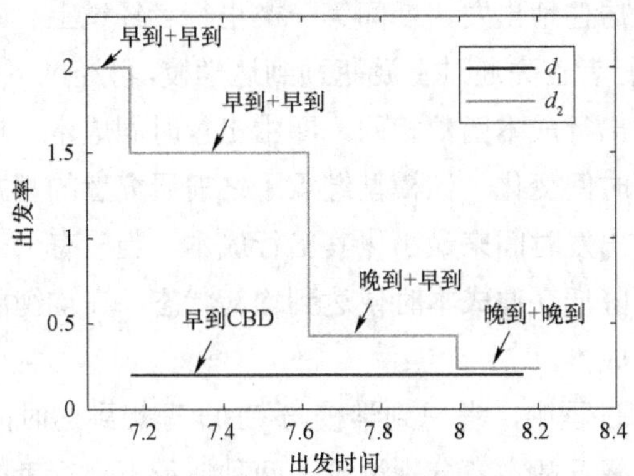

图 8–5　通学与通勤理想到达时间间隔较大时两类出行者的出发率

下面进一步从出行者均衡出行成本及系统总出行成本的变化情况验证 Braess 悖论的存在性。图 8–6 描述了出行者均衡出行成本和系统总出行成本随瓶颈通行能力 s_2 变化的情况。在图 8–6 中，第二类出行者的均衡出行成本随 s_2 的增大略有下降，但同时由于 s_2 对第一类出行者的影响更明显，因此系统总出行成本随 s_2 的增大而增大。扩大上游路段 2 的通行能力可以减缓前往学校路段的拥堵，从而使更多的家庭出行者更快地到达学校。然而，这也使得下游路段瓶颈处的通行压力增大，拥堵增加。因此，第一类出行者的出行成本显著提高。

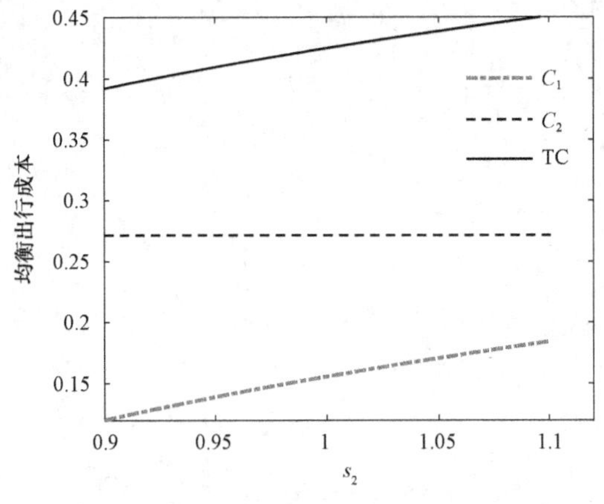

图 8–6　对应不同的通行能力 s_2，两类出行者的均衡出行成本

8.4 本章小结

本章考虑家庭成员的出行行为包含两个出行目的地（学校和 CBD），假设两类出行者分别从居住地出发，期间第一类出行者经过上、下游路段直接抵达 CBD，而第二类出行者首先通过上游瓶颈到达学校，再经过下游路段抵达 CBD。假设所有通勤者的出行成本函数相同，即由走行时间成本、进度延迟成本线性组成，且该函数随时间变化。该模型继承了之前研究者的基本观点，即认为通勤者会选择各自的出发时间来最小化其出行成本，当没有一个人能够通过单方面改变出发时间来降低交通成本时便达到均衡状态。在均衡状态下，同类出行者具有相同的出行成本。

在早高峰通勤过程中，考虑到学校与 CBD 理想到达时间的设定会影响两类出行者的出发选择，故本章分别讨论了两种情形下出行者的出行时间、出发率和出行成本问题。研究发现，扩大通学与通勤理想到达时间间隔导致第一类出行者出行成本增加，但对第二类出行者无影响。并且，这会引起出行者在综合考虑家庭成员共同出行的情况下，所做出的出行决策改变，其体现在出发时间、出发率和面临的早到与迟到情况。此外，本章同时考虑了扩大道路瓶颈通行能力对两类出行者通勤成本的影响。结果显示，在均衡状态下，不论是个人出行者还是家庭出行者，扩大下游瓶颈通行能力总能够减少他们的出行成本。而增大上游路段 2 的通行能力，虽减少了第二类出行者的出行成本，但明显增加了第一类出行者的通勤成本，进而导致系统总成本提高。

实证分析篇

城市居民出行决策研究，最典型的是利用效用最大化理论，构建离散出行选择模型。关于出行者行为决策的影响因素，大致可以归纳为家庭属性、个人属性、活动属性和潜在变量。在交通出行实证分析篇，主要应用社会心理学、行为科学、统计学、管理科学的相关知识，从非集计的角度对个体决策者的出行决策行为进行分析。基于个体层面从家庭属性、个人属性、活动属性和潜在变量等方面，深入探讨行为选择的决策过程，对行为决策模型进行丰富和拓展。

第 9 章基于前景理论，探讨城市居民在网约车背景下的出行方式选择。首先，综合考虑居民出行行为选择的影响因素，借鉴 TOPSIS 方法设置模型参考点，并利用灰色关联系数改进价值函数，构建了基于前景理论的居民出行方式选择模型。随后，通过问卷调查，获取出行者网约车的使用数据。再针对所得到的实证数据，进行描述性统计分析，并基于遗传算法对模型中的参数进行标定。最后，通过对比分析，探讨网约车多元化服务对居民出行方式选择的影响效应。第 10 章总结了本书的主要研究成果，并对进一步研究做出展望。

第9章

网约车对居民出行方式选择影响分析

近年来，随着“互联网+出行”的快速发展，促进了出行方式的多元化，提升了居民的出行效率。网约车从2012年进入人们的生活并持续发展到现在，其市场规模在不断扩大。如表9–1所示，网约车的用户规模从2015年的0.98亿人增长至2019年的3.4亿人，用户规模增长超过两倍。与传统出租车相比，网约车主要具有以下特点：一是价格公开透明，网约车用户能够在出行服务开始前清楚地知道此次服务的预估价格、平台计价方式；二是交易数字化。网约车服务从预约到交易完成都是通过手机App进行的，实时的供需信息被发布在平台上，由平台通过算法来进行匹配，以供双方选择订单、接单，服务完成后，通过移动支付在平台直接扣除费用。此外，网约车通过加强信息沟通、引入社会闲置车辆，在一定程度上解决了我国出租车市场乘客打车难、司机空载率高的问题。随着网约车市场的扩大，涌现出了快车、专车、顺风车等多种类型的网约车，改变了我国城市交通市场长期以来单一的服务模式，给城市居民出行提供了多样化、个性化的服务。

表9–1 历年网约车用户规模

年份	用户规模/亿人	增长率/%
2015	0.98	—
2016	1.68	71.43
2017	2.36	40.48
2018	2.85	20.76
2019	3.40	19.30

本章基于前景理论，探讨城市居民在网约车背景下的出行方式选择。出行方式选择影响因素的研究，是研究出行方式选择行为的基础。然而，影响居民出行选择与出行决策的因素是复杂的。首先，综合考虑居民出行行为选择的影响因素，借鉴 TOPSIS 方法设置模型参考点，并利用灰色关联系数改进价值函数，构建基于前景理论的居民出行方式选择模型。随后，通过问卷调查，获取出行者网约车的使用数据。再针对所得到的实证数据，进行描述性统计分析，并基于遗传算法对模型中的参数进行标定。最后，通过对比分析，评价网约车服务对居民出行方式选择的影响效应。

本章通过数据调研优化理论模型，刻画了出行者的出行偏好，对出行者的出行行为进行剖析，对居民出行方式选择的决策机制进行研究。研究结果一方面可以寻求提升网约车服务的关键点，从而更好地促进网约车行业的健康发展；另一方面，也可以为更好地满足居民的出行需求、优化城市交通结构，为促进城市持续更好的发展提供理论支持。

9.1 前景理论回顾

前景理论是风险决策中的心理描述模型，被广泛应用在各个领域，包括经济学和社会心理学，近年来在交通行为选择方面的应用备受关注。在前景理论中，给定一个参考点，备选方案将被划分为获得和损失两个部分，因此个体对备选方案的感知是相对值，而不再是绝对值。如果参考点发生改变，那么对应的备选方案感知价值也相应发生变化，最终改变个体的选择方案。与期望效用理论相比，前景理论中出行者在决策时没有获得完全的信息，做决定时也不是完全理性的，个体在选择时考虑的并不是某一种方案带来的效用大小，而是该方案带来的相对于某一设定的参考点的收益和损失的多少。因此，前景理论是通过 3 个过程，即设置参考点、引入价值函数、确定决策权重函数，将心理因素引入对个体决策行为的分析过程。本节将从前景理论与累积前景理论、前景理论在出行行为研究中的应用两个方面进行介绍。

9.1.1 前景理论与累积前景理论

前景理论描述了出行者如何通过两个步骤来评价涉及风险的备选方案：编辑阶段和评估阶段。在编辑阶段，备选方案的结果相对于一个参考点被划分为获得和损失两个部分。需要指出的是，参考点的大小与决策者的期望水平和备选方案的表现形式相关。在评估阶段，通过价值函数和权重函数来估计备选方案的前景值。设价值函数$v(x)$（见图9-1）在获得区域是凹的，在损失区域是凸的。特别地，为了体现个体对财富减少更加敏感这一事实，假设价值函数曲线在损失区域比获得区域更加陡峭。对于权重函数$\pi(p)$来说，对概率进行非线性转换，权重函数一般表现为图9-2中所示的反S形。显然，这将高估小概率，低估大概率。

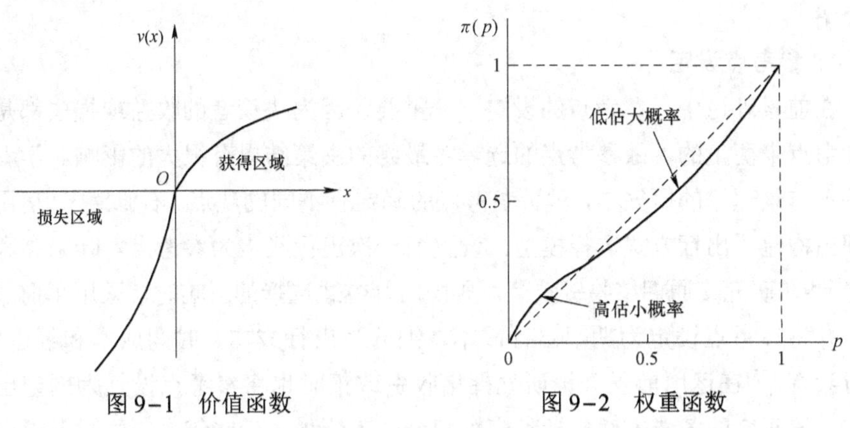

图9-1 价值函数　　图9-2 权重函数

在原始的前景理论（Kahneman 和 Tversky）[150]和序列相关期望效用理论（Quiggin）[151]的基础上，Tversky 和 Kahneman[152]进一步发展了累积前景理论（CPT），这一新的理论采用累积的而不是单独的决策权重，因此可以用于无限的甚至连续的备选方案情形。

假设某一不确定的前景f通过一系列组合(x_i, p_i)来体现，且$-m \leqslant i \leqslant n$。为简单起见，可能结果$x_i$按照递增的方式排序，正的下标用来表示正的可能结果，负的下标用来表示负的可能结果，0表示中性的可能结果。决策权重π_i^+和π_i^-是通过计算累计概率获得的，具体过程如下。

$$\pi_i^+ = w^+(p_i + \cdots + p_n) - w^+(p_{i+1} + \cdots + p_n),\quad 0 \leqslant i < n \text{ 且 } \pi_n^+ = w^+(p_n) \tag{9.1}$$

$$\pi_i^- = w^-(p_{-m} + \cdots + p_i) - w^-(p_{-m} + \cdots + p_{i-1}),\quad -m < i \leqslant 0 \text{ 且 } \pi_{-m}^- = w^-(p_{-m}) \tag{9.2}$$

其中，w^+和w^-分别是关于获得和损失的权重函数。因此，f的累积前景值可以计算如下。

$$\mathrm{CPV}(f) = \sum_{i=1}^{n} v^+(x_i)\pi^+(p_i) + \sum_{i=-m}^{0} v^-(x_i)\pi^-(p_i) \tag{9.3}$$

9.1.2 前景理论在出行行为研究中的应用

前景理论是基于有限理性的思想，而这种心理更符合出行者在实际生活中做决策时的情况。在交通出行领域，出行者的行为决策与出行者的出行心理相关且存在不确定性，这与前景理论能够描述在不确定性条件下人的“有限理性”特征相适应。关于前景理论在交通行为决策领域的研究主要从以下几个方面进行介绍。

1. 参考点设定

在前景理论中，参考点的设定十分重要，因为决策者的收益或损失都是通过参考点来衡量的，故参考点的选择对最终的决策结果有很大的影响。学者们在关于前景理论的研究中，对于参考点的确定有不同的观点。石修路[153]运用前景理论构建了出行方式选择模型，设置前一次出行成本为参考点。畦荣亮和谭建春[154]在研究交通拥堵收费政策对居民出行方式选择的影响时，采用了前景理论，并将参考点设定为期望出行成本，细分为出行成本、时间成本和舒适度。姜沂兵等[155]在运用前景理论研究拥堵收费政策时也将参考点设置为期望出行成本，该研究的备选方案包括私家车和公交车两种。近些年，一些学者提出在涉及基于前景理论建立多属性评价模型时，不仅从获取收益角度来衡量效用，而且综合考虑收益与损失。田晟等[156]选取正理想点和负理想点作为其中的两个参考点建立了居民出行方式选择模型。郭鸿钧等[157]以出行方式的正、负理想方案作为参照点，建立了运输通道内出行方式的选择模型。

2. 参数估计

前景理论的思想核心是人们在做出决策时是有限理性而非完全理性的，在以往的基于前景理论的交通行为研究中，大部分都采用了前人得到的参数值，而没有根据自己所研究的内容去对参数进行标定，仅有少数的一些学者根据自己所研究的内容、对象重新对参数进行标定。Schwanen 和 Ettema[158]通过遗传算法，结合陈述性偏好调查得到的数据，得到：风险偏好系数$\alpha=\beta=1.09\sim1.10$，损失规避系数$\lambda=1.27\sim1.37$，权重函数的曲率$\gamma=0.82\sim0.84$。Xu 等[159]进行参数估计，结果显示风险偏好系数$\alpha=0.37$，$\beta=0.59$，损失规避系数$\lambda=1.51$。

3. 出行路径选择

在出行路径选择方面，Connors 和 Sumalee[160]基于累积前景理论，考虑了出发时间的不确定性及出行感知成本这两个因素，建立了出行路径选择的随机网络均衡模型，并在不断改变参考点取值的情况下对模型进行推导，发现模型的均衡会随着参考点的改变而改变。夏金娇等[161]设置了4个时间点：平均到达时间、期望到达时间、可以接受的最早抵达时间和最晚抵达时间，并基于前景理论，结合实证数据探讨通勤者的路径选择行为研究。结论表明，当通勤者能够获得较大收益或损失较小时，更偏好于选择道路状况稳定的路径；当通勤者的损失较大时，偏好于选择道路状况不确定的路径。Gao 等[162]在研究路径选择行为时，分别应用前景理论和期望效用理论进行研究，认为基于累积前景理论构建的模型能灵活地表现出不同级别的风险态度。Zhang 等[163]基于累积前景理论探讨了朋友间的出行信息分享对通勤者日常路径选择的影响，他们认为除了朋友间相互分享的实际路线的出行时间外，各条路径上所包含的朋友人数和比例都会影响通勤者的路径选择。Manley 等[164]考虑到记忆力、认知等因素，应用前景理论来研究出行路径选择行为，结果表明其构建的理论模型可以真实地反映人们在做选择时的决策过程。

4. 出发时间选择

在出发时间选择方面，Jou 等[165]在前景理论的框架下，研究乘坐私家车通勤的居民出发时间选择行为，设置了3个时间点作为参考点，分别是最早到达时间、期望时间和工作开始时间。研究发现在该种情景下，通勤者面对风险的态度与前景理论的思想是一致的。张波[166]在有限理性思维框架下，基于前景理论，设置了能接受的最早到达时间、工作开始时间和期望的最佳到达时间，以3个时间点作为参考点，构建了出发时间和出行路径选择模型。

9.2 模型构建

本节基于前景理论建立出行方式选择模型，并对模型中涉及的各个变量进行量化。在模型构建过程中包括两个阶段：编辑阶段和评价阶段。在编辑阶段，通过设置参考点、定义相关变量，进而确定价值函数和权重函数的形式；在评价阶段，利用公式进一步计算各个方案对应的前景值并进行比较分析。

9.2.1 指标与变量

1. 指标的选取

在人们的日常出行行为中，出行方式的选择受到多种因素的影响，出行方式选择这一问题实际上是在不确定性条件下的多属性决策问题。出行者在选择交通方式时需要考虑的因素很复杂，且构建多因素模型具有一定的难度和复杂性，故在建模时一般选取有代表性的因素。现有的基于前景理论所构建的出行方式选择模型大都只考虑了出行成本和出行时间这两个因素[167-168]。而在前一节的梳理过程中发现出行方式选择不仅受到成本和时间的影响，还受到其他因素的影响。这里引入其他相关的定性因素，选取出行成本、出行时间、准时性、舒适性、安全性、便捷性 6 个因素；然后，采用前景理论对出行者的出行方式选择进行研究。

（1）出行成本

从出行成本来看，地铁的出行成本主要指地铁票价，公交车的出行成本为公交车票价，私家车的出行成本包括燃油费和停车费两部分，出租车的出行成本为打表计费器显示的价格，网约车的出行成本为行程结束时 App 上显示并实际支付的价格。从实际情况来看，公共交通工具的价格要远低于其他交通工具，其中公交车的价格则要低于地铁的价格。

（2）出行时间

对于出行时间，地铁和公交车的出行时间包括乘坐时间和换乘时间，私家车的出行时间则包括路上行驶时间和停车时间，出租车的出行时间包括等待时间和乘坐时间，网约车的出行时间则包括从网约车平台预约后等待响应派车的时间、等候网约车到达的时间及路上行驶的时间。

（3）准时性

经济社会的快速发展加快了人们的生活节奏，居民的时间观念也不断加强，对交通工具的准时性要求也越来越高。尤其是对时间性要求较高的通勤出行，准时性是影响人们选择交通工具的一个重要因素。因为地铁完全是按照时刻表发车而且不会发生拥堵，所以地铁的准时性最高；而其他交通工具则可能因为在路上发生拥堵或者意外情况而造成延误。

（4）舒适性

居民生活质量的提高，使人们不再满足于基本的出行需要，大家开始更多地考虑出行过程中的舒适程度，以及出行方式可以享受的服务，包含交通工具环境的卫生程度、座椅距前后排的距离、出行过程中是否平稳等。一般来说，私家车、网约车、出租车的舒适程度要高于公共交通工具，地铁的舒适程度要高于公交车。

（5）安全性

安全性是居民在选择交通工具时考虑的首要因素。交通工具的安全性是居民的一种主观印象，既包括人身安全也包括财产安全。交通工具的危险存在于两个方面：一方面是指交通事故导致的潜在威胁；另一方面则是指非交通事故导致的不安全性。

从交通事故这一角度来考虑，在所有交通工具中，地铁的安全性无疑是最高的，因为每趟车有固定的轨道，几乎不存在撞车的可能性，交通事故发生率基本为零。从非交通事故这一角度来考虑，网约车的威胁无疑是最大的。无论是地铁、公交车还是出租车，都有专门的公司进行管理，且司机资质都经过严格的审查，从而将风险降到了最低。而网约车的司机，除网约出租车司机是由出租车公司管理及专车是由网约车平台进行专门管理外，其他业务的司机都是兼职司机且资格审查较为宽松，还有很多司机可能有犯罪记录等，这无疑造成了巨大的隐患。近几年来，网约车安全事故屡发，这也是造成这一行业被诟病的主要原因之一。

（6）便捷性

各种交通工具对应的运输方式中的叫车、购票、换乘、支付等环节需要居民自己完成，居民完成这些环节的难易程度和所付出的各种代价反映了某种交通工具的方便程度。例如，地铁、公交车等开通一卡通购票服务，大大提高了乘坐该种交通工具的便捷性。

2. 变量

选择出行方式时给出的 a 种备选方案，设为集合 $M=\{m_1,m_2,m_3,\cdots,m_a\}$，影响出行方式选择行为的有 b 种属性变量，记为 $S=\{s_1,s_2,\cdots,s_b\}$，出行方式 m_i 在属性 s_j 下的评价值为 $x_{ij}(i=1,2,\cdots,a,\ j=1,2,\cdots,b)$。各出行方式在各属性下的评价矩阵 $\boldsymbol{X}$ 为

$$\boldsymbol{X}=(x_{ij})_{a\times b}=\begin{bmatrix} x_{11} & x_{12} & \cdots & x_{1b} \\ x_{21} & x_{22} & \cdots & x_{2b} \\ \vdots & \vdots & & \vdots \\ x_{a1} & x_{a2} & \cdots & x_{ab} \end{bmatrix} \tag{9.4}$$

为了消除量纲的影响，要对原始数据进行标准化处理，这里根据奖优罚劣的思想[169]，利用线性变换算子对原数据进行规范化处理。利用线性变换算子进行规范化处理的原则是：若评价对象的指标值优于平均水平，则赋予 0～1 的正值；如果评价对象的指标值劣于平均水平，则赋予 -1～0 的负值，处理后生成了$[-1,1]$上的无量纲数据。在多属性决策问题中，通常会区分效益型属性和成本型属性，设标准化后的矩阵为 $\boldsymbol{R}$，r_{ij} 为该矩阵中的元素，则两种属性的标准化公式如下。

$$c_j = \frac{1}{a}\sum_{i=1}^{a} x_{ij} \quad (j = 1, 2, \cdots, b) \tag{9.5}$$

$$\begin{cases} r_{ij} = \dfrac{x_{ij} - c_j}{\max\left\{\max\limits_j\left\{x_{ij}\right\} - c_j, c_j - \min\limits_j\left\{x_{ij}\right\}\right\}} \text{(效益型)} \\ r_{ij} = \dfrac{c_j - x_{ij}}{\max\left\{\max\limits_j\left\{x_{ij}\right\} - c_j, c_j - \min\limits_j\left\{x_{ij}\right\}\right\}} \text{(成本型)} \end{cases} \tag{9.6}$$

式（9.5）中，c_j 为该矩阵各备选方案在属性 s_j 下的评价值均值，式（9.6）中 r_{ij} 为标准化后的各出行方式在各属性下的评价值。

9.2.2 编辑阶段

根据前景理论的内容，在模型编辑阶段，要确定基于研究问题所构建的价值函数 $v(x)$ 和决策权重函数 $\pi(p)$ 的形式。

1. 参考点设定

在前景理论中，决策者考虑的不是效用的绝对值，而是相对于参考点的收益和损失大小，参考点选取不同，则收益和损失的值也不同。在参考点选取上，借鉴 TOPSIS 法的思想，将正理想方案和负理想方案设置为出行者决策时考虑的参考点。TOPSIS 法也被称为逼近理想解排序方法，它的原理是通过计算指标与正理想点和负理想点的距离来表示备选方案的优劣程度。在 TOPSIS 法中涉及的正理想方案是在备选方案集合中非实际存在的最优方案，在这一最优方案中各个属性值都达到已有的备选方案中的最优值。同理，负理想方案也非实际存在的最劣方案，在这一最劣方案中各个属性值都达到已有的备选方案中的最劣值。正理想方案 (I^+) 和负理想方案 (I^-) 的具体表达式如下。

$$\begin{cases} I^+ = \left\{r_1^+, r_2^+, \cdots, r_b^+\right\}, & r_j^+ = \max\left\{r_{ij} \mid 1 \leqslant i \leqslant a\right\} \\ I^- = \left\{r_1^-, r_2^-, \cdots, r_b^-\right\}, & r_j^- = \min\left\{r_{ij} \mid 1 \leqslant i \leqslant a\right\} \end{cases} \tag{9.7}$$

2. 价值函数

价值函数是出行者用来描述各出行方式备选方案价值的函数，充分体现决策者面临收益或损失时的风险态度特征。在前景理论的相关研究中，大多数研究还是应用了前景理论提出时所给定的价值函数的形式，即以各备选方案在各属性下的值与设置的参考点直接相减的距离来构建价值函数，而这种计算方法存在一定的缺陷。即当出行方式的某属性值与参考点差距过大时，会对决策结果造成显著的影响，从而削弱了其他属性对决策结果的影响[170]。因此，为了得到更加客观准确的结果，需要将前景理论与其他方法结合在一起使用，基于此这里引入灰色关联系数。

灰色关联的基本思想是用计算得到的灰色关联度来表示各备选方案的指标与理想方案的指标之间的关系，并根据灰色关联度来对备选方案进行优选。与直接计算距离相比，灰色关联系数可以更加直观地刻画出各出行方式与正、负理想方案在各属性下的相关性，可以有效削弱因某一属性值与参考点差距过大而带来的影响。故在构建价值函数时，分析各方案与参考点的关联程度，即选择将灰色关联系数引入，可以对价值函数起到一定程度的优化。由于这种方法所需样本量少且计算简便，已有一些学者将其应用在其他领域[171–174]。设 ε_{ij}^{+} 与 ε_{ij}^{-} 分别为出行方式 i 在属性 s_j 下与正理想方案和负理想方案的关联系数。

$$\begin{cases} \varepsilon_{ij}^{+} = \dfrac{\min\limits_{i}\min\limits_{j}|r_{ij}-r_{j}^{+}|+\rho\max\limits_{i}\max\limits_{j}|r_{ij}-r_{j}^{+}|}{|r_{ij}-r_{j}^{+}|+\rho\max\limits_{i}\max\limits_{j}|r_{ij}-r_{j}^{+}|} \\ \varepsilon_{ij}^{-} = \dfrac{\min\limits_{i}\min\limits_{j}|r_{ij}-r_{j}^{-}|+\rho\max\limits_{i}\max\limits_{j}|r_{ij}-r_{j}^{-}|}{|r_{ij}-r_{j}^{-}|+\rho\max\limits_{i}\max\limits_{j}|r_{ij}-r_{j}^{-}|} \end{cases} \tag{9.8}$$

式（9.8）中 ρ 为分辨系数，$\rho\in[0,1]$，分辨系数的作用是避免因某一属性差距过大而使决策结果发生偏误，ρ 的大小反映了系统的各个因子对关联度的间接影响，ρ 越大则影响越大，一般取 0.5。

若以正理想方案为参考点，则 $r_{ij}-r_{j}^{+}<0$，决策者将面临损失，此时决策者偏好风险。若以负理想方案为参考点，则 $r_{ij}-r_{j}^{-}>0$，决策者面临收益，此时决策者趋向风险规避。基于 Kahneman 和 Tversky[150]提出的价值函数形式，改进后的价值函数形式如下。

$$\begin{cases} v^{+}(r_{ij})=(1-\varepsilon_{ij}^{-})^{\alpha}, & \text{以负理想方案为参考点} \\ v^{-}(r_{ij})=-\lambda\left[-(\varepsilon_{ij}^{+}-1)\right]^{\beta}, & \text{以正理想方案为参考点} \end{cases} \tag{9.9}$$

其中，α 和 β 分别表示决策者在收益和损失情况下的风险偏好系数，λ 表示损失规避系数。

3. 决策权重函数

区别于期望效用理论中的客观概率，前景理论认为，权重函数是由已知备选方案可能出现的各种结果而得到的主观判断函数，是以事件出现的客观概率 p 为基础的。决策者的决策权重是对概率的一个加权函数，是一种概率权重

但又不同于概率，它不遵循概率论的相关定理。概率权重函数的计算公式为

$$\pi^+(\omega_j)=\frac{\omega_j^{\gamma^+}}{\left[\omega_j^{\gamma^+}+(1-\omega_j)^{\gamma^+}\right]^{1/\gamma^+}} \tag{9.10}$$

$$\pi^-(\omega_j)=\frac{\omega_j^{\gamma^-}}{\left[\omega_j^{\gamma^-}+(1-\omega_j)^{\gamma^-}\right]^{1/\gamma^-}} \tag{9.11}$$

其中，γ^+、γ^-分别为收益态度系数和损失态度系数。

9.2.3 评价阶段

1. 前景值计算

在前景理论的评价阶段，通过对编辑阶段的价值函数和决策概率函数进行计算得到前景值。当决策结果$\Delta x_i>0$时，即认为该备选方案可获得“收益”，得到的前景值为正数；当$\Delta x_i<0$时，即认为该备选方案可获得“损失”，得到的前景值为负数；当$\Delta x_i=0$时，此时前景值为0，既没有损失也没有收益。出行方式选择备选方案的前景值由正前景值和负前景值相加得到，即

$$V_i=\sum_{i=1}^{n}v^+(x_i)\pi^+(p_i)+\sum_{j=-m}^{0}v^-(x_j)\pi^-(p_i) \tag{9.12}$$

2. 出行方式选择概率

这里采用客流分担率表示城市居民选择不同出行方式的概率。将根据上述公式计算出的前景值与Logit模型相结合，可得出不同出行方式的客流分担率，其计算公式为

$$P_i=\frac{e^{V_i}}{\sum_{k=1}^{a}e^{V_k}},i,k\in M \tag{9.13}$$

其中，V_i表示第i种出行方式的前景值，a表示存在的属性数量。

本节通过对文献的梳理，选择了影响出行者进行出行方式选择决策的6个代表性因素：出行成本、出行时间、准时性、舒适性、安全性、便捷性，并进一步确定了如何在模型中对这6个影响因素进行表示，即如何对特性变量进行表示及标准化。然后，在编辑阶段，区别于传统的前景理论模型只设置一个参考点的做法，这里借鉴了TOPSIS法，将正理想方案和负理想方案设置为出行者决策时考虑的参考点，建立了收益和损失矩阵。同时，考虑到直接计算与参

考点的距离仅能得到评估值与参考点之间的差距，无法获悉在各个属性下与参考点的相关程度，故引入灰色关联系数来改进价值函数，从而使结果更加准确客观。前景理论的权重函数是通过计算而得到的概率函数而非事件客观发生的概率，并给出了决策权重函数的形式。最后，在评价阶段，将所确定的价值函数和权重函数进行组合运算，得出各备选出行方式综合前景值的计算公式，最终将前景值与 Logit 模型相结合，计算得到居民选择不同出行方式的概率，即不同出行方式的客流分担率，构建了基于前景理论的出行方式选择模型。

9.3　出行选择行为分析

在初期，网约车进入市场主要是以网约出租车的形式。本章主要关注在初期，网约出租车与其他出行方式的客流分担率。下面根据前文所构建的理论模型的具体步骤和方法，分析和预测实际出行者的出行方式选择行为，并将实际调查得到的数据代入模型中进行计算。

9.3.1　问卷设计与发放

1. 问卷设计

问卷设计是为了收集研究数据，从而将研究问题量化。对数据进行处理和统计分析之后，可以与理论模型相结合来应用。问卷数据的好坏对研究结果的有效性会产生直接的影响。国内外研究中常用的问卷调查技术主要有两种：行为调查（revealed preference survey，RP）和意愿调查（stated preference survey，SP）。行为调查针对的是某种已经实行的政策或交通工具，获取被调查者实际使用过或者选择的数据。由于所涉及的场景均是发生过的，通过问卷获取的数据实际上是真实发生过的事情的数量表示，所以一个调查者只能提供一个数据。该数据和实际的行动一致，因此数据是相当可靠的。但值得注意的是，该方法一般需要较大的样本量，要进行大规模调查获取足够多的数据，一旦存在被调查者无法了解或者没有经历过的场景则无法回答。意愿调查是根据研究的问题，在假设的某种情景下进行选择、排序等。问卷设计时可以设置不同的情景并自行确定各个选项的变量及属性，该情景是当前不存在的。在这种情况下，一个被访者可以提供多个数据，小样本即可满足调查需要，大大节约了调查的成本和时间。但不可避免的是，假想状态下的选择与真实的选择行为之间可能会存在偏差，所以意愿调查获得的数据的可靠性要远低于行为调查获得数据的可靠性。

本章采用行为调查与意愿调查相结合的方法，调查网约车多元化服务对居民出行方式选择的影响。在设计问卷时需要遵从简明性原则、可靠性原则及约束性原则，让受访者尽可能表达出自己的真实偏好，提高获取数据的可靠性。本章所需数据需要通过两份问卷来获取。

第一份问卷的目的是对理论模型中涉及的理论参数进行标定。问卷设定了两组决策情景，决策者在这两组情景中分别面临时间上的“收益”和“损失”，具体情景设置如表 9–2 所示。从家到工作地有路径 A、B 可供选择且这两条路径的经验出行时间相同，由于道路系统具有不确定性，故选择各路径后在路上所花费的时间也是不确定的。在设置具体数值时保证了 A、B 路径的期望效用相同，但路径 A 在时间上的波动更大，假设距离工作地还有 40 min。在情景Ⅰ中，因为交通管制 A、B 两条路径花费时间有所减少，故认为面临收益；在情景Ⅱ中，因为交通拥堵 A、B 两条路径花费时间有所增加，故认为面临损失。表 9–2 中的第 3 列和第 4 列，分别表示选择路径 A 和路径 B 对应的情景值，如序号 8 中（50，0.1；45，0.2；40，0.7）表示选择路径 A，有 0.1 的概率 50 min 到达目的地，有 0.2 的概率 45 min 到达目的地，有 0.7 的概率 40 min 到达目的地。

表 9–2 问卷情景设置

情景	序号	路径 A/min	路径 B/min
Ⅰ	1	（20，0.1；40，0.9）	（30，0.2；40，0.8）
	2	（20，0.1；30，0.5；40，0.4）	（30，0.7；40，0.3）
	3	（30，0.1；40，0.9）	（35，0.2；40，0.8）
	4	（30，0.1；35，0.4；40，0.5）	（35，0.7；40，0.3）
Ⅱ	5	（60，0.1；40，0.9）	（50，0.2；40，0.8）
	6	（60，0.1；50，0.3；40，0.6）	（50，0.5；40，0.5）
	7	（50，0.1；40，0.9）	（45，0.2；40，0.8）
	8	（50，0.1；45，0.2；40，0.7）	（45，0.4；40，0.6）

第二份问卷的内容则以前文的理论模型为主要框架，获取模型计算所需的

数据。在问卷设计过程中，不仅进行了出行方式选择、前景理论及网约车的相关文献研究，还进行了实地调查，了解出行者对网约车使用的看法。调查问卷主要分为三个部分：第一部分是被调查者的个人信息；第二部分是使用网约车的基本情况；第三部分是假设一次路程为 15 km 的出行情景，模拟网约车发展初期只提供网约出租车一种服务方式的情景，即给定地铁、公交车、私家车、巡游出租车和网约出租车 5 种交通方式，调查出行者对这几种方式关于出行时间、出行成本、安全性、舒适性、准时性和便捷性的评价；然后考虑网约车市场目前的发展现状，进一步增加网约车种类，包括快车、拼车、专车等来调查出行者关于出行时间、出行成本、安全性、舒适性、准时性和便捷性的评价。

2. 问卷发放与回收

经过预调研，了解问卷设计存在的缺陷并进行修改；随后，将修改后的最终问卷正式发放。运用网络发放问卷和街头拦截两种方式来获取数据。网络发放问卷方式主要是在问卷星上制作网络问卷，并委托朋友将问卷链接在微信、微博等社交平台进行广泛传播，人们点开链接即可实现问卷填写；街头拦截方式主要是组织学生在线下实地发放问卷。

第一份参数标定共发放问卷 100 份，最终收回有效问卷 72 份；第二份网约车条件下出行方式选择问卷共发放 200 份，最终收回有效问卷 171 份。

9.3.2 参数标定

利用第一份问卷得到的出行者的路径选择结果，对构建的理论模型中涉及的参数进行估计。

1. 估计方法

通过遗传算法对基于前景理论构建的模型中的相关参数进行估计。作为解决最优化问题的一种算法，遗传算法具有广泛的应用。遗传算法是基于达尔文的“适者生存”原则运行的一种算法，模拟了自然淘汰的生物进化机制：将问题编码成“染色体”来表示，“染色体”经过不断的复制、交叉、变异，不断进化最终成为最优的群体，以此来得到所求的最优解。

遗传算法的求解步骤如下。

① 个体编码。进行程序编写的第一步就是要对个体进行编码，运用数字 0 和 1 对个体进行表示。

② 产生初始群体。随机产生数据作为初始群体数据。遗传算法是一种搜索式算法，需要将这些数据作为起始搜索的数据。

③ 适应度计算。个体的好坏用适应度这一指标来评价。

④ 随机算子。通过不断的复制、交叉、变异，可以产生新的个体。

⑤ 规定终止条件。经过不断地计算适应度，“进化”产生新个体；当满足设置好的条件时，停止计算，得到结果。

遗传算法的程序编写通过 Matlab 来实现，通过调查问卷回收的数据来实现参数估计。

2. 参数估计

对于第一份参数标定问卷中的场景 1～4（见表 9-2），只涉及收益，故需要估计的参数只涉及风险偏好系数 (α) 和权重函数曲率 (γ)，标定过程中取 Wu 和 Gonzalez[175]得到的参数值 $\gamma=\delta=0.71$。在本次问卷设计中只有两条备选路径，基于前景理论的思想，决策者会选择前景值较大的那一条路径，且每个决策者相互独立。采用 Logit 模型来计算出行者选择路径 R^i 的概率 p^i：

$$p^i=\frac{\exp(\mathrm{CPV}^i)}{\sum_{i=1}^{I}\exp(\mathrm{CPV}^i)} \tag{9.14}$$

则调查样本的似然函数为

$$L(\alpha)=\prod_{j=1}^{J}(p_j^i)^{y_j^i},y_j^i=\begin{cases}0,\text{样本 } j \text{ 不选择路径 } i \text{ 时}\\1,\text{ 样本 } j \text{ 选择路径 } i \text{ 时}\end{cases} \tag{9.15}$$

式（9.15）中，$j=1,2,\cdots,J$，表示有 j 个样本；p_j^i 表示样本 j 选择路径 i 的模型预测概率；y_j^i 表示问卷调查中样本 j 是否选择路径 i。对似然函数取对数，得到对数似然函数为

$$\log L(\alpha)=\sum_{j=1}^{J}\left\{y_j^{\mathrm{A}}\log\left[\frac{\exp(\mathrm{CPV}_j^{\mathrm{A}})}{\exp(\mathrm{CPV}_j^{\mathrm{A}})+\exp(\mathrm{CPV}_j^{\mathrm{B}})}\right]+\log\left[\frac{\exp(\mathrm{CPV}_j^{\mathrm{B}})}{\exp(\mathrm{CPV}_j^{\mathrm{A}})+\exp(\mathrm{CPV}_j^{\mathrm{B}})}\right]\right\} \tag{9.16}$$

运用遗传算法对前景理论中的未知参数进行估计，使对数似然函数达到最大值的 α 即为最优值。同理，场景 5～8 的行程时间只涉及损失，故利用场景 5～8 可标定参数 β、λ、δ，标定过程中取 Wu 和 Gonzalez[175]得到的参数值 $\gamma=\delta=0.71$，因此只需用遗传算法标定 β 和 λ。

$$L(\beta,\lambda)=\prod_{j=1}^{J}(p_j^i)^{y_j^i},y_j^i=\begin{cases}0, 样本\ j\ 不选择路径\ i\ 时\\1, 样本\ j\ 选择路径\ i\ 时\end{cases}\tag{9.17}$$

$$\log(\beta,\lambda)=\sum_{j=1}^{J}\left\{y_j^{\mathrm{A}}\log\left[\frac{\exp(\mathrm{CPV}_j^{\mathrm{A}})}{\exp(\mathrm{CPV}_j^{\mathrm{A}})+\exp(\mathrm{CPV}_j^{\mathrm{B}})}\right]+\log\left[\frac{\exp(\mathrm{CPV}_j^{\mathrm{B}})}{\exp(\mathrm{CPV}_j^{\mathrm{A}})+\exp(\mathrm{CPV}_j^{\mathrm{B}})}\right]\right\}\tag{9.18}$$

在用 Matlab 通过遗传算法对参数进行估计之前，需要进行一些初始设置。

① 参数取值范围：$0<\alpha<1$，$0<\beta<1$，$0<\lambda<4$。

② 初始群体：基于经验判断将种群规模设定为 80。

③ 适应度：适应度函数选择用求解的目标函数来表示。

④ 随机算子：从群体中选择个体时，采用轮盘对赌的方法，适应度越高的个体越容易被选择，设置交叉概率为 0.8，变异概率为 0.01。

⑤ 终止条件：设定迭代次数为终止条件，将迭代次数设定为 500 次。

结合问卷数据，通过遗传算法，得到参数的估计值为 $\alpha=0.384$，$\beta=0.030$，$\lambda=1.076$。

3. 结果分析

表 9–3 为参数估计值，可见风险偏好系数 $\alpha=0.384$，$\beta=0.030$，即表示在获益部分是凹性的，在损失部分是凸性的，整体呈 S 形。根据估计的参数值得到价值函数如图 9–3 所示，其中参考点为坐标轴的原点，可以看出在收益区域内，对收益是持风险规避态度的；在损失区域内，对损失是持风险追逐态度的。本章中的风险偏好系数的估计结果远小于 Kahneman 和 Tversky[150]的研究结果（$\alpha=\beta$=0.88）。这个结果表明，个体在交通运输领域的出行路径决策对风险的变化的敏感性远小于 Kahneman 和 Tversky[150]所研究的在经济领域进行风险投资的敏感性。面临损失时的风险偏好系数 β 小于面临收益时的风险偏好系数 α，这比 Kahneman 和 Tversky[150]的研究得到面临风险与收益时的风险偏好系数相等的结论更符合现实意义。

表 9–3　参数估计值

参数	估计值	Kahneman 和 Tversky
α	0.384	0.88
β	0.030	0.88
γ	1.076	2.25

此外，损失规避系数 $\lambda=1.076$。该值大于 1，说明相对于收益，出行者对损失的变化更敏感，即等量的损失带来的负效用大于收益带来的正效用，与现实中人们对风险的感知相符。在图 9-3 中，表现为损失区域的内价值函数曲线相对于收益区域更为陡峭，表明出行者（相比于收益）更看重损失。同样，此值的大小远远小于 Kahneman 和 Tversky[150]论文工作中所估计的值，说明由时间损失而导致的负效用小于由金钱造成的损失导致的负效用。

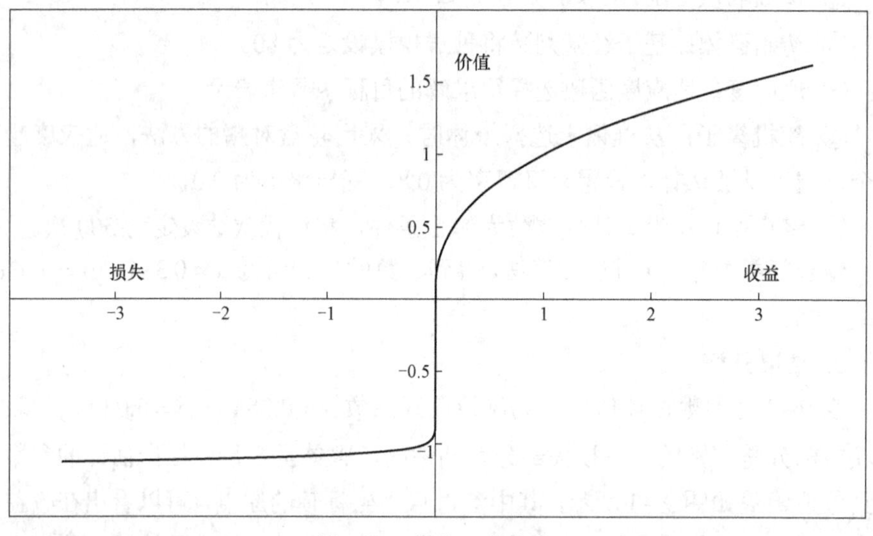

图 9-3　价值函数曲线

9.3.3　数据处理

1. 描述性统计分析

本次问卷调查最终得到 171 份有效问卷，问卷中调查了被访者的性别、年龄、受教育程度、汽车保有量、是否会顺路接送乘客及网约车存在对买车计划的影响等人口统计特征。

由表 9-4 可知，本次问卷调查的 171 份有效样本中，男性被调查者有 77 个，占比 45%。女性被调查者略多于男性，占比 55%，说明在此次调查中样本性别比例相对均衡。在受教育程度方面，样本中具有本科学历的群体是主体，占总样本的 59.65%，具有硕士学历的样本数量次之，占比 30.95%。在年龄构成上，被调查者主要集中在 20～40 岁，各个年龄段也均有涉及。从汽车保有量来看，约四分之一的被调查者拥有私家车。调查结果显示，23.68%的私家车车主出行且有空余座位时会通过网约车软件顺路接送其他乘客，该类样本的存在说明网约车的出现有效提高了私家车的承载率。35.67%的被调查者还表示，网约车的出现延缓了他们未来五年内的购车计划，这说明网约车满足了许多人的出行需求，对抑制私家车数量的增长有积极的效果。

表 9–4　受访者人口统计特征

变量	选项	样本数目	百分比/%
性别	男	77	45.00
	女	94	55.00
年龄	20～25 岁	75	43.86
	26～30 岁	46	26.90
	31～40 岁	37	21.64
	41～50 岁	8	4.68
	50 岁以上	5	2.92
受教育程度	高中及以下	5	2.92
	专科	7	4.09
	本科	102	59.65
	硕士	53	31.00
	博士及以上	4	2.34
是否拥有私家小汽车	无	133	77.78
	是	38	22.22
是否会通过网约车软件顺路接送其他乘客	是	9	23.68
	否	29	76.32
网约车的存在是否会延缓您近 5 年的买车计划	是	61	35.67
	否	110	64.33

表 9–5 为被调查者对各种出行方式的评价得分。可以看出，网约出租车在出行时间和舒适性、准时性方面表现较好，而安全性则在这几种出行方式中表现最差。影响被调查者出行方式选择的各属性的重要程度如图 9–4 所示，可以

看出绝大多数被调查者认为安全性是非常重要的影响因素，其次是所花费的时间。现在城市居民的生活节奏加快，更加追求效率，因此人们希望在交通出行过程中可以花费较少的时间。

表 9–5　各种出行方式在各属性下的评价得分

出行方式	出行成本	出行时间	安全性	舒适性	准时性	便捷性
地铁	4.08	3.7	4.54	3.32	4.32	3.98
公交车	4.66	2.12	3.96	2.49	2.77	3.3
私家车	2.48	3.83	3.65	4.19	3.7	3.83
巡游出租车	2.25	3.69	3.53	3.54	3.59	3.61
网约出租车	2.43	3.77	3.28	3.83	3.7	3.7

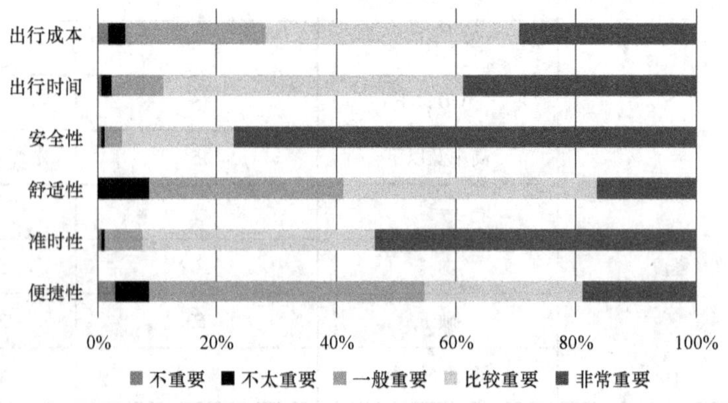

图 9–4　影响被调查者出行方式选择的各属性的重要程度

2. 单一服务下客流分担率

利用 9.3.2 节中得到的参数估计值，以调查问卷获取的数据为基础，结合前文构建的出行方式选择模型，可计算出各种出行方式的前景值并进行排序，进一步确定各种出行方式的客流分担率。

出行者面对一次设定的出行情境，根据自己往常的出行经验，对给出的 5 种出行方式（地铁、公交车、私家车、巡游出租车、网约出租车）各属性下的表现进行评价，根据前文提出的标准化公式（9.5）、公式（9.6），将表 9–5 中各种出行方式在各属性下的原始评价得分进行标准化处理，结果如表 9–6 所示。

表 9-6 标准化后各种出行方式在各属性下的评价得分

出行方式	出行成本	出行时间	安全性	舒适性	准时性	便捷性
地铁	0.608	0.215	1.000	−0.162	0.845	0.789
公交车	1.000	−1.000	0.227	−1.000	−1.000	−1.000
私家车	−0.473	0.315	−0.187	0.717	0.107	0.395
巡游出租车	−0.628	0.208	−0.347	0.061	−0.024	−0.184
网约出租车	−0.507	0.269	−0.680	0.354	0.107	0.053

在设置参考点时借鉴 TOPSIS 法，将正理想方案和负理想方案设置为出行者决策时考虑的参考点。正理想方案是在备选方案集合中非实际存在的最优方案，在这一最优方案中各个属性值都达到已有的备选方案中的最优值。同理，负理想方案也不是实际存在的最劣方案，而是在这一最劣方案中各个属性值都达到已有的备选方案中的最劣值。由表 9-6 标准化后的各种出行方式在各属性下的评价得分可以得到各属性下的最优值与最劣值，正、负理想方案的取值见表 9-7。

表 9-7 正、负理想方案取值

正、负理想方案	出行成本	出行时间	安全性	舒适性	准时性	便捷性
正理想方案（I^{+}）	1.000	0.315	1.000	0.717	0.845	0.789
负理想方案（I^{-}）	−0.628	−1.000	−0.680	−1.000	−1.000	−1.000

获取参考点之后，可估算各种出行方式的价值函数。在已有的前景理论研究中，大多以各备选方案在各属性下的值与设置的参考点直接相减的距离来构建价值函数。这种计算方法存在一定程度的缺陷，即当出行方式的某属性值与参考点差距过大时，会对决策结果造成显著的影响，削弱了其他属性对决策结果的影响。因此，本章引进了灰色关联系数来构建价值函数，利用表 9-6 中标准化后各种出行方式在各属性下的评价得分与表 9-7 中正、负理想方案的值，根据式（9.8）计算得出各种出行方式在各属性下的正、负关联系数（分辨系数 ρ 通常取 0.5）。正关联系数与负关联系数的计算结果如表 9-8 和表 9-9 所示。

从表中可以看出，灰色关联系数可以将各种出行方式在各属性下与参考点之间的差距转化为[0,1]之间的数，它表示的是各种出行方式在各属性下与参考点的相关性，以此来度量各种出行方式的收益和损失。正关联系数是指以正理想方案为参考点，计算得到各种出行方式在各属性下与该参考点的相关性。同理，负关联系数则是以负理想方案为参考点，计算得到各种出行方式在各属性下与该参考点的相关性。

表 9–8 正关联系数

出行方式	出行成本	出行时间	安全性	舒适性	准时性	便捷性
地铁	0.702	0.902	1.000	0.512	1.000	1.000
公交车	1.000	0.412	0.544	0.350	0.333	0.340
私家车	0.385	1.000	0.437	1.000	0.556	0.700
巡游出租车	0.362	0.895	0.407	0.584	0.515	0.487
网约出租车	0.380	0.952	0.354	0.717	0.556	0.556

表 9–9 负关联系数

出行方式	出行成本	出行时间	安全性	舒适性	准时性	便捷性
地铁	0.427	0.432	0.354	0.524	0.333	0.340
公交车	0.362	1.000	0.504	1.000	1.000	1.000
私家车	0.856	0.412	0.652	0.350	0.455	0.398
巡游出租车	1.000	0.433	0.735	0.465	0.486	0.531
网约出租车	0.884	0.421	1.000	0.405	0.455	0.467

由正、负关联系数，根据式（9.9）和 9.3.2 节估计出的参数值（风险偏好系数$\alpha=0.384$、$\beta=0.030$，损失规避系数$\lambda=1.076$），可得正、负价值函数的结果如表 9–10 和表 9–11 所示。表 9–10 的正价值函数结果以负理想方案为参考点，此时各备选方案优于参考点，出行者选择是面临收益的，故计算结果为正值；表 9–11 的负价值函数计算结果是以正理想方案为参考点，此时各备选方案劣于参考点，是面临损失的，故计算结果为负值。

表 9-10 正价值函数的结果

出行方式	出行成本	出行时间	安全性	舒适性	准时性	便捷性
地铁	0.807	0.805	0.845	0.752	0.856	0.852
公交车	0.842	0.000	0.764	0.000	0.000	0.000
私家车	0.475	0.815	0.667	0.848	0.792	0.823
巡游出租车	0.000	0.804	0.601	0.786	0.775	0.748
网约出租车	0.438	0.811	0.000	0.819	0.792	0.785

表 9-11 负价值函数的结果

出行方式	出行成本	出行时间	安全性	舒适性	准时性	便捷性
地铁	-1.038	-1.004	0.000	-1.053	0.000	0.000
公交车	-0.845	-1.059	-1.051	-1.062	-1.063	-1.063
私家车	-1.060	0.000	-1.058	0.000	-1.050	-1.038
巡游出租车	-1.062	-1.006	-1.059	-1.048	-1.053	-1.055
网约出租车	-1.061	-0.982	-1.062	-1.036	-1.050	-1.050

此外，在问卷中让被调查者对在选择出行方式时考虑因素的重要程度进行了评价，选择“非常重要”“比较重要”“一般”“不太重要”“不重要”分别赋予 5 分、4 分、3 分、2 分、1 分，对各属性的得分求均值，得到各属性的权重，见表 9-12。

表 9-12 各属性权重

项目	出行时间	出行成本	安全性	舒适性	准时性	便捷性
权重	4.44	3.66	4.71	4.25	3.95	3.52
归一化	0.181	0.149	0.192	0.173	0.161	0.143

表 9-13 给出了各种出行方式的综合前景值和客流分担率。从表 9-13 可见，地铁、私家车的综合前景值为正，而公交车、巡游出租车和网约出租车的综合前景值为负，对于出行者来说地铁、私家车这两种备选方案优于公交车、巡游出租车和网约出租车。各种出行方式按照综合前景值排序结果如图 9-5 所示，按综合前景值从大到小的排序可得各种出行方式的优劣排序依次为地铁、私家

车、巡游出租车、网约出租车及公交车。同时，根据式（9.13）可计算得到客流分担率，由表 9–13 可知地铁客流分担率最大，达到了 32.69%，各种出行方式客流分担率由大到小排序为地铁、私家车、巡游出租车、网约出租车及公交车。

表 9–13　各种出行方式综合前景值

出行方式	综合前景值	客流分担率
地铁	0.299	32.69%
公交车	−0.720	11.80%
私家车	0.015	24.62%
巡游出租车	−0.444	15.56%
网约出租车	−0.459	15.33%

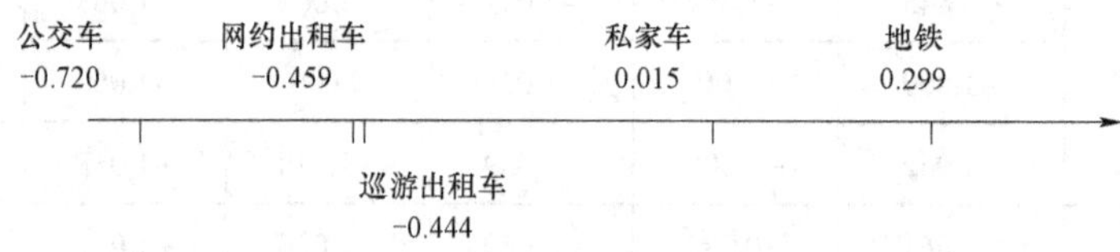

图 9–5　综合前景值排序

图 9–6 为各种出行方式在各属性下的评价值。由图 9–6 可知，地铁在安全性、准时性、便捷性上表现突出。公交车出行成本最低，但在其他属性上均表现最差，导致其综合前景值在各备选方案中排名最低。网约出租车综合前景值仅高于公交车，对比各项可以看出这主要是由于网约出租车在安全性这一属性上得分最低，而安全性这一属性权重最大。

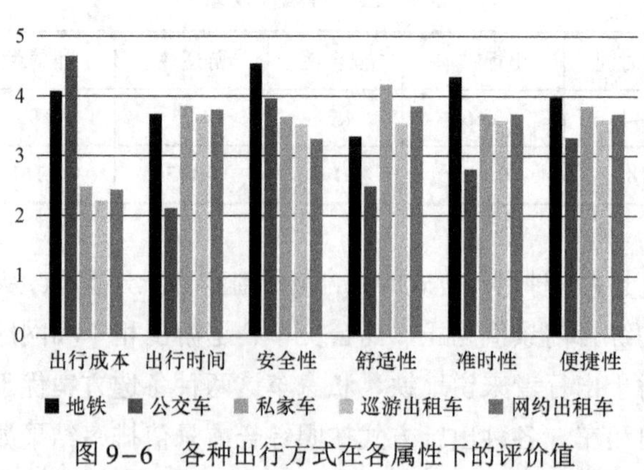

图 9–6　各种出行方式在各属性下的评价值

3. 多元化服务下客流分担率

在问卷中也设置了关于使用网约车平台和服务类型的相关问题。针对网约车使用情况，首先调查了受访者使用网约车 App 的情况，如表 9–14 所示，95.91%的人都表示曾使用过滴滴出行，但首约汽车和曹操专车的使用比例分别为 16.96%和 15.97%，神州专车为 12.87%，易到则最少，为 5.85%；除此之外，还有 19.88%的被调查者选择了其他这一选项。

居民乘坐过的网约车种类分布如表 9–15 所示，表示经常搭乘快车的被调查者比例最高，达到 73.33%，其次是网约出租车，68.48%的被调查者表示经常使用网约车服务搭乘出租车，拼车和专车比例大致相等，在 24%左右。

表 9–14 使用过的网约车 App

项目	滴滴出行	神州专车	曹操专车	易到	首约汽车	其他
样本数	164	22	27	10	29	34
占比	95.91%	12.87%	15.79%	5.85%	16.96%	19.88%

表 9–15 使用过的网约车服务种类

项目	专车	快车	拼车	网约出租车	其他
样本数	42	126	41	118	8
占比	24.56%	73.68%	23.98%	69.01%	4.68%

结合前文构建的出行方式选择模型，代入 9.3.2 节中得到的参数估计值，以调查问卷获取的数据为基础，可计算出各种出行方式的前景值并进行排序，进一步确定各种出行方式的客流分担率。出行者面对一次设定的出行情景，根据自己往常的出行经验，对给出的出行方式：地铁、公交车、私家车、巡游出租车、网约车（种类包括快车、拼车、专车和网约出租车）各属性下的表现进行评价，评价得分见表 9–16。标准化处理后，评价得分见表 9–17。

表 9–16 各种出行方式在各属性下的评价得分

出行方式	出行成本	出行时间	安全性	舒适性	准时性	便捷性
巡游出租车	2.25	3.69	3.53	3.54	3.59	3.61
地铁	3.77	3.71	4.29	3.03	4.01	3.91
公交车	4.54	2.39	3.89	2.64	2.94	3.47

续表

出行方式	出行成本	出行时间	安全性	舒适性	准时性	便捷性
私家车	2.31	3.81	3.79	4.06	3.86	3.73
快车	2.23	3.86	3.46	3.63	3.67	3.57
专车	1.76	3.84	3.69	4.06	3.74	3.69
拼车	3.06	3.13	3.19	3.26	3.27	3.34
网约出租车	2.50	3.69	3.37	3.46	3.43	3.56

表 9-17　标准化后各种出行方式在各属性下的评价得分

出行方式	出行成本	出行时间	安全性	舒适性	准时性	便捷性
巡游出租车	−0.318	0.155	−0.186	0.100	0.040	−0.001
地铁	0.557	0.177	1.000	−0.527	0.723	1.000
公交车	1.000	−1.000	0.372	−1.000	−1.000	−0.456
私家车	−0.281	0.265	0.215	0.734	0.470	0.389
快车	−0.330	0.303	−0.300	0.208	0.171	−0.127
专车	−0.601	0.291	0.059	0.734	0.286	0.248
拼车	0.146	−0.342	−0.726	−0.247	−0.472	−0.879
网约出租车	−0.174	0.151	−0.435	−0.002	−0.219	−0.174

借鉴 TOPSIS 法的思想，将正理想方案和负理想方案设置为出行者决策时考虑的参考点。正理想方案和负理想方案是在备选方案集合中非实际存在的最优方案和最劣方案，在正、负理想方案中各个属性值都达到已有的备选方案中的最优值和最劣值。由表 9-17 中标准化后的各种出行方式在各属性下的评价得分，可以得到各属性下的最优值与最劣值，正、负理想方案取值见表 9-18。

表 9-18　正、负理想方案取值

正、负理想方案	出行成本	出行时间	安全性	舒适性	准时性	便捷性
正理想方案（I^+）	1.000	0.303	1.000	0.734	0.723	1.000
负理想方案（I^-）	−0.601	−1.000	−0.726	−1.000	−1.000	−0.879

联合表 9–17 中各种出行方式在各属性下的评价得分与表 9–18 中正、负理想方案的值，计算各种出行方式在各属性下的正、负关联系数，得到正关联系数与负关联系数的结果如表 9–19 和表 9–20 所示。正关联系数是指以正理想方案为参考点，计算得到的各种出行方式在各属性下与该参考点的相关性。同理，负关联系数则是以负理想方案为参考点，计算得到的各种出行方式在各属性下与该参考点的相关性。通过关联系数来表示各种出行方式在各属性下与参考点的相关性，以此来度量各种出行方式的收益和损失。

表 9–19　正关联系数

出行方式	出行成本	出行时间	安全性	舒适性	准时性	便捷性
巡游出租车	0.416	0.864	0.442	0.597	0.579	0.484
地铁	0.679	0.881	1.000	0.427	1.000	1.000
公交车	1.000	0.419	0.600	0.351	0.353	0.392
私家车	0.423	0.961	0.545	1.000	0.788	0.606
快车	0.414	1.000	0.420	0.641	0.630	0.455
专车	0.370	0.987	0.499	1.000	0.683	0.556
拼车	0.524	0.593	0.352	0.489	0.440	0.333
网约出租车	0.445	0.861	0.396	0.561	0.499	0.444

表 9–20　负关联系数

出行方式	出行成本	出行时间	安全性	舒适性	准时性	便捷性
巡游出租车	0.768	0.449	0.635	0.461	0.475	0.517
地铁	0.448	0.444	0.352	0.665	0.353	0.333
公交车	0.370	1.000	0.461	1.000	1.000	0.690
私家车	0.746	0.426	0.499	0.351	0.390	0.426
快车	0.776	0.419	0.688	0.437	0.445	0.556
专车	1.000	0.421	0.545	0.351	0.422	0.455
拼车	0.557	0.588	1.000	0.555	0.640	1.000
网约出租车	0.688	0.449	0.763	0.485	0.546	0.571

利用正、负关联系数，根据式（9.9）可得正、负价值函数的结果，详见表 9–21 和表 9–22。表 9–21 的正价值函数的结果是以负理想方案为参考点，此时各备选方案是优于参考点的，是面临收益的，故计算结果为正值；表 9–22 的负价值函数结果是以正理想方案为参考点，此时各备选方案是劣于参考点的，是面临损失的，故计算结果为负值。

表 9–21 正价值函数的结果

出行方式	出行成本	出行时间	安全性	舒适性	准时性	便捷性
巡游出租车	0.570	0.796	0.679	0.789	0.781	0.756
地铁	0.796	0.798	0.846	0.657	0.846	0.856
公交车	0.838	0.000	0.789	0.000	0.000	0.638
私家车	0.591	0.808	0.767	0.847	0.827	0.808
快车	0.563	0.812	0.639	0.802	0.798	0.732
专车	0.000	0.811	0.739	0.847	0.810	0.792
拼车	0.731	0.711	0.000	0.733	0.675	0.000
网约出租车	0.640	0.795	0.575	0.775	0.738	0.722

表 9–22 负价值函数的结果

出行方式	出行成本	出行时间	安全性	舒适性	准时性	便捷性
巡游出租车	–1.059	–1.014	–1.057	–1.047	–1.048	–1.055
地铁	–1.040	–1.009	0.000	–1.058	0.000	0.000
公交车	0.000	–1.059	–1.047	–1.062	–1.062	–1.060
私家车	–1.058	–0.976	–1.051	0.000	–1.027	–1.046
快车	–1.059	0.000	–1.059	–1.043	–1.044	–1.057
专车	–1.061	–0.945	–1.054	0.000	–1.040	–1.050
拼车	–1.052	–1.047	–1.062	–1.055	–1.057	–1.063
网约出租车	–1.057	–1.014	–1.060	–1.050	–1.054	–1.057

利用价值函数的结果和各属性权重，结合 Logit 模型，得到各种出行方式的综合前景值和客流分担率（详见表 9–23）。从表 9–23 可知，地铁的综合前

景值为正，而其余出行方式的综合前景值为负，说明地铁优于其他出行方式。各种出行方式综合前景值排序如图 9–7 所示，按综合前景值从大到小的排序可得各种出行方式的优劣排序依次为地铁、私家车、快车、专车、巡游出租车、网约出租车、公交车、拼车。从客流分担率来看，地铁的客流分担率最大，达到了 20.25%，各种出行方式的客流分担率排序依次为地铁、私家车、快车、专车、巡游出租车、网约出租车、公交车、拼车。

表 9–23 各种出行方式综合前景值和客流分担率

出行方式	综合前景值	客流分担率
巡游出租车	−0.324	11.12%
地铁	0.276	20.25%
公交车	−0.471	9.60%
私家车	−0.084	14.13%
快车	−0.177	12.87%
专车	−0.200	12.58%
拼车	−0.581	8.59%
网约出租车	−0.347	10.86%

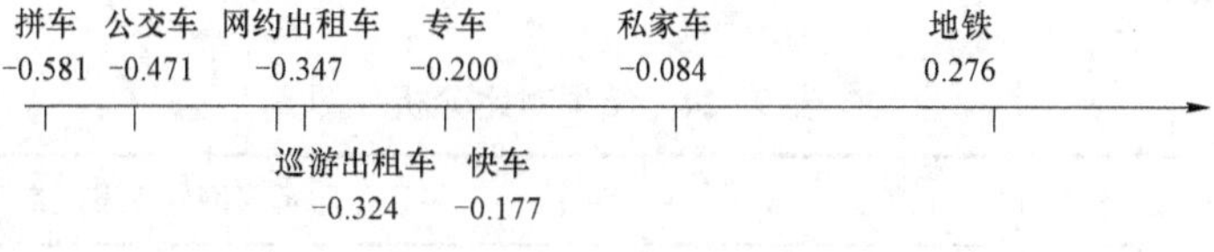

图 9–7 综合前景值排序

图 9–8 为各种出行方式在各属性下的评价值。在网约车平台提供的多元化服务中，快车的前景值最高。快车在出行时间这一属性上评分最高，这主要是由于快车数量规模大，与其他网约车相比更容易在较短时间内预约到，与私家车相比则省去了停车找车位的时间。专车在舒适性上评分最高，但是在费用上则评分最低。网约出租车与巡游出租车相比，在各属性上的表现差别不大。拼车拥有价格优势，但是在其他属性上都不尽如人意，尤其是安全性，在备选方案中评分最低。

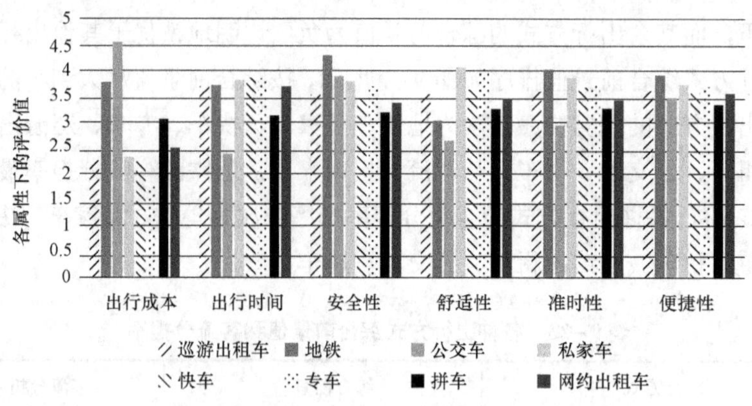

图 9-8 各种出行方式在各属性下的评价值

基于前景理论的出行方式选择模型，结合实际调查得到的数据，计算在两种情景下，即初期网约车平台只提供网约出租车一种服务与目前网约车平台提供多元化服务时各种出行方式的客流分担率，对比结果见表 9-24。通过分析可以发现，当将问卷中的网约出租车这一选项转变为网约车 4 种服务时，网约车的客流分担率由 15.33%上升到 44.90%，这说明公交车、巡游出租车和私家车之间是存在出行方式服务质量差异的，从而使得在网约车初期，网约出租车的出现能占据部分市场份额。同时，随着网约车服务水平分类的细化，网约车市场份额得以大大提升。与网约车初期单一化服务相比，多元化服务使得其占有率提升超过 20%。

表 9-24 结果对比分析

单一服务（网约车初期）			多元化服务（网约车发展期）		
方案	前景值	客流分担率	方案	前景值	客流分担率
地铁	0.299	32.69%	地铁	0.276	20.25%
私家车	−0.270	11.8%	私家车	−0.085	14.13%
公交	0.155	24.62%	公交	−0.471	9.60%
巡游出租车	−0.444	15.56%	巡游出租车	−0.324	11.12%
网约出租车	−0.459	15.33%	快车	−0.177	12.87%
			专车	0.200	12.58%
			拼车	0.200	8.59%
			网约出租车	−0.347	10.86%

9.4 本章小结

随着网约车的发展，城市居民出行习惯逐渐改变，网约车出行成为城市交通系统中的重要组成部分。本章基于前景理论，研究网约车服务对居民出行方式选择的影响，具体如下。

① 本章首先回顾了前景理论。考虑到城市居民在选择出行方式时，可能没有获取完全的信息，且做决策时是不完全理性的。故将前景理论的思想引入出行决策，假设出行者在选择时考虑的并不是某一种方案带来的效用大小，而是该方案带来的相对于某一设定的参考点的收益和损失的多少。然后，通过文献研究对出行方式选择进行分析，归纳总结出影响出行决策的相关因素。

② 采用遗传算法，利用 Matlab 编程，对前景理论价值函数中的风险偏好系数和损失规避系数进行标定。本章对风险偏好系数的标定结果远小于 Kahneman 和 Tversky[150]的研究结果，说明个体在进行交通领域的出行路径决策时对风险变化的敏感性远小于在经济领域进行风险投资的敏感性。此外，损失规避系数的标定结果远远小于 Kahneman 和 Tversky[150]工作中所估计的值，说明由时间损失导致的负效用小于由金钱损失导致的负效用。

③ 设计调查问卷并收回相关数据，将数据进行统计分析后了解到网约车的使用情况。结果显示被调查者中 95.91%的人都曾使用过滴滴出行，即滴滴出行占据了网约车市场的主导地位。在现有的网约车平台提供的几种服务中，使用快车的人最多，其次是网约出租车，专车和拼车则最少。

④ 本章提出了基于前景理论的出行方式选择模型，在参考点选择上借鉴了 TOPSIS 法的思想，从而引进了正、负理想方案作为参考点，确定了模型选取的指标及数量表示，引进灰色关联系数，优化了价值函数，结合决策权重函数计算前景值，建立了出行方式选择的 Logit 模型。最后通过实证研究获得相关数据，结合建立的理论模型，计算得到了在网约车单一服务和多元服务两种情景下各种出行方式的客流分担率，并得到了各备选方案的优劣排序。结果显示，与网约车初期单一服务相比，多元服务可以将网约车的客流分担率有效提升超过 20%，表明交通出行者会在出行成本、出行时间、安全性、舒适度、准时性和便捷性方面进行权衡，选择出行方式。因此，在出行服务存在差异性的前提下，网约车市场可通过细化服务水平分类带来一定的市场份额提升。

第 10 章
结论与展望

10.1 主要研究结论

随着社会经济的高速发展，人们对生活质量的要求越来越高。“行”作为日常生活中必不可少的环节，正面临着前所未有的挑战。近年来，机动车辆持续增加，道路设施承载的负荷日益加重。同时，由于交通网络属于载流网络，网络上的交通运行状况受到许多不确定性因素的影响，如雨雪天气、道路维护、交通管制、突发事故等。交通问题之所以棘手，根本原因在于它的不确定性。如何建模刻画不确定性条件下的交通个体的出行行为，一直是困扰网络交通流研究领域的难题之一。受行为科学理论的启发，针对现有理论中存在的不足，本书研究了高峰期瓶颈通勤过程中出行者在面对不确定的出行环境时，如何权衡走行时间与计划延误时间，并最终做出最优的出发时间选择。首先，假设路段通行能力随机退化且服从均匀分布，基于期望效用理论构建了随机性瓶颈模型，研究高峰期出行者的出发时间选择，以及分析通行能力的随机退化特性对出行行为的影响。其次，为缓解瓶颈道路排队拥堵，基于弹性工作制和拥挤收费，分析出行者的行为决策。最后，建立了一个具有两个起点和单个终点的合流网络均衡模型，研究高峰期通勤者的均衡出行问题。模型假设合流道路的通行能力存在随机退化，分析比较两种不同的合流策略对出行行为的影响，并探讨了两种合流策略下的 Braess 悖论的存在性。此外，引入家庭出行者，分析个体决策与家庭决策对高峰期出行行为的影响机理。最后，基于前景理论分析网约车差异化服务对居民出行方式选择的影响。本书的研究结论及创新点主要体现在如下几个方面。

① 在不确定性条件下，建立高峰期瓶颈道路的随机均衡模型。假设瓶颈

道路的通行能力具有随机退化性，详细分析出行者可能面临的若干出行选择情形，基于线性的成本函数表达式，解析推导了各情形下的均衡结论，分析了通勤者在高峰期的出行时间选择。同时，通过数值算例验证了解析结论的正确性。结论表明，瓶颈通行能力的随机性越大，出行总成本越大，高峰期时间跨度也越长。

② 在瓶颈通行能力存在随机退化的前提下，引入弹性工作时间制，并构建了具有弹性上班制度的高峰期通勤均衡模型。研究表明，弹性上班时间越灵活，随机性中的出发率越平坦，越趋近于道路原始设计的通行能力，高峰期瓶颈道路就越不拥挤。因此，可以把设置弹性上班制作为一项交通管理调控政策，以缓解高峰期交通拥挤。

③ 假设瓶颈通行能力存在随机退化，构建了瓶颈道路的动态收费均衡模型。基于确定性瓶颈模型的动态收费策略，通过调节出行者的出发时间，可消除高峰期瓶颈处前的排队，使整个系统达到社会最优。由于不确定性因素会随机改变路网状态，研究不确定性条件下的动态收费策略更符合实际情形。本书通过考虑瓶颈通行能力的随机变化性，在随机性中引入动态收费策略。通过动态收费，使得出行者按照不收费均衡模型中的平均通行能力出发。因未改变高峰期时间区间，总计划延误成本不变。但由于排队减少，系统总出行成本减少。从解析和数值两方面都证明了该收费策略可极大地减少排队时间，达到缓解交通拥堵的目的。同时证明，当随机变量趋于常量时，动态收费可完全消除瓶颈处的排队。

④ 建立了不确定性条件下的单阶段收费均衡模型。由于连续动态收费在实践中较难实施，有学者提出了阶梯收费制度，即只在高峰期的某个时间区间内收取常数值的费用。但现有工作都是基于确定性瓶颈模型进行分析的。现实中，不确定性因素时常有之，因此考虑在不确定性环境下的单阶段收费策略具有重要的现实指导意义。结论显示，在不确定性条件下的单阶段收费策略，能够极大地减少瓶颈排队，但可能推迟高峰期出发时间，也可能提早高峰期出发时间。

⑤ 建立了两起点和单起点交通网络中的高峰期通勤均衡模型。考虑两类出行者分别从居住地出发，通过上游道路合流到下游路段，然后一起通过下游瓶颈路段到达工作区的高峰期通勤问题。实证数据显示，由于两条交通流在合流区的相互影响，合流区的通行能力可能随机退化。因此，假设下游瓶颈路段通行能力服从均匀分布，分析比较了两种不同的合流策略：优先合流策略和比

率合流策略，对两类出行者出行行为的影响。结论表明，出行条件的不确定性，将增大出行者的均衡出行成本并延长高峰期时间长度。同时，比率合流策略下的系统总成本始终大于优先合流策略的系统总成本。此外，在两种合流策略下，扩充上游瓶颈路段通行能力，反而使系统出现总成本增大、效用降低的悖论现象。最后，在合流网络中考虑家庭出行行为选择问题，考虑上班时间与上学时间不同时间间隔对通学与通勤行为的影响。研究表明，扩大通勤与通学理想到达时间间隔导致通勤者成本增加，而对有通学行为的出行者的成本无影响。同时，扩大下游路段通行能力，使得所有人的出行成本降低，但扩大上游路段却导致通勤者成本增加。

⑥ 基于前景理论建立了网约车情景下的出行方式选择模型。首先，通过设计问卷收集数据，进而对模型中的参数进行标定。参数估计结果表明，出行者对交通出行风险的敏感性远小于在经济领域进行投资风险的敏感性。其次，通过计算各出行方式的前景值，利用 Logit 模型，得到各出行方式的客流分担率。结果显示，出行服务的差异化设置，可带来一定市场份额的提升。

10.2 研究展望

本书虽然在道路通行能力存在随机退化的条件下，针对多个层面的均衡问题进行了研究（如弹性工作制、拥挤收费、合流网络等），并得到了一些有价值的结论；但是还存在若干问题值得进一步探讨，具体概括如下。

① 近年来，关于高峰期通勤动态均衡问题的研究工作，多数是基于经典 Vickrey 排队模型开展的。瓶颈模型基于点排队理论，简单、直接地透析了出行者在高峰期的出发时间选择机理。但其缺点在于瓶颈处的排队不能充分刻画拥挤路段的交通流拥挤情况。借鉴连续交通流模型（LWR 模型），分析交通流密度和流量之间的关系，从而取代点排队理论的瓶颈拥挤模型，将成为探讨高峰期通勤问题的新标向。

② 本书考虑出行者面临的环境具有不确定性，主要通过道路通行能力的随机退化性来刻画出行时间的不确定性。现实生活中，除了通行能力对走行时间有影响外，还有其他不确定因素，如出行需求的不确定性（现有模型通常假设出行者需求固定）、出行行为的不确定等。下一步工作可同时考虑这两方面的不确定性，在行为理论框架下建立相关模型是非常有意义的。

③ 将出行环境的不确定性引入到早高峰和晚高峰出行链均衡模型中。通

过分析两个不同方向的瓶颈，组建一个连接居住地和工作区的交通网络，分析出行者如何权衡走行时间、交通拥挤排队时间和计划延误时间，决策最佳离家时间和返家时间，使得一天内的出行成本最小。

④ 考虑出行者的属性差异。把出行者属性差异引入随机性，是对现实的进一步逼近。并对通行能力扩大与错时上下班的费效分析，以及确定拥挤收费的收益，会得出更为准确的结论。

⑤ 考虑在不确定性条件下，出行者在一次通勤过程中多种交通方式之间的换乘问题，进而为合理规划与布局换乘设施、协调发展多种交通方式提供理论基础。

⑥ 由于城市交通网络规划和土地利用规划相互影响、相互促进，把人们对居住地的选择纳入到研究框架之内，可以基于交通走廊理论建立区域交通经济分析模型。同时，可探讨如何利用大数据解决交通走廊中存在的拥堵问题，以及怎样利用大数据实现交通管理创新，带动区域经济协同发展。

参考文献

[1] VICKREY W S. Congestion theory and transport investment [J]. American economic review，1969，34：414–431.

[2] SMITH M J. The marginal cost taxation of a transportation network [J]. Transportation research part B，1979，13（3）：237–242.

[3] DAGANZO C F. The uniqueness of a time–dependent equilibrium distribution of arrivals at a single bottleneck [J]. Transportation science，1985，34（3）：303–311.

[4] VICKREY W S. Pricing，metering，and efficiently using urban transportation facilities [J]. Highway research record，1973，476：36–48.

[5] COHEN Y. Commuter welfare under peak–period congestion tolls：Who gains and who loses [J]. International journal of transport economics，1987，14：239–266.

[6] NEWELL G F. The morning commute for nonidentical travelers [J]. Transportation science，1987，21（2）：74–88.

[7] ARNOTT R，DE PALMA A，LINDSEY R. Schedule delay and departure time decisions with heterogeneous commuters [J]. Transportation research record，1988，1197：56–67.

[8] ARNOTT R，DE PALMA A，LINDSEY R. Route choice with heterogeneous drivers and group–specific congestion costs [J]. Regional science and urban economics，1992，22：71–102.

[9] GLAZER A. Congestion tolls and consumer welfare [J]. Public finanace，1981，36：77–83.

[10] ARNOTT R，DE PALMA A，LINDSEY R. The welfare effects of congestion tolls with heterogeneous commuters [J]. Journal of transport economics and

policy，1994，28：139–161.

[11] LINDSEY R. Existence，uniqueness，and trip cost function properties of user equilibrium in the bottleneck model with multiple user class [J]. Transportation science，2004，38（3）：293–314.

[12] RAMADURAI G，UKKUSURI S，ZHAO J，PANG J S. Linear complementarity formulation for single bottleneck model with heterogeneous commuters [J]. Transportation research part B，2010，44（2）：193–214.

[13] ARNOTT R，DE PALMA A，LINDSEY R. A structural model of peak–period congestion：a traffic bottleneck with elastic demand [J]. American economic review，1993，83（1）：161–179.

[14] BRAID R M. Uniform versus peak–load pricing of a bottleneck with elastic demand [J]. Journal urban economics，1989，26：320–327.

[15] VERHOEF E. The economics of regulating road transportation [M]. Edward Elgar，Brookfield，1996.

[16] VERHOEF E，NIJKAMP P，RIETVELD P. Second–best congestion pricing：the case of an untolled alternative [J]. Journal of urban economics，1996，40：279–302.

[17] DE PALMA A，JEHIEL P. Queuing maybe efficient in bottleneck models [R]. Department of economics，Technical report，1994.

[18] 黎晴，张小宁. 模拟早晚高峰交通出行率的方法研究 [J]. 城市交通，2006，4（1）：64–67.

[19] ARNOTT R，DE PALMA A，LINDSEY R. Economics of a bottleneck [J]. Journal of urban economics，1990，27（1）：111–130.

[20] ARNOTT R，DE PALMA A，LINDSEY R. Recent developments in the bottleneck model [A]. Road pricing，traffic congestion and the environment：issues of efficiency and social feasibility（Button K.J.，Verhoef E.T.，Eds.）. Aldershot，Edward Elgar，1998，79–110.

[21] DE PALMA A，FOSGERAU M. Dynamic traffic modeling. In de Palma，A.，Lindsey，R.，Quinet，E. & Vickeman，R.（eds）[M]. Handbook in Transport Economics，Cheltenham，UK：Edvard Elgar，2011，29–37.

[22] ARNOTT R，DE PALMA A，LINDSEY R. Departure time and route choice for the morning commute [J]. Transportation research part B，1990，24（3）：

209–228.

[23] HUANG H J，LAM W H K，Modeling and solving the dynamic user equilibrium route and departure time choice problem in network with queues [J]. Transportation research part B，2002，36（3）：253–273.

[24] YANG H，HUANG H J. Analysis of the time–varying pricing of a bottleneck with elastic demand using optimal control theory [J]. Transportation research part B，1997，31（6）：425–440.

[25] CHEN A，JI Z W. Recker. Travel time reliability with risk–sensitive travelers [J]. Transportation research record，2002，1783：27–33.

[26] MAHMASSANI H，HERMAN R. Dynamic user equilibrium departure time and route choice idealized traffic arterials [J]. Transportation science，1984，18：362–384.

[27] HENDERSON J V. Road congestion：a reconsideration of pricing theory [J]. Journal of urban economics. 1974，1（3）：346–365.

[28] HENDERSON J V. The economics of staggered work hours [J]. Journal of urban economics，1981，9：349–364.

[29] CHU X，Endogenous trips scheduling：The Henderson approach reformatted and compared with the Vickrey approach [J]. Journal of urban economics，1995，37：324–343.

[30] ARNOTT R，DE PALMA A，LINDSEY R. Information and time–of–usage decisions in the bottleneck model with stochastic capacity and demand [J]. European economic review. 1999，43（3）：525–548.

[31] FOSGERAU M. Congestion costs in a bottleneck model with stochastic capacity and demand [A]. 2008. MPRA working paper 10040.

[32] FOSGERAU M. On the relation between the mean and variance of delay in dynamic queues with random capacity and demand [J]. Journal economic dynamics and control，2010，34（4）：598–603.

[33] LINDSEY R. Optimal departure scheduling for the morning rush hour when capacity is uncertain [C]. In 7TH word conference on transport research，Sydney，Australia，1994，16–21.

[34] LINDSEY R. Effects of driver information in the bottleneck model [M]. In：R. H. M. Emmerink and P. Nijkamp（eds.），Behavioural and Network Impacts of

Driver Information Systems，Aldershot：Ashgate/Avebury，1999，15–51.

[35] LO H K，TUNG Y K. Network with degradable links：capacity analysis and design [J]. Transportation research part B，2003，37（4）：345–363.

[36] LO H K，LOU X W，SIU B W Y. Degradable transport network：travel time budget of travelers with heterogeneous risk aversion [J]. Transportation research part B，2006，40：792–806.

[37] LI H，BLIEMER M，BOVY P. Departure time distribution in the stochastic bottleneck model [J]. International journal of its research，2008，6（2）：79–86.

[38] WATERS A A. The theory and measurement of private and social cost of highway congestion [J]. Econometrica，1961，29（4）：676–699.

[39] DAFERMOS S C，SPARROW F T. Optimal resource allocation and toll patterns in user optimized transportation network [J]. Journal of transportation economics and policy，1971，5（2）：198–200.

[40] DAFERMOS S C. Toll patterns for multiclass-user transportation networks [J]. Transportation science，1973，7（3）：211–223.

[41] SMITH M J. The marginal cost taxation of a transportation network [J]. Transportation research part B，1979，13（3）：237–242.

[42] BUTTON K J，VERHOEF E（ed.）. Road pricing，a special issue of transportation research [M]. Edward Elgar Publishing，940，1998.

[43] LEWIS N C. Road pricing：Theory and practice [M]. Thomas Telford，London. 1993.

[44] SMALL K A. A special issue of congestion pricing [J]. Transportation，1992，19：287–291.

[45] SUMALEE A，XU W. First–best marginal cost toll for a traffic network with stochastic demand [J]. Transportation research part B，2011，45：41–59.

[46] WINSTON H.，ALAN J. K.，AMVA A. Overcoming public aversion to congestion pricing [J]. Transportation research part A，2001，35：93–111.

[47] LIU K Y，GUO X，YANG H. Pareto–improving and revenue–neutral congestion pricing schemes in two–mode traffic networks [J]. Netnomics 2009，10（1）：123–140.

[48] GUO X.，YANG H. Pareto–improving congestion pricing and revenue refunding with multiple user classes [J]. Transportation research part B，2010，

44（8-9）：972-982.

[49] NIE Y，LIU Y. Existence of self-financing and pareto-improving congestion pricing：impact of value of time distribution [J]. Transportation research part A，2010，44（1）：39-51.

[50] MIRABEL F，Reymond M. Bottleneck congestion pricing and model split：redistribution of toll revenue [J]. Transportation research A，2011，45：18-30.

[51] XIAO F，Zhang H.M. Pareto-Improving and self-sustainable pricing for the morning commute with nonidentical commuters [J]. Transportation science，2013，48（2）：1-11.

[52] KOCKELMAN S，KALMANJE K M. Credit-based congestion pricing：travel，land value，and welfare impacts [J]. Transportation research record，2004，1864：45-53.

[53] LAIH C H. Queuing at a bottleneck with single- and multi-step tolls [J]. Transportation research part A，1994，28（3）：197-208.

[54] LAIH C H. Effects of the optimal step toll scheme on equilibrium commuter behavior [J]. Applied economics，2004，36（1）：59-81.

[55] LINDSEY R，VAN DEN BERG V，VERHOEF E T. Step tolling with bottleneck queuing congestion [J]. Journal of urban economics，2012，72（1）：46-59.

[56] MOHRING H，HARWITZ M. Highway benefits [M]. Evanston：Northwestern University Press，1962.

[57] BLACK F，SCHOLES M. The pricing of options and corporate liabilities [J]. The journal of political economy，1973，81（3）：637-654.

[58] FRIESZ T，MOOKHERJEE R，YAO T. Securitizing congestion：the congestion call option [J]. Transportation research part B，2007，42（5）：407-437.

[59] YAO T，FRIESZ T L，WEI M M，YIN Y F. Congestion derivatives for a traffic bottleneck [J]. Transportation research part B，2010，44（10）：1149-1165.

[60] YAO T.，WEI M M，ZHANG B，FRIESZ T L. Congestion derivatives for a traffic bottleneck with heterogeneous commuters [R]. Working paper，2012.

[61] KUWAHARA M. Equilibrium queueing patterns at a two-tandem bottleneck during the morning peak [J]. Transportation science，1990，24：217-229.

[62] LAGO A，DAGANZO C F. Spillovers，merging traffic and the morning

commute [J]. Transportation research part B，2007，41（6）：670–683.

[63] DANIEL T E，GISCHES E J，RAPOPORT A. Departure times in Y–shaped traffic networks with multiple bottlenecks [J]. American economic review，2009，99（5）：2149–2176.

[64] LIU R H，HYMAN G. Modeling motorway merge：the current practice in the UK and towards establishing general principles [J]. Transport policy，2012，24：199–210.

[65] EVANS J，ELEFTERIADOU L，NATARJAN，G. Determination of the probability of breakdown on a freeway based on zonal merging probabilities [J]. Transportation research part B，2001，35（3）：237–254.

[66] KERNER B S. Empirical macroscopic features of spatial–temporal traffic patterns at highway bottlenecks [J]. Physical review E，2002，65（4）：046138.

[67] LECLERCQ L，LAVAL J A，CHIABAUT N. Capacity drops at merge：an endogenous model [J]. Transportation research part B，2011，45（9）：1302–1313.

[68] NEWELL G F. Applications of queuing theory [M]. 2nd ed. Chapman & Hall，New York，303p. 1982.

[69] DAGANZO C F. The cell transmission model，part II：network traffic [J]. Transportation research part B，1995，29（2）：79–93.

[70] WANG J，LIU R H，Montgomery，F. A simulation model for motorway merging behaviour [C]. In：Proceedings of the 16th International Symposium on Transportation Traffic Theory，Elsevier，London，2005，281–302.

[71] HUANG W，SUN J. A NGSA–II based parameter calibration algorithm for traffic microsimulation model [C]. In：Measuring Technology and Mechatronics Automation，Conference Proceedings，2009，436–439.

[72] JIA Z，WANG D Z，CAI X. Traffic managements for household travels in congested morning commute. Transportation research part E，2016，91：173–189.

[73] BONSALL P. Traveler behavior：decision–making in an unpredictable world [J]. Journal of intelligent transport systems，2004，8（1）：45–60.

[74] JACKSON W B，JUCKER J V. An empirical study of travel time variability and travel choice behavior [J]. Transportation science，1981，16（4）：460–475.

[75] ABDEL-ATY M，KITAMURA R，JOVANIS P. Investigating effect of travel time variability on path choice using repeated measurement stated preference data [J]. Transportation research record，1995，1493：39-45.

[76] LAM T，SMALL K A. The value of time and reliability：measurement from a value pricing experiment [J]. Transportation research part E，2001，37：231-251.

[77] BATES J，POLAK J，JONES P，et al. The valuation of reliability for personal travel [J]. Transportation research part E，2001，37：191-229.

[78] SMALL K A，WINSTON C，YAN J. Uncovering the distribution of motorists' preferences for travel time and reliability [J]. Econometrica，2005，73（4）：1367-1382.

[79] BRWONSTONE D，SMALL K A. Valuing time and reliability：assessing the evidence from road pricing demonstrations [J]. Transportation research part A，2005，39：279-293.

[80] GAVER D P. Headstart strategies for combating congestion [J]. Transportation science，1968，2：172-181.

[81] KNIGHT T E. An approach to the evaluation of changes in travel unreliabity："a safety margin" hypothesis [J]. Transportation，1974，3：393-408.

[82] ABKOWITZ M D. An analysis of the commuter departure time decision [J]. Transportation，1981，10：283-297.

[83] NOLAND R B，SMALL K A. Travel time uncertainty，departure time choice and the cost of the morning commute [J]. Transportation research record，1995，1493：150-158.

[84] POLAK J. Travel time variability and departure time choice [A]. Transport Studies Group Discussion Paper，Polytechnic of Central London. 1987.

[85] NOLAND R B，SMALL K A，KOSKENPJA P M，CHU X. Simulating travel reliability [J]. Regional science and urban economics，1998，28：535-564.

[86] WALTING D. User equilibrium traffic network assignment with stochastic travel times and late arrival penalty [J]. European journal of operational research，2006，175：1539-1556.

[87] DANIEL J. Congestion pricing and capacity of large hub airports：a bottleneck model with stochastic queues [J]. Econometrics，1995，63（2）：327-370.

[88] LAM T. Route and scheduling choice under travel time uncertainty [J]. Transportation research record，2000，1725：71–78.

[89] SIU B，LO H K. Equilibrium trip scheduling in congested traffic under uncertainty [C]. Proceedings of the 18th ISTTT，Elsevier：Oxford，2009，147–167.

[90] SIU B，LO H K. Punctuality–based route and departure time choice [J]. Transportmetrica A：Transportation Science，2014，10（7）：585–621.

[91] BELL M G H，CASSIR C. Risk–averse user equilibrium traffic assignment: an application of game theory [J]. Transportation research part B，2002，36（8）：671–681.

[92] CHORUS C G，ARENTZE T A，TIMMERMANS H J P，A random regret–minimization model of travel choice [J]. Transportation research part B，2008，42：1–18.

[93] CONNORS R D，SUMALEE A. A network equilibrium model with travelers' perception of stochastic travel times [J]. Transportation research part B，2009，43（6）：614–624.

[94] SHAO H，LAM W H K，TAM M L. A reliability–based stochastic traffic assignment model for network with multiple user classes under uncertainty in demand [J]. Networks and spatial economics，2006，6：173–204.

[95] SHAO H, LAM W H K, Tam M.L., et al. Modeling rain effects on risk–taking behaviours of multi–user classes in road networks with uncertainty [J]. Journal of advanced transportation，2008，42（3）：265–290.

[96] LI Z C, LAM W H K, SUMALEE A. Modeling impact of transit operator fleet size under various market regimes with uncertainty in network [J]. Transportation research record：journal of the transportation research board，Washington，D.C.，2008，18–27.

[97] 许良，高自友. 不确定条件下用户路径选择行为研究述评[J]. 燕山大学学报（哲学社会科学版），2007，8（1）：139–144.

[98] ZHU J S，LAM W H K，CHEN A，LO H K. Modeling the impacts of turn–delay uncertainties on route choice behavior in signalized road networks [J]. Transportation research record：journal of transportation research board，2009，2：1–11.

[99] FIRNKOM J，MULLER M. What will be the environmental effects of new free-floating carsharing systems? The case of car2go in Ulm [J]. Ecological economics，2011，70（8）：1519-1528.

[100] 郝吉明. 城市机动车排放污染控制：国际经验分析与中国的研究成果 [M]. 北京：中国环境科学出版社，2001.

[101] DILLENBURG J F，WOLFSON O，NELSON P C. The intelligent travel assistant [C]. Proceedings of the 5th IEEE International Conference on Intelligent Transportaion Systems（ICITS ）. 2002：691-696.

[102] 黄海军，Bell，M.G.H.，杨海. 公共与个体竞争交通系统的定价研究 [J]. 管理科学学报，1998，1（2）：17-23.

[103] 黄海军，田琼，杨海，等. 高峰期内公交车均衡乘车行为与制度安排 [J]. 管理科学学报，2005，8（6）：1-9.

[104] BRUNSO J，KOCIS M，UGOLIK W. Factors Affecting Ridesharing Behavior Research Report 165. New York State Department of Transportation，Albany，New York，1979.

[105] MARGOLIIN J，MISCH M R，STAHR M. Incentives and disincentives of ridesharing [J]. Transportation research record. 1978，673：7-15.

[106] KOCKELMAN K M，KALMANJE S. Credit-based congestion pricing：apolicy proposal and the public's response [J]. Transportation research part A：policy and practice，2005，39：671-690.

[107] BALDASSARE M，RYAN S，KATZ C. Suburban attitudes toward policies aimed at reducing solo driving [J]. Transportation，1998，25：99-117.

[108] TEAL R F. Carpooling：who，how and why [J]. Transportation research part A，1987，21：203-214.

[109] MENENDENZ M，DAGANZO C F. Effects of HOV lanes on freeway bottlenecks [J]. Transportaion research part B，2007，41（8）：809-822.

[110] LOU Y，YIN Y，LAVAL J A. Optimal dynamic pricing strategies for high-occupancy/toll lanes [J]. Transportation research part C. 2011，19（1）：64-74.

[111] QIAN Z，ZHANG H M. Modeling multi-modal morning commute in a one-to-one corridor network. Transportation research part C. 2011，19：254-269.

[112] XIAO L L，LIU T L，HUANG H J. On the morning commute problem with carpooling behavior under parking space constraint [J]. Transportation research part b：methodological，2016，91：383–407.

[113] 田丽君，吕成锐，黄文彬. 基于前景理论的合乘行为建模与研究 [J]. 系统工程理论与实践. 2016，36（6）：1576–1584.

[114] MA R，ZHANG H M. The morning commute problem with ridesharing and dynamic parking charges [J]. Transportation research part B：methodological，2017，106：345–374.

[115] WARDROP J G. Some theoretical aspects of road traffic research proceedings of the institute of Civil Engineering，II，1952，325–378.

[116] BECKMANN M J，MCUIRE C B，WINSTON C B. Studies in the economics of transportation. New Haven，CT：Yale University Press，1956.

[117] MOHRING H，HARWITZ M. Highway benefits：an analytical framework. Evanston，IL：Northwestern University Press，1962.

[118] VERHOEF E T，MOHRING H. Self– financing roads. International journal of sustainable transportation，2009，3：293–311.

[119] BRAID R M. Uniform versus peak–load pricing of a bottleneck with elastic demand [J]. Journal urban economics，1989，26：320–327.

[120] DE PALMA A，LINDSEY R. Comparison of morning and evening commutes in the Vickery bottleneck model [J]. Transportation research record，2002，1807：26–33.

[121] HUANG H J. Fares and tolls in a competitive system with transit and highway：The case with two groups of commuters [J]. Transportation research part E，2000，36：267–284.

[122] BELL M G H，CASSIR C. Risk–averse user equilibrium traffic assignment：an application of game theory [J]. Transportation research part B，2002，36（8）：671–681.

[123] BONSALL P. Traveler behavior：decision–making in an unpredictable world [J]. Journal of intelligent transport systems，2004，8（1）：45–60.

[124] NOLAND R B，SMALL K A. Travel time uncertainty，departure time choice and the cost of the morning commute [J]. Transportation research record，

1995，1493：150–158.

[125] KUANG A W，OUYANG Y，LI B L. Travel time reliability analysis on road network with degradable link capacity [J]. Journal of Changsha Communications University，2007，23（3）：15–19.

[126] LI H，BLIEMER M，BOVY P. Departure time distribution in the stochastic bottleneck model [J]. International journal of ITS research，2008，6（2）：79–86.

[127] PEER S，KOSTER P R，VERHOEF E T，ROUWENDAL J. Traffic incidents and the bottleneck model [A]. 2010. Working paper，downloadable via scholar.google.nl.

[128] 严瑞，牛立新. 弹性工作制渐成时尚 [J]. 人才瞭望，2001–09–25.

[129] PIERCE J L，NEWSTROM J W. Toward a conceptual clarification of employee responses to flexible working hours：a work adjustment approach [J]. Journal of management，1980，6：117–134.

[130] FAST J E， FREDICK J A. Working arrangements and time stress [M]. Canadian Social Trends，Winter，1996，14–19.

[131] YERAGUNTLA A，BHAT C R. A classification taxonomy and empirical analysis of work arrangements [J]. Transportation research record：journal of the transportation research board，2005，1926：233–241.

[132] SMALL K A. The scheduling of consumer activities：work trips [J]. American economic review，1982，72（3）467–479.

[133] MCCAFFERTY D，HALL FL. The use of multinomial logit analysis to model the choice of time to travel [J]. Economic geography. 1982，58，236–246.

[134] SALEH W，FARRELL S. Implications of congestion charging for departure time choice：work and non–work schedule flexibility [J]. Transportation research part A，2005，39：773–791.

[135] CHIN A T H. Influences on commuter trip departure time decisions in Singapore [J]. Transpiration research part A，1990，24：321–333.

[136] 李禾. 交通拥堵造成的损失到底有多大? [N]. 科技日报，2013.

[137] 黄海军. 拥挤道路使用收费的研究进展和实践难题 [J]. 中国科学基金，2003，（4）：198–203.

[138] PIGOU A C. Wealth and welfare [M]. London：Macmillan，1920.

[139] COHEN Y. Commuter welfare under peak–period congestion tolls：Who gains and who loses [J]. International journal of transport economics，1987，14：239–266.

[140] GLAZER A，Congestion tolls and consumer welfare [J]. Public finanace，1981，36：77–83.

[141] VAN DEN BERG V，VERHOEF E T. Congestion tolling in the bottleneck model with heterogeneous values of time [J]. Transportation research part B，2011，45（1）：60–70.

[142] KUWAHARA M. Equilibrium queueing patterns at a two–tandem bottleneck during the morning peak [J]. Transportation science，1990，24：217–229.

[143] ARNOTT R，DE PALMA A，LINDSEY R. Properties of dynamic traffic equilibrium involving bottlenecks，including a paradox and metering [J]. Transportation science，1993，27：148–160.

[144] LAGO A，DAGANZO C F. Spillovers，merging traffic and the morning commute [J]. Transportation research part B，2007，41（6）：670–683.

[145] ZHANG X N，LAM W H K，HUANG H J. Paradoxes of network expansion considering dynamic user response [J]. Transportmetrica，2008. 4（3）：209–225.

[146] HENDRICKSON C，KOCUR G. Schedule delay and departure time decision in a deterministic model [J]. Transportation science，1981，15（1）：62–77.

[147] ZHANG J，KUWANO M，LEE B，et al. Modeling household discrete behavior incorporating heterogeneous group decision-making mechanisms [J]. Transport research part B，2009，43：230–250.

[148] LIU W，ZHANG F，YANG H. Modeling and managing morning commute with both household and individual travels [J]. Transport researh part B，2017，103：227–247.

[149] ZHANG F，LIU W，WANG X，et al. A new look at the morning commute with household shared–ride：How does school location play a role? [J]. Transport research part E，2017，103：198–217.

[150] KAHNEMAN D，TVERSKY A. Prospect theory：an analysis of decision under risk [J]. Econometrica，1979，47（2）：263–291.

[151] QUIGGIN J. A theory of anticipated utility [J]. Journal of economic behavior and organization，1982，3（4）：323–343.

[152] TVERSKY A，KAHNEMAN D. Advances in prospect theory：cumulative representation of uncertainty[J]. Journal of risk and uncertainty，1992，5（4）：297–323.

[153] 石修路. 基于前景理论与模糊综合评价的出行方式选择[J].交通运输工程与信息学报，2018，16（3）：119–124.

[154] 眭荣亮，谭建春. 拥堵收费下居民出行方式选择：基于累积前景理论的分析[J].重庆师范大学学报（自然科学版），2014，3：130–134.

[155] 姜沂兵，孙会君，王伟. 基于方式选择的拥堵收费及返还优化模型[J].交通运输系统工程与信息，2016，1：142–147.

[156] 田晟，朱泽坤，许凯. 基于三参考点多属性决策的居民出行方式选择[J].广西大学学报（自然科学版），2019，44（4）：1207–1214.

[157] 郭鸿钧，杨信丰，马昌喜. 基于前景理论的运输通道出行方式选择研究[J].交通信息与安全，2019，37（4）：120–127.

[158] SCHWANEN T，ETTEMA D. Coping with unreliable transportation when collecting children：examining parents' behavior with cumulative prospect theory[J]. Transportation research part A：policy and practice，2009，43（5）：511–525.

[159] XU H，ZHOU J，XU W. A decision–making rule for modeling travelers route choice behavior based on cumulative prospect theory[J]. Transportation research part C，2011，19（2）：218–228.

[160] CONNORS R D，SUMALEE A. A network equilibrium model with travellers' perception of stochastic travel times[J]. Transportation research part B. 2009，43（6）：614–624.

[161] 夏金娇，隽志才，高晶鑫. 基于前景理论的出行路径选择行为[J].公路交通科技，2012，29（4）：126–131.

[162] GAO S，FREJINGER E，BEN–AKIVA M. Adaptive route choices in risky traffic networks：A prospect theory approach[J]. Transportation research part C，2010，18（5）：727–740.

[163] ZHANG C，LIU T L，HUANG H J，et al. A cumulative prospect theory approach to commuters' day–to–day route–choice modeling with friends'

travel information[J]. Transportation research part C，2018（86）：527–548.

[164] MORFOULAK M，KOTOULA K M，MYROVALI G. Calculating the Impacts of Alternative Parking Pricing and Enforcement Policies in Urban Areas with traffic Problems[C]. Transportation Research Board 95th Annual Meeting，2016.

[165] JOU R C，KITAMURA R，WENG M C，CHEN C C. Dynamic commuter departure time choice under uncertainty[J]. Transportation research part A，2008，42（5）：774–783.

[166] 张波，隽志才，林徐勋. 基于累积前景理论的出发时间选择 SDUO 模型[J]. 管理工程学报，2013（1）：68–76.

[167] 米均，张杨. 基于前景理论的出行方式选择研究[J].交通运输工程与信息学报，2015，13（3）：81–87.

[168] 罗清玉，吴文静，贾洪飞，等. 基于前景理论的居民出行方式选择分析[J]. 交通信息与安全，2012，30（2）：37–40.

[169] 王坚强."奖优罚劣"的动态多指标灰色关联度模型研究[J].系统工程与电子技术，2002，24（3）：39–41.

[170] 李存斌，张建业，谷云东，等. 一种基于前景理论和改进 TOPSIS 的模糊随机多准则决策方法及其应用[J].运筹与管理，2015，24（2）：92–100.

[171] 王正新，党耀国，裴玲玲，等. 基于累积前景理论的多指标灰关联决策方法[J]. 控制与决策，2010，25（2）：232–236.

[172] 卢蝶，靳文舟. 基于累积前景理论的公交调度优化灰关联评价方法[J].武汉理工大学学报（交通科学与工程版），2013，37（3）：608–611.

[173] 王翔. 基于熵和前景理论的大型制造企业供应商评价研究[J].软科学，2015，29（7）：131–135.

[174] 郭延永，刘攀，吴瑶. 基于累计前景理论的城市轨道交通建设时序[J].交通运输系统工程与信息，2013，13（4）：29–35.

[175] WU G，GONZALEZ R. Curvature of the probability weighting function[J]. Management science，1996，42（12）：1676–1690.